# 武汉大学新闻与传播学院

# 大 事 记

# （1983—2023）

武汉大学新闻与传播学院　编

武汉大学出版社

**图书在版编目（CIP）数据**

武汉大学新闻与传播学院大事记：1983—2023/武汉大学新闻与传播学院编.—武汉：武汉大学出版社，2023.11
ISBN 978-7-307-24092-6

Ⅰ.武…　Ⅱ.武…　Ⅲ.武汉大学新闻与传播学院—大事记—1983-2023　Ⅳ.G649.286.31

中国国家版本馆 CIP 数据核字（2023）第 205660 号

责任编辑：徐胡乡　　　责任校对：汪欣怡　　　整体设计：涂　驰

出版发行：**武汉大学出版社**　（430072　武昌　珞珈山）
　　　　　（电子邮箱：cbs22@whu.edu.cn　网址：www.wdp.com.cn）
印刷：武汉市金港彩印有限公司
开本：889×1194　　1/12　　印张：21.5　　字数：369 千字　　插页：2
版次：2023 年 11 月第 1 版　　　2023 年 11 月第 1 次印刷
ISBN 978-7-307-24092-6　　　　定价：210.00 元

# 武汉大学新闻与传播学院大事记（1983—2023）

# 编 委 会

**顾 问** 吴高福　罗以澄　石义彬　张　昆　刘俊昌　吴爱军

**主 编** 李玉龙　强月新

**副主编** 吴世文

**编 委**（按照姓氏拼音排序）

丁雪琴　洪杰文　洪毅生　李玉龙　刘朝晖　强月新

冉　华　单　波　王怀民　王　敏　吴世文　姚　曦

张　琦　郑中原

序

## 武汉大学新闻与传播学院："做有思想的新闻人　负责任的传媒人"

四十年风雨兼程，四十年弦歌不辍。1983年成立的武汉大学新闻系，是改革开放以后各项事业百废待兴之时，应国家建设需要而创建的。40年来，武汉大学新闻与传播学院在人才培养、科学研究、队伍建设、国际合作、社会服务等方面取得了令人瞩目的成绩，是国内外新闻传播教育的重镇。

从1983年至今，武汉大学新闻与传播学院走过了四个历史时期，即1983—1995年，武汉大学新闻系时期；1995—1999年4月，武汉大学新闻学院时期；1999年4月—2000年12月，大众传播与知识信息管理学院时期；2001年至今，武汉大学新闻与传播学院时期。

## 四个发展阶段

### 一、第一阶段：1983—1995年，武汉大学新闻系时期

1983年，武汉大学筹建新闻系，开启了在综合性大学中发展新闻传播学学科的新篇章，历经传承演变，伴随中国改革开放和中国特色社会主义建设的步伐，在改革创

新中不断发展和壮大。

1983年9月，在前校长刘道玉先生的积极推动和支持下，武汉大学成立新闻系，吴肇荣教授担任第一任系主任，吴高福担任副系主任兼支部书记并主持筹建工作，聘任了时任中国新闻工作者协会主席的吴冷西同志担任名誉系主任，著名新闻教育家毕奂午教授、何微教授曾在新闻系任教。1984年新闻系正式招收第一届新闻学专业本科生，次年获新闻学硕士学位授予权并开始招收硕士研究生。1986年1月，组建武汉大学新闻研究所，何微任所长（1986.1—1990.7，后调至陕西社科院），吴高福、桑义燐任副所长，初步形成教学、科研两个中心的办学格局。这一时期学院先后从新闻媒体、兄弟院校和社科院等单位引进了何微、桑义嶙、赵贯东、单承芳、周永固、罗以澄、胡武、胡欣、李元授等一批既有较高学术造诣又有丰富新闻实践经验的老师，充实了师资力量，增强了办学实力。尤其是何微老师，他从20世纪30年代开始从事党的新闻工作，1949年后先后担任过新华社北京分社社长、山西总分社社长、陕西日报社社长、陕西省社科院院长、西北政法学院院长等职，在新闻业界和学界都享有很高的声誉和威望，他的引进，大大提升了武大新闻传播教育与学科建设的声望和影响力。樊凡、吴高福曾先后担任第二、第三任系主任。这一时期，学院从复旦、武大选留应界生夏琼、张昆、强月新、姚曦、冉华、周先明等担任专任老师。

1985年增设了广播电视新闻专业，1987年招收第一届广播电视新闻专业本科生，1993年增设了广告学专业。1992年，经国家教委批准，武汉大学新闻系正式招收第二学位生，每期招收20人，全国仅有三家，另两家为人大、复旦。

该时期是武汉大学新闻与传播学院的创业时期，条件艰苦，可谓白手起家、一穷二白：一缺人、二缺钱、三缺教学设备和实验场所。但全体教职工筚路蓝缕，心往一处使，始终坚持朝着国家对新闻人才和传播事业发展的需求方向努力奋斗。

## 二、第二阶段：1995—1999年4月，武汉大学新闻学院时期

这一阶段为夯实基础时期。这段时期，武大新闻教育先后经历过数次组织体制的变迁和领导班子的变更。在几任院系领导班子的带领下，全体师生共同努力，想方设法为武大新闻教育和学科建设的发展打好基础，千方百计争取办学经费、添置办学设备和实验场所，不仅办学经费较过去有了较大幅度增加，还先后建立了广播实验室、电视实验室、摄影实验室，各种教学实验设备也基本配备齐全。1995年6月16日，新闻系更名为新闻学院，吴高福教授任院长。9月，学院在珞珈山和神农架召开"全国新闻专业面向21世纪教学内容与方法改革研讨会"，全国各新闻教学点、新闻专业负责人几乎都来参会，拉开全国新闻类专业培养跨世纪人才系统工程的序幕。

从1983年到1999年这十几年的办学过程，既是一个不断发展的过程，也是一个不断改革的过程。在这个时期，学院探索提出了一套行之有效、适应新闻传播人才培养和学科建设的办学理念——"加强基础、注重实

践、服务四化、面向未来"，这是符合新闻传播人才培养规律的。

1998年新闻学学科获准为湖北省重点学科，同年获得传播学硕士学位授予权。张昆曾担任第二任院长。

## 三、第三阶段：1999年4月—2000年12月大众传播与知识信息管理学院时期

1999年4月，武汉大学学科调整，新闻学院和图书情报学院合并，重组为武汉大学大众传播与知识信息管理学院。学院下设图书档案学系、信息管理系、新闻学系和广告与出版系4个系，含7个专业，即图书馆学、档案学、信息管理与信息系统、新闻学、广播电视新闻学、广告学、编辑出版学。新闻传播学科与图书馆、情报与档案管理学科互相学习，相互支持，共同提高。

同年获新闻学博士学位授予权，次年开始招收新闻学博士生。

1999年获批"湖北省新闻出版人才武汉大学培训基地"，这是中宣部为了加强对新闻出版人才的专业培训和在职新闻出版队伍的素质教育，在师资力量最强、教学条件最好的四所大学，即武汉大学、中国人民大学、复旦大学、北京广播学院开办的四大基地之一。

## 四、第四阶段：2001年至今，武汉大学新闻与传播学院时期

2000年新武汉大学的成立，给武汉大学的新闻传播教育带来了新的发展机遇，从此，学院进入新的发展阶段。在学院各项事业发展中，始终坚持以学科建设为龙头，以教学科研为中心，以对外服务为补充，讲团结、讲发展、讲实干，全面推进学院建设和发展，各项事业取得长足进步，是武汉大学新闻传播教育事业发展最快的时期。

在2000年12月的院系调整中，学校将原武汉测绘科技大学的印刷学科与原武汉大学的新闻传播学科合并，成立了新闻与传播学院，罗以澄教授担任院长。石义彬、强月新先后担任院长，武汉大学国家文化发展研究院于2017年纳入学院学科体系。学院设有新闻学、广播电视、广告学、印刷传播、包装设计和网络传播6个系，8个本科专业和专业方向：新闻学、广播电视新闻学、广告学、印刷工程、包装工程、电子出版、网络传播和播音与主持艺术；拥有3个硕士学位授权点：新闻学、传播学、印刷工程。2001年开始于在校生中选拔播音主持与艺术专业学生，2003年正式面向社会按照艺术类高考招生，2001年新设传播学专业。

2002年，以学院为主体的联合攻关项目"现代传媒与中国社会、文化发展"被列为国家"十五""211工程"重点建设项目，这标志着学院进入国家重点建设的行列，该项目在2006年的项目总结验收中获得了专家组的较高评价。

2003年，经国务院学位委员会批准，获得新闻传播学一级学科博士学位授予权。印刷工程学科和新闻传播学科被分别列为国家"九五""十五""211工程"重点建设学科。新闻学科则通过了省级重点学科的评审。当时学院专任教师74人，正副教授40余人（含博士生导师3人）；

在校全日制学生达1800余人。2002年9月投入使用的新闻与传播学院大楼（位于樱花大道尽头的佩松楼），使用面积近3400平方米，集办公、教学、实验于一体。学院建成了设施完善、先进的多媒体实验室、广播电视实验室、摄影实验室、印刷包装工程实验室等，实验室总资产1042万元，各类藏书4万余册。

2004年4月，学校决定将印刷、包装二系从新闻与传播学院整体剥离，独立成立印刷包装系。新闻与传播学院名称不变，下设新闻学、广播电视、广告学、网络传播4个系，6个本科专业和专业方向：新闻学、广播电视新闻学、广告学、网络传播、播音与主持、艺术和广告设计，拥有3个硕士学位授权点：新闻学、传播学、数字媒介。借助新闻传播学一级学科博士点这一平台，学院又成功申报了跨文化传播、广告学、媒介经营与管理3个子学科博士点。

2004年，"武汉大学媒体发展研究中心"成为教育部人文社会科学重点研究基地，张金海教授任基地主任；由学院单独组织申报的"新闻传播与媒介化社会创新基地"被列为国家"985工程"二期重点建设项目，该项目总建设经费2400万元。学院2001年创办的《新闻与传播评论》和2003年创办的《中国媒体发展年度报告》两份学术性刊物，在学界已产生了很好的反响。新闻学科被湖北省评为有突出成就的创新学科。2006年12月，"武汉大学新闻传播学实验教学中心"通过教育部评审，成为全国第一家传媒类国家级实验教学示范中心。中心实验设施齐备，拥有先进的专业演播厅、多媒体报刊编辑实验室、广播电视非线性编辑实验室、录音室、摄影实验室等专业实验室。这为学院的发展打造了平台，奠定了基础。

四十年来，武汉大学新闻传播学科不断凝练学科方向，突出学科优势，创建学科特色，形成错位竞争格局；努力提高教学质量，不断增强学院办学实力和核心竞争力，始终在国内同类院校中保持一流水平，并在国际学术界形成了一定的影响力与知名度。学院现设新闻学、广播电视、广告学、网络传播4个系，5个本科专业（新闻学、传播学、广播电视学、广告学、播音与主持艺术），拥有新闻传播学一级学科博士学位授予权，5个二级学科博士学位授权点（新闻学、传播学、跨文化传播学、广告与媒介经济、数字传媒），4个硕士学位授权点（新闻学、传播学、数字传媒、新闻与传播硕士专业学位），1个新闻传播学博士后科研流动站，还有教育部人文社会科学重点研究基地（武汉大学媒体发展研究中心）。为适应国家发展文化软实力的需要，培养相关高层次人才，进一步促进学科交叉融合，学院与国家文化发展研究院联合建设了"数字传媒博士学位授权点"。

学院师资队伍雄厚，形成由国家级教学名师、长江学者特聘教授、学科评议组成员、教育部教学指导委员会副主任委员、优秀中青年学科带头人组成的知识和年龄结构合理的学术群体。青年教师基本有国外访学和媒体挂职经历。

科研平台强大，拥有教育部重点研究基地"武汉大学媒体发展研究中心"、与文化和旅游部共建的"国家文化和旅游研究基地"、与湖北省委宣传部共建的"湖北省传播能力研究中心"等。拥有《新闻与传播评论》（双月刊）、《跨文化传播研究》（集刊）、《传播创新研究》（集刊）等期刊平台。媒体发展研究中心2015年、2016

年连续荣获中国传媒经济学科杰出贡献奖（机构类）；2018年入选ＣＴＴＩ（中国智库索引）来源智库，并被评为CTTI2018、CTTI2022年度高校百强智库（A级）；2019年，中心蓝皮书获"CTTI智库最佳实践案例"；2023年，中心教学项目获第九届湖北省高等学校教学成果奖特等奖。中心被誉为新闻传播学科有创新活力的研究中心。

学院近年围绕"双一流"的建设要求，结合部校共建，在当前学科竞争空前激烈的背景下，全面推进新闻学科与传播学科的进一步发展。学院上下广开渠道，在高端人才引进和博士后工作站等队伍建设方面取得新突破。2020年以来，学院共引入12位专任教师，其中10位特聘系列教师，2位固定教职副教授，特聘系列教师已有4位成功转为固定教职副教授，3位续签了第二个聘期的合同。在现有师资队伍中，有1位"长江学者"，1位国家万人计划"青年拔尖人才"，2位"新世纪人才"，1位湖北省有突出贡献的中青年专家，1位"楚天学子"，2位"武汉大学优秀青年学者"。学院现有50位专任教师，其中43位在编在岗专任教师，7位特聘系列教师。有本科生824人，硕士研究生412人，博士研究生85人。学院的新闻传播学科整体实力在全国位于前列，在教育质量、学术水平和综合实力等方面持续保持国内同类院校的一流水平，并在国际学术界形成了一定的影响力与知名度。

2021年，罗以澄教授主持编写的马工程教材《新闻采访与写作》荣获全国优秀教材（高等教育类）国家级二等奖，全国新闻传播学科仅有5项教材获此殊荣；2022年获得省级教学成果奖特等奖1项（湖北省新闻传播类唯一）。

在高水平成果方面，自2020年以来新增一批国家级和省部级科研项目，到账科研经费年均300万以上，CSSCI源刊论文发表数量年均70篇左右。2022年发表SSCI、SCI等英文论文30余篇，在本学科顶刊《新闻与传播研究》发表论文5篇，均居全国高校同类学科前列。2023年3月，QS全球教育集团发布了第13次世界大学学科排名，武汉大学传媒学学科世界排名再创佳绩，跃升至第51位，位列国内高校第四。中国社会科学人文评价研究院发布的中国人文社会科学新刊 AMI 综合评价指标体系中（新刊 AMI，2022），学院主办的《新闻与传播评论》是唯一的新闻传播类学术期刊。

四十而立，武汉大学新闻与传播学院将以习近平新时代中国特色社会主义思想为指导，深入贯彻落实党的十九大、二十大精神，全面贯彻落实党的教育方针，以中国特色世界一流为核心，以高等教育内涵式发展为主线，落实立德树人根本任务，紧紧抓住坚持办学正确政治方向、建设高素质教师队伍和形成高水平人才培养体系三项基础性工作，以体制机制创新为着力点，全面加强党的领导，调动各种积极因素，在深化改革、服务需求、开放合作中加快发展。四十年的耕耘，筚路蓝缕，历尽艰辛；四十年的奋斗，薪火相传，教泽绵延。武大新传人与历史同步，与时代共振，不辱使命，贡献卓著。

## 办学特色与成绩

回顾四十年的办学实践，学院一贯坚持社会主义办学方向，并逐步形成了自身的办学特色。在办学定位、人才培养、学术研究等学科建设的各个方面，既注重向人大、复旦、中传大等兄弟院校学习，又千方百计挖掘、寻找、张扬我们自身的特色，以此与兄弟院校实施错位竞争。武大新闻传播教育和学科建设的创办历史不长，加之地处中原，在基础条件和资源方面，与老牌新闻院校以及地处沿海地区的兄弟院校相比无优势可言。因此，如果按照新闻传播教育与学科建设的传统习惯和做法，去确定办学定位和学术研究方向，只能望兄弟院校的"项背"，跟在别人后面亦步亦趋。为此，我们必须确定自身的办学定位和学术研究方向，从自身特色和优势上做文章。比如，在办学定位（人才培养）上，我们背靠综合型"985"高校优势，主打高端新闻传播人才市场，我们要求培养的学生不仅要精通专业业务，而且要懂管理，有较强的组织领导才能，将来能担当新闻传播业界精英和领袖。再比如，在学术研究方向上，传播学研究，我们重点搞跨文化传播；新闻学研究，重点搞新闻文化和社会发展的研究，搞媒介生态和媒介发展的研究；广告学研究方面，我们重点抓广告策划和创意的研究。

为"黑马"。在快速发展过程中，学院依托学科实力整合资源，构筑学科交流的强力磁场，形成广阔稳定的发展平台。2004年，"武汉大学媒体发展研究中心"成为教育部人文社会科学重点研究基地，至今仍是全国新闻传播学科仅有的四家教育部基地之一。2006年12月，"武汉大学新闻传播学实验教学中心"通过教育部评审，成为全国传媒类高校第一家国家级实验教学示范中心。学院还拥有文化和旅游部、财政部、国家文物局与武汉大学共建的跨行业、跨学科、高层次的国家公共文化政策和文化产业研究平台与智库"武汉大学国家文化发展研究院"，以及武汉大学与湖北省委宣传部共建"湖北省传播能力研究中心"。学院重视打造学术平台，曾一度主办两本CSSCI集刊。后经过重组改版，现主办有《新闻与传播评论》（CSSCI源刊，双月刊）、《跨文化传播研究》（集刊）、《传播创新研究》（集刊）等期刊。其中《新闻与传播评论》入选2022年中国人文社会科学期刊综合评价指标体系（AMI）核心期刊，办刊质量得到了学界和业界的高度评价。

## 一、学科建设

学院一直高度重视学科建设，学科发展方向明确，定位精准，发展迅速，形成了强大的学科发展平台。学院于建系的第三年获得新闻学硕士学位授予权，1998年新闻学获批湖北省重点学科，1999年获新闻学博士学位授予权，2003年在全国作为第四家获得新闻传播学一级学科博士学位授予权。武汉大学新闻传播学学科发展之迅速，在新建新闻学院中是最快的，一度被学界和业界誉

## 二、人才培养

人才培养方面，学院在办学之初即提出理论学习和实习实践并重的办学和人才培养理念，确立了"加强基础、注重实践、服务社会、面向未来"的办学指导思想，强调学生博专兼顾，强化学生能力训练，以适应社会主义建设事业和新闻传播事业发展的需要。

在理论教学方面，学院注重跨学科人才培养，创新并践行"五位一体，融合创新"的卓越新闻传播人才培养模

式，取得了显著的创新人才培养效应和广泛的社会影响。这一创新性的人才培养理念和培养模式获得第九届湖北省高等学校教学成果奖唯一的新闻传播类特等奖。学院重视教材建设，2021年，罗以澄教授主持编写的马工程教材《新闻采访与写作》荣获首届全国优秀教材（高等教育类）国家级二等奖，全国新闻传播学科仅有5项教材获此殊荣。学院有新闻学、广告学、传播学三个国家级一流本科专业建设点。

在实践教学方面，学院自建系起就高度重视学生的实习实践，时任系主任吴高福与时任校长刘道玉一道，北上拜访广播电影电视部、《人民日报》和新华社，为学生搭桥引线，叩开了媒体实习的大门。如今，学院建立了"规范化""制度化"与"信息化"的实践实习机制与人才培养特色。学院与近50家国家级媒体、省级媒体、著名网站和广告公司签订正式实习协议或建立长期合作关系，围绕京广线上的北京、武汉、长沙、广州和深圳五个中心城市建立稳固的实习基地，打造了一条"实习京广线"。学院是全国少有的几家能够为全体本科生安排优质实习单位的新闻传播院系，得到了高度的认可，学院长期打磨的"制度化推进实践教学与新闻传播人才培养创新"获得第七届高等教育国家级教学成果奖二等奖。

学院坚持"有思想的新闻人，负责任的传媒人"的培养理念，对人才培养的重视，有力地提升了人才培养质量。武汉大学新闻与传播学院毕业生拥有良好的声誉，他们中的一大批成长为新闻传播业的精英和骨干，以及新闻传播研究的中坚力量等。据不完全统计，早期毕业生中有近40人分别获得过"中国新闻一等奖""全国百佳新闻工作者"和广播电视"金话筒奖"等中国新闻界最高荣誉。1985级新闻系毕业生中，曾有3位同时担任新华社分社社长；20余位院友担任国内新闻传播院系的院长或副院长。2010年，富士康发生员工连续跳楼事件，引起社会强烈关注。在《南方周末》实习的刘志毅同学在报社安排下，以普通打工者的身份卧底富士康28天，报道了《富士康八连跳自杀之谜》，引发社会对打工者权益保护的强烈关注。2022年，《光明日报》给学院发来感谢信，高度称赞2019级本科生肖怡星同学，把她誉为报社官微"光明顶"的创始人之一。此外，学院确立了国际化办学理念，2015年起开设全日制留学生专业硕士项目，成功招收了来自22个国家和地区的留学生。

### 三、科学研究

科学研究方面，学院长期坚持理论研究与关注现实并重，回应国家战略需求和学科发展前沿。学院注重开展有组织的科研，形成了跨文化传播、新型主流媒体建设、智能媒体与数字营销、互联网传播等特色研究领域。特别是在跨文化传播研究方面，学院在国内新闻传播院校中最早设立了中西新闻比较研究生专业方向，最先设立跨文化传播学博士点，赋予学术研究比较的经纬、国际的视野和文化的质地，织就特色的学术图谱。目前，已形成稳定的、具有竞争力的跨文化传播研究团队，取得的丰硕研究成果得到了社会各界一致的认可。"跨文化传播国际学术会议"已连续举办11次，是国内外跨文化传播研究领域的品牌活动。近年来，学院科学研究的显示度和影响力不断提升。以2022年为例，共发表SSCI、SCI等英文论文30余篇，在新闻传播学顶级期刊《新闻与传播研究》发表论文5篇，均居全国高校同类学科前列。

## 四、学术交流

在国内、国际学术交流方面，武大新闻系早在20世纪80年代就与美国、日本、澳大利亚、加拿大等国家和我国台湾、港澳地区建立了合作交流关系。美国西东大学前传播系主任罗肯特教授、加州大学终身教授黄仲珊等先后在新闻系讲学和交流；与香港中文大学、台湾朝阳科技大学共同举办过学术研讨会；不定期选派年轻教师到国内外著名大学和新闻单位进修和学习，不断提高教师队伍的教学和研究水平。当时还聘请了一批知名新闻学者和资深新闻工作者担任兼职教授或名誉教授，如吴冷西、徐铸成、陆灏、李普、杨伟光、范敬宜、方成等。逐步建立起了与新华社、中央电视台、湖北电视台、《人民日报》、《经济日报》、《光明日报》、《湖北日报》等一批媒体长期、良好的合作关系，为武汉大学新闻传播教育发展奠定了坚实的基础。

在新的发展时期，学院的对外交流与合作领域不断扩大，先后与美国伊利诺依大学、法国波尔多三大组织传播中心、英国桑德兰大学、新西兰坎特布雷大学、韩国成钧馆大学、台湾铭传大学、台湾文化大学、香港城市大学、香港中文大学等30多所教育、科研机构，建立了长期稳定的交流合作关系。"跨文化传播国际学术会议""政治传播国际学术会议""中国传播创新论坛"等学术活动，形成了学术引领，在国内外产生了深远影响，境内外学者给予了高度评价。与瑞典哥德堡大学合作举办的"跨文化传播夏令营"，深受学子们的欢迎。联合中西部高校的相关研究机构，合作举办区域性文化传播学术会议，围绕特定的传播问题深化学术交流；与国际著名研究机构合作举办双边主题学术讨论，开展深度学术合作；运用"云端"技术举办多点对话式的学术探讨（"云端对话"），在互联网的世界里拓展学术交流中心的空间；围绕著名学者的最新成果展开交流，形成制度化的"珞珈问道·中国传播创新论坛系列讲座"。

## 五、社会服务

学院秉承武汉大学"顶天立地"的办学思路，依托武汉大学媒体发展研究中心、湖北省新闻传播能力建设研究中心等研究平台，凝聚校内外专家资源，紧跟时代发展脉搏，瞄准国家特别是湖北省新闻舆论工作的实际需求，推出一大批有高度、有分量、兼具理论水平和应用价值的科研成果。多篇咨询报告被中央领导、中央国家机关和部委采纳。我院作为华中地区乃至全国新闻宣传系统在职干部培训的重要基地，享有良好的社会声誉，近十年与中央电视台、广州市委宣传部、武汉市委宣传部、中国纪检监察报社等各级宣传部门、各主流新闻媒体机构合作开设60余期短期培训班，共计轮训在职干部和媒体从业人员5000余人次。教育部在汉唯一新闻传播学科重点研究基地——媒体发展研究中心承担多项中共中央宣传部、教育部、文化部和湖北省委等中央和地方相关部门委托任务，议题主要包括"一带一路"倡议、抗击新冠肺炎疫情、冬奥会和冬残奥会赛时新闻宣传服务、国际传播、媒体融合、公共文化服务等。

学院协同武汉大学媒体发展研究中心、武汉大学国家文化发展研究院两个高水平智库,服务国家战略。武汉大学媒体发展研究中心参与建设教育部人文社会科学重点研究基地智库联合体以及"一带一路"沿线国家研究智库联盟,不懈探索中国传媒与社会发展的核心问题。相关成果获得社会与学界广泛认可,入选CTTI(中国智库索引)来源智库,并被评为CTTI2018、CTTI2022年度高校百强智库(A级)。国家文化发展研究院自2016年以来历年均入选南京大学和光明日报社"中国智库索引"来源智库

和中国社会科学院"TOP100智库"榜单,先后承担国家社科基金重大项目、国家科技支持计划项目、国家重点研发计划项目与国家部委委托的国家级项目近200项,研究院成立以来,获国家相关机构采纳的政策建言有160余份,部分成果得到中央领导批示,产生持续且积极的社会反馈。

四十而立,从梅园的几间陋室到樱花尽头的碧瓦院楼,四十年来,武汉大学新闻与传播学院不断精炼学科方向,突出学科优势,创建学科特色,形成错位竞争格局;努力提高教学质量,不断增强学院办学实力和核心竞争力,始终在国内同类院校中保持一流水平,并在国际学术界形成了一定的影响力与知名度。

# 目　录

# 第一阶段

# 1983—1995年，武汉大学新闻系时期

1983年，武汉大学筹建新闻系，开启了在综合性大学中发展新闻传播学学科的新篇章，该时期是武汉大学新闻与传播学院的创业时期，条件艰苦，白手起家。全体员工筚路蓝缕，心往一处使，始终坚持朝着国家对新闻人才和传播事业发展的需求方向努力奋斗。吴肇荣、樊凡、吴高福曾先后担任这一时期的新闻系系主任。

# 1983年

1983年7月15日，在时任校长刘道玉先生的积极推动和支持下，由吴高福牵头开始筹建新闻系。

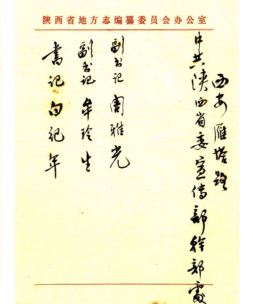

何微先生写给刘道玉校长的亲笔信（原件扫描档）▶

1983年9月13日，经国家教委批准，武汉大学新闻系正式成立并确立了办系方针：加强基础，注重实践，服务四化，面向未来。初创时期只有2间陋室、9名教职工，其中党员5人。下设3个教研室：新闻业务教研室、广播电视教研室、史论教研室，办公地点在梅园一舍。

▲ 梅园老照片（图片来自武汉大学校史馆）

时任中国新闻工作者协会主席的吴冷西同志担任名誉系主任。毕奂午于1983—1986年任新闻系顾问。

1983年11月，方成先生应邀回母校参加武汉大学建校70周年（当时武汉大学建校时间是从1913年武大前身武昌高师算起，并未从武大更早前身即1893年11月成立的湖北自强学堂算起，从1993年起武汉大学建校时间便以1893年的自强学堂算起了，时为100周年校庆）庆典活动。

当时，武大新闻系刚刚挂牌成立不到半年且尚未招生，方成先生来到位于梅园一舍的新闻系办公处与教职工座谈，会后新闻系便聘请方成先生为武汉大学新闻系客座教授。

著名漫画家方成先生来系演讲后为学生签名留念 ▶

# 1984年

1984年2月2日，新闻系举行第一次团拜会。

春节团拜会后合影

左起：车英（教师），徐章华（会计），徐德宽（教师，后调武大经管学院），曹光黎（教师），吴肇荣（系主任，后赴美访学），肖有成（教师，后调深圳），饶德江（教师），尹祖清（办公室干事），林豪生（办公室主任，后调校外），熊玉莲（副书记，后调武大出版社），方晓红（教师，后调南京师大），李敬一（教师），邵建华（教师，后调外校），吴高福（书记）

7月，武汉大学新闻系正式招收新闻学专业本科生和专科生。

1. 1984级同学在元旦联欢会上
2. 1984级同学参加学校广播操比赛
3. 1984级新生入学时系里老师为学生搬运行李
4. 1984级干部专科班学生毕业留念

1984级全体运动员合影

9月，新闻系学术委员会成立。

11月25日，武汉大学第一份由一年级学生创办的报纸《珞珈新闻》创刊，首任主编为法展同学，指导老师为姚曦。

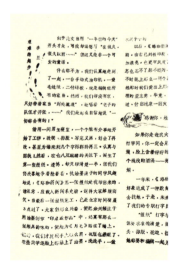

《珞珈新闻》周年纪念刊

# 1985年

增办广播电视新闻专业。

经国务院学位委员会批准，正式招收新闻学硕士研究生，是我国几所最早获新闻学硕士授予权的教学单位之一。

1985年4月，著名报人徐铸成为《珞珈新闻》题字

6月，学生刊物《夏华》创刊。

10月22日，广播电视部副部长谢文清来访。

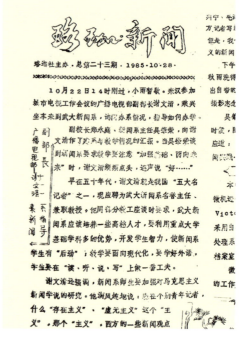

《珞珈新闻》第23期

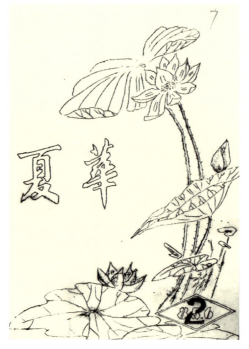

学生刊物《夏华》封面

学生刊物《夏华》目录

# 1986年

1月，组建武汉大学新闻研究所，初步形成了教学、科研两个中心的办学格局。何微任所长（1986.1—1990.7，后调至陕西社科院），吴高福、桑义燐任副所长。

2月20日，重新改组教工党支部，下设3个教工支部，教工党员27人。

4月21日，制定了新闻系保密制度。

新闻系语言文学教研室获1986年度武汉大学先进集体。

参与全国十九所院校联合统编新闻教材系列丛书撰写工作，出版了《新闻采访学》《广播消息选评》，获武汉大学首届优秀自编教材二等奖。

开始招收插班生。

12月18日，成立中共武汉大学新闻学系总支委员会：吴高福（书记）、汪华（副书记）、胡武、秦志希、甘西萍。

1986年2月，珞珈新闻记者网召开大会

1986年10月，学生军训

1984年10月，罗以澄、胡武、王燕三位老师在北京广播学院考察，请院长
介绍如何办学

# 1987年

2月26日，光明日报社驻湖北记者站站长樊云芳来校讲座，题为《新闻采访与写作》。

3月5日，湖北人民广播电台台长王应明来校讲座，题为《广播稿的写作》。

3月14日，长江日报社副总编辑陈修诚来校讲座，题为《当前的新闻工作形势与任务》。

受中央广播电影电视部和中央煤炭工业部记协的委托开办干部专修班、艺术摄影大专班。

6月22日，举办武汉大学新闻系新闻学专业干部专修科1985级广播电视班、洪湖班、大冶班毕业典礼。

刘道玉校长在干修班学生毕业典礼上与学生亲切交谈

7月，罗以澄、刘惠文的《广播消息选评》获武汉大学首届优秀自编教材奖二等奖。新闻系新闻业务教研室获1987年度武汉大学先进集体。

9月，美国加州州立大学传播系黄仲珊教授来访，与1986级大专班交流。同月，接收两名日本北海道大学的学生来系进修。

10月4日，系学术委员会进行改组，名单如下：

主任：吴肇荣　副主任：吴高福

委员：吴肇荣　吴高福　何微　罗以澄　毕奂午　李敬一

◀ 美国加州州立大学传播系黄仲珊教授来访

原教育部高教司副司长刘凤泰访问武大时参观新闻系

在新华社湖北分社实习的武汉大学新闻系1984级学生黄庭松独立采写的报道《武汉市书刊市场管理混乱，急需制定出版法》的调查报告发表在《国内动态》上，中央政治局委员胡启立同志作了专门批示。

方晓红参编的《中国民法辞典》荣获1987年度中南地区人民出版社优秀图书奖。

1984级李伟、陈勇庆，1985级戴海、金敏华获湖北省高校大学生优秀科研成果奖。

1984级学生实习汇报会

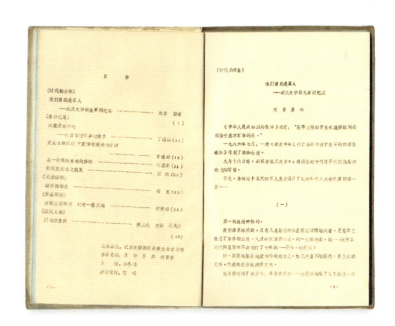

军训特刊

1987年9月，师生篮球赛

11月27日，何微教授从事新闻工作五十周年研讨会

11月28日，新闻系第一次学生代表大会

新闻系第一届学代会议程

# 1988年

1月11—19日，吴肇荣参加联合国教科文组织、联合国环境规划总署、国际环境研究所联合举办的"对后代人及其环境的责任"国际学术研讨会，作了题为"当代中国新闻传播活动的国际视野和未来意识"的发言。

1月20日，著名记者陆拂学来系为1984级、1985级学生讲学。

3月18日，湖北省广播电视厅总编主任刘万铭，光明日报社樊云芳，湖北日报总编室主任李承兴来校与即将参加专业实习的1985级学生交流。

3月29日，复旦大学张俊德副教授、中国人民大学薄汉培、武汉体育学院体育新闻摄影专业筹备组组长丁沂副教授来系座谈。

4月13日，光明日报社记者部主任张慕勋来系与师生座谈。

4月17日，新华社新闻摄影理论研究所主任编辑刘庆云同志来系授课。

张昆、李敬一、胡武、吕兵、夏琼获"武汉大学1987—1988年教书育人优秀教师"称号。

赵贯东入选武汉大学第四届教师节三十周年教龄教师名单。

与夏威夷东西方研究中心开展合作研究调查项目。

刘海法、黄庭松获湖北省高校大学生优秀科研成果奖。

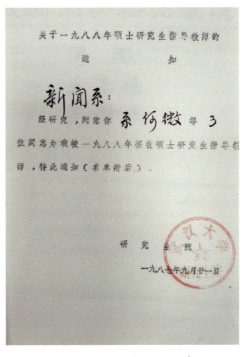
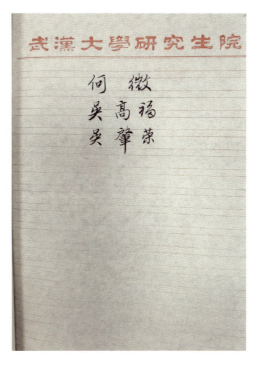

研究生院下发的研究生指导教师通知单

1985级学生举办正月十五联欢会 ▶

# 1989年

《优化学生知识结构，强化学生能力训练》教学改革项目（吴高福、罗以澄、樊凡）获湖北省首届高校教学优秀教学成果奖二等奖、武汉大学优秀教学成果奖特等奖。

5月，吴高福获"湖北省优秀新闻工作者"称号，这是1949年以来湖北省首次对新闻工作者进行表彰。

9月，胡欣、樊凡、汪华被评为"武汉大学优秀教师"；吕兵被评为"武汉大学优秀教育工作者"。

武汉大学新闻系受中央广播电影电视部和中央煤炭工业部记协的委托，培养干部专科大专毕业生280人。

罗以澄被聘为湖北省广播电视学会评奖委员会委员

武汉大学新闻系八七级专科班毕业留影

# 1990年

5月，武汉大学新闻系行政班子换届，樊凡任系主任。

秦志希、胡武、石一彬、黄宜新任副系主任。

# 1991年

学术论文《新闻审美与新闻美的创造》（樊凡）获首届中国新闻文化学术研讨会优秀论文奖。

1991年11月在湖北宜昌市召开中国新闻教育协会年会，武汉大学新闻系参加会议的有樊凡、吴高福、刘俊昌、胡武、黄宜新、秦志希等

# 1992年

经国家教委批准，武汉大学新闻系正式招收第二学位生，每期招收20人，全国仅有三家，另两家为人大、复旦。

获批国际合作项目"文化观念变革比较研究"，经费为1.6万美元。

| 获奖名称及等级 | 获奖作品 | 作 者 | 毕业年级 | 现工作单位 |
|---|---|---|---|---|
| 法国巴黎：国际科技电视片大奖赛金奖 | 《当慧星撞击木星的时候》 | 游 勇 | 91届 | 武汉电视台 |
| 全国好新闻一等奖，全国广播好新闻特等奖 | 《我看休业这十年》 | 陈勇庆 | 88届 | 中央人民广播电台 |
| 全国首届现场短新闻大赛一等奖 | 《这段历史我作证》 | 温 闽 | 90届 | 新华社 |
| 全国广播十佳主持人"金话筒奖" | | 窦文涛 | 89届 | 广东人民广播电台 |
| 全国第三届现场短新闻大赛二等奖 | 《再造一条汉正街》 | 徐 伟 | 90届 | 新华社湖北分社 |
| 全国好新闻大赛二等奖 | 拖欠教师工资的有关新闻稿 | 李宏伟 | 91届 | 人民日报 |
| 全国经济新闻大赛最佳新闻奖 | 《两保一挂》系列报道 | 刘海法 | 88届 | 经济日报 |
| 全国体育新闻大赛一等奖 | | 刘长松 | 90届 | 湖北日报 |
| 全国法律征文大奖赛一等奖 | 《青少年与法》 | 杨兴龙 | 93届[研] | 中国青年报 |
| 94'中华环保世纪行好新闻大赛一等奖 | 有几个运城怎么得了 | 章金生 | 92届[研] | 法制日报 |

新闻学系88届——92届部分毕业生获国际及国家级新闻类荣誉奖统计表

注：据不完全统计，历届毕业生中荣获省、部级表彰、奖励的达一百多人（次）。

其中较突出的有：张国华（88届，现在浙江工人报工作），获浙江省新长征突击手称号；

陈震中（90届，现在浙江人民广播电台工作），获浙江省十佳主持人称号；

李宏伟（91届，现在人民日报工作），获人民日报社先进个人称号。

部分学生获奖统计

# 1993年

在湖南地区开办新闻学专业本科插班生班，招生52人，学制两年。

为适应国家市场经济发展对人才的需要，增办广告学专业；

成立武汉大学台港澳新闻研究中心，是我国在高校中建立的第一个专门从事台港澳新闻研究的科研机构。吴高福任主任。

在全国33所新闻院系（专业）参加角逐"可口可乐杯"新闻实习奖大赛（由美国可口可乐公司赞助，新华社、人民日报、中央电视台等媒体及高校新闻专家组成评委），武汉大学新闻系获奖总数名列全国高校第一，其中，一等奖1项（第一名），二等奖4项，三等奖2项。

11月26日，举办新闻系建系十周年系庆庆典，返校系友400余人。

新闻系建系十周年合影留念

# 1994年

1月，经国家教委批准，广告学专业秋季开始招收第一届学生。

4月6日，以台湾文化大学新闻传播学院院长王洪钧为团长、台湾世界新闻传播学院院长成嘉玲为副团长的台湾新闻文化访问团一行16人来访。

10月，通过国家教委组织的全国新闻专业办学水平评估。

新闻系1991级学生白云作品《当前农村仍有一值得关注的问题（系列调查报告）》获湖北省大学生优秀科研成果奖项目一等奖；新闻系1990级学生李斌、1991级学生张齐、1992级学生余亮获湖北省大学生优秀科研成果奖项目二等奖。

开办宜昌、恩施新闻大专班。

李敬一、张昆被评为"武汉大学优秀教师"；黄宜新被评为"武汉大学优秀教育工作者"。

## 第二阶段

## 1995—1999年4月，武汉大学新闻学院时期

这一阶段为夯实基础时期，全体师生共同努力，想方设法为武大新闻教育和学科建设的发展打好基础，千方百计争取办学经费，添置办学设备和实验场所。吴高福、张昆曾先后任这一时期的新闻学院院长。

# 1995年

1995年6月16日，武汉大学新闻学院成立。

学院办公地点从梅园搬迁至教五楼。

新闻系新闻史论教研室被评为湖北省高等院校优秀教研室。

4月，学院团委创办《新闻团讯》。

1995年学院下半年工作安排表

教五楼旧址（图片来自武汉大学校史馆）

在新闻教育协会举办的"韬奋新苗奖"评选活动中，武汉大学新闻系高居榜首。获一、二、三等奖的总数为12人，居第一位。获一等奖4人，居第一位；获二等奖5人，居第一位，另有1人获提名奖。

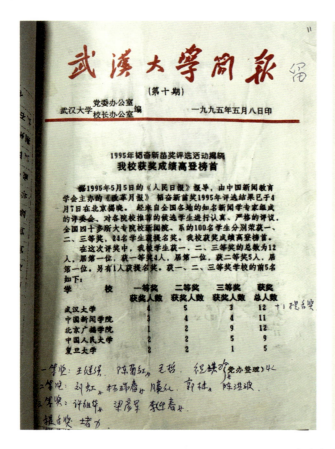

第二届"韬奋新苗奖"奖金发放登记表

| 获奖等级 | 获奖人 | 获奖金额 | 签收 |
|---|---|---|---|
| 一 | 王继强 | 1200 | |
| 一 | 陈菊红 | 1200 | |
| 一 | 毛哲 | 1200 | |
| 一 | 祝洪珍 | 1200 | |
| 二 | 刘虹 | 800 | |
| 二 | 杨瑞春 | 800 | |
| 二 | 滕礼 | 800 | |
| 二 | 郭林 | 800 | |
| 二 | 陈洪波 | 800 | |
| 三 | 许祖华 | 500 | |
| 三 | 梁彦军 | 500 | |
| 三 | 李迎春 | 500 | |

武汉大学新闻学院制表
1995.6.20

韬奋新苗奖

在本年度"可口可乐杯"新闻实习奖大赛中，武汉大学获一等奖1项（张齐，通讯《京城"绿色"新动态》），二等奖6项，三等奖4项。

学生喻江同时获国家教委评选的全国十佳三好生和国家教委、团中央评选的全国十名三好生光荣称号，这是全国同时获双十佳的唯一一人。

吴高福、李卓钧、刘家林、曹光黎、张昆获武汉大学第三届优秀教学成果一等奖。

罗以澄的《新闻采访学教程》获国家教委第三届普通高等学校优秀教材二等奖。

吴高福的《新闻学基本原理》获湖北省首届社会科学优秀成果奖二等奖。

李元授的专著《新闻信息概论》获国家教委第二届全国高等学校出版社优秀学术著作奖；获中南地区高校出版系统优秀学术著作奖。《交际学》获湖北省政府优秀学术著作奖。

6月19—28日，由国家教委高教司主持的高校新闻专业教学内容和课程体系改革研讨会在武汉大学召开。

9月，在珞珈山和神农架召开"全国新闻专业面向21世纪教学内容与方法改革研讨会"，拉开了全国新闻类专业培养跨世纪人才系统工程的序幕。全国各新闻教学点、新闻专业负责人基本来参会，层次之高，实属空前。

新闻系与《新闻信息报》在汉口联合举行新闻发布会，向社会各界公布了1995年度"世界十大新闻、中国十大新闻、武汉十大新闻事件"的最终结果，由新闻系部分师生具体实施此项工作，采取问卷调查与专家评审相结合的方式，《新闻信息报》用两个整版篇幅全文发表，在全国产生很大影响。

我院广告学专业与《湖北日报》联合组织学生参与"财神杯"广告大赛，本、专科生获一、二、三等奖，学科的专业水平和学生的实践能力受到专家及有关部门的好评。

10月，学生自办刊物《广告人》创刊。

12月，院学生会推出特刊《挑战杯》。

武大评报组与长江日报领导合影

# 1996年

《我国新闻事业的发展对人才需求研究》《新闻学专业主干课程题库建设研究》获批国家教委高等教育司《高等文科中国语言文学等七大学科面向21世纪教学内容和课程体系改革计划》第一批立项项目。

中国新闻教育学会暨《改革月报》社联合授予我院吴高福老师"韬奋园丁奖"二等奖，胡武老师"韬奋园丁奖"三等奖。

第三届韬奋新苗奖，我院蝉联全国高校第一名。其中一等奖4名，二等奖3名，三等奖4名。一等奖张小燕、张海波、谢晓、段功伟；二等奖瞿长福、张毅、赵稳波；三等奖杨虹、李楠、沈勇、徐艳琼。

《中国报业发行体制改革研究》获批1996年国家社科基金青年基金项目。

4月24日，《科技日报》第二版以《新兴学科的开拓者》介绍我院李元授教授。

6月，学生自办刊物《珞珈广告风》（广告系成教班）、《新闻采风》（学院团委）、《珞珈新声》（1996广电、1996新闻）创刊。

9月，军训七连（新闻学院）推出特刊《珞珈好七连》。

《大陆、港台澳新闻传播比较研究》获批为国家教委人文社会科学研究"九五"规划基金研究项目第一批立项课题。

10月21日，新闻与传播学院《深化新闻专业教学改革，培养跨世纪优秀人才》成果鉴定会在武汉大学人文馆举行，获高度肯定与一致通过。

10月，台湾《世界论坛报》副董事长张我风先生（有"台湾广告鼻祖"之称）为支持新闻系创办广告学专业，赠送一批专业书籍，还捐资3万元人民币在我院设立武汉大学"张我风新闻实践成果奖"；捐资2万元在新闻实验中心建立"张我风多媒体新闻实验台"；捐资2万元设立蔡勋、余伟韬、彭运生、张我风新闻新苗奖。

# 1997年

4月，《实在》（1995级广电）创刊。

5月，《团苑新创》（1996级广电团支部）创刊。

吴高福获第三届武汉大学吕振万教师科研奖三等奖。

《深化新闻专业教学改革，培养跨世纪优秀人才》（吴高福、罗以澄、石义彬、张昆、李卓均）获国家级教学成果奖二等奖、湖北省高校优秀教学成果奖一等奖。

广告学系与中央人民广播电台广告部联合举办"中广杯"广播公益广告创意设计大奖赛。

吴高福院长作工作报告.

◀ 3月27日，新闻学院第一届教职工代表大会召开

# 1998年

新闻学学科点被评为湖北省重点学科。

获批国家社科规划青年基金项目《中国报业发行体制改革研究》，经费1.5万元。

《视点》（1997级广电）、《广告初旅》（1996级广告）创刊。

## 新闻学院学生自办刊物统计表

| 办刊单位 | 刊物名称 | 创刊时间 | 总期数 | 办刊宗旨 | 主要栏目及内容 |
|---|---|---|---|---|---|
| 广告系 | 《广告人》 | 95.10 | 4 | 广告学术研讨 | |
| 广告系成教班 | 《珞珈广告风》 | 96.6.15 | 2 | 广告学术研讨 | |
| 95广告 | 《广告潮》 | | | 班刊 | |
| 新闻学院团委 | 《新闻采风》 | 96.4.2 | 13期 | 新闻学院学生工作动态 | |
| 96广电、96新闻 | 《珞珈新声》 | 96.12 | 2 | 两班学生园地 | |
| 97广电 | 《视点》 | 98.5 | 1 | 班刊 | |
| 95广电 | 《实在》 | 97.4 | 1 | 班刊 | |
| 97广电团支部 | 《圆苑新创》 | 97.5 | 1 | 班刊（手抄） | |
| 96广告 | 《广告初旅》 | 98.4 | 1 | 广告学习经验交流 | |
| 新闻学院学生会 | 《挑战杯》 | 95.12 | 1 | 特刊 | |
| 军训七连（新闻学院） | 《珞珈好七连》 | 96.9 | 2 | 军训特刊 | |
| 新闻学院团委 | 《新闻团讯》 | 95.4 | 2 | 学生工作动态 | |

表 8—9　　　　填表日期　1998年6月4日

截至1998年6月的学院自办刊物统计表

第三阶段

1999年4月—2000年12月，

大众传播与知识信息管理学院时期

1999年4月，武汉大学学科调整，新闻学院和图书情报学院合并，重组为武汉大学大众传播与知识信息管理学院。学院下设图书档案学系、信息管理系、新闻学系和广告与出版系 4 个系，含7 个专业，即图书馆学、档案学、信息管理与信息系统、新闻学、广播电视学、广告学、编辑出版学。新闻传播学科与图书馆、情报与档案管理学科互相学习，相互支持，共同提高。

# **1999**年

本年度获批新闻学博士学位授予权。

获批"湖北省新闻出版人才武汉大学培训基地"，这是中宣部为了加强对新闻出版人才的专业培训和在职新闻出版队伍的素质教育，在师资力量最强、教学条件最好的四所大学，即武汉大学、中国人民大学、复旦大学、北京广播学院开办的四大基地之一。

武汉大学大众传播与知识信息管理学院全体教职工合影

# 2000年

原武汉大学大众传播与知识信息管理学院下属的新闻系广告专业与原武汉测绘科技大学的印刷工程系合并，组建武汉大学新闻与传播学院，学院党委随之成立。

2000年12月至2004年4月，学院下设新闻学、广播电视学、广告学、印刷传播、包装设计和网络传播6个系，有8个本科专业和专业方向：新闻学、广播电视新闻学、广告学、印刷工程、包装工程、电子出版、网络传播和播音与主持艺术。拥有3个硕士学位授权点：新闻学、传播学、制浆造纸。

学术集刊《新闻与传播评论》创刊。

学术集刊《新闻与传播评论》

# 第四阶段

## 2001年至今，武汉大学新闻与传播学院时期

2000年新武汉大学的成立，给武汉大学的新闻传播教育带来了新的发展机遇，从此，学院进入新的发展阶段。学院在各项事业发展中，始终坚持以学科建设为龙头，以教学科研为中心，以对外服务为补充，讲团结、讲发展、讲实干，全面推进学院建设和发展，各项事业取得长足进步，是武汉大学新闻传播教育事业发展最快的时期。罗以澄、石义彬、强月新曾先后任新闻与传播学院院长。

# **2001**年

本年度开始于在校生中选拔播音主持与艺术专业方向学生。

新增设传播学专业。

# 2002年

9月，学院整体迁入改建后的原武汉大学生命科学学院大楼，使用面积近3400平方米，集办公、教学、实验于一体。

联合攻关项目"现代传媒与中国社会、文化发展"被列为国家"十五""211工程"重点建设项目，标志学院进入国家重点建设的行列。

1位教授入选教育部跨世纪人才，1位教授入选新世纪创新人才培养计划，1位教授被聘为"珞珈特聘教授"。

罗以澄教授入选国务院新闻传播学科评议组成员。

新闻与传播学院现址

"新闻采访学"被评为湖北省省级优质课程

学术集刊《中国媒体发展研究报告》创刊

# 2003年

获批新闻传播学一级学科博士学位授予权和传播学博士点，拥有新闻学、传播学两个二级学科博士学位授予权。印刷工程学科和新闻传播学科被分别列为国家"九五""十五""211工程"重点建设学科。

10月13日，法国波尔多三大组织传播研究中心欧·梯也教授一行访问我院。

新闻学学科通过湖北省省级重点学科的评审。

左起：石义彬、张金海、罗以澄、欧·梯也、单波、强月新

与来访的法国学者合影

1. 11月22日，中国广告教育研究会第三届研讨会召开
2. 11月28日，武汉大学新闻与传播学院建院20周年庆典隆重举行
3. 11月，时任人民日报社社长王晨来院讲学
4. 时任教育部部长周济院士和部领导（高教司司长刘凤泰等）接见我院代表（罗以澄、石义彬）

1. 人民日报原社长、中国记协原主席邵华泽来我院指导
2. 人民日报原社长范敬宜来我院指导
3. 原广电部徐光春部长与校领导和我院教师代表座谈
4. 原广电部徐光春部长应邀担任我院兼职教授、博导

1. 王晨（原人民日报社党委书记、社长）应邀来我院讲学，并受聘担任兼职教授、博导
2. 经济日报原社长、总编辑冯并应邀担任我院兼职教授、博导
3. 甘惜分教授来我院讲学
4. 甘惜分、方汉奇两位前辈教授来我院指导

1. 方汉奇教授和郑贞铭教授关心、指导我院学科建设
2. 复旦大学新闻学院原院长丁淦林先生应邀来访
3. 李良荣教授关心、指导我院学科建设

# 2004年

4月，学校对部分学科进行调整，将原印刷工程学院部分成建制从新闻与传播学院剥离至信息学部，单独成立武汉大学印刷与包装系，并成立系党总支。新闻学院下设新闻学、广播电视、广告学、网络传播4个系，6个本科专业和专业方向。

珞珈新闻与传播论坛春季学术报告会首讲开讲，成为我院的学术品牌活动之一。作为国内新闻教育界小有名气的学术品牌，对学生的专业学习和研究活动产生了积极的影响。

珞珈新闻与传播论坛春季学术报告会

原深圳报业集团总编辑、香港商报总编辑陈锡添于5月21日上午在新闻学院学术报告厅作了关于小平南方谈话报道的启示的学术报告。

成功申报跨文化传播、广告学、媒介经营与管理3个子学科博士点，博士点增至5个。拥有2个硕士学位授权点：新闻学、传播学。

《东方风来满眼春》作者陈锡添来院讲学

6月12日，举办第一届跨文化传播国际学术会议

11月，新闻学学科被评为湖北省高校有突出成就的创新学科

　　12月，教育部公布全国普通高等学校人文社会科学重点研究基地建设计划第五批入选机构的名单，媒体发展研究中心成功入选，成为武汉大学第七个教育部人文社会科学重点研究基地，张金海教授担任首任主任。

1. 教育部人文社科重点研究基地评审会
2. 学院大门
3. 武汉大学媒体发展研究中心大门（2004年）
4. 武汉大学媒体发展研究中心第一次会议

申报的国家"985工程"二期重点建设项目"新闻传播与媒介化社会"获批国家"985工程"哲学社会科学创新基地，该项目总建设经费2400万元，到2008年完成，在全国新闻院校中只有人大、复旦、武大三家进入国家"985工程"二期重点建设行列。

12月，在武汉大学青年教师讲课比赛中，王朝阳老师、刘吉桦老师获得三等奖。

获湖北省大学生优秀科研成果一等奖2项，二等奖6项，位居全校前列。我院学生获2004年中国大学生广告电视辩论赛决赛冠军；成功举办了首届"全国博士生学术论坛新闻传播学分论坛"。

1. 国家"985工程"哲学社会科学创新基地挂牌
2. 国家"985工程"哲学社会科学创新基地挂牌
3. 赵玉明、邱沛篁、方晓红三位教授参加我院国际学术会议

# 2005年

## 【人才培养】

2005年学院招收文理类新生198名、艺术类（播音与主持艺术专业）新生38名。

完成4月的本科教学工作预评估、10月的新办专业办学水平评估、11月的本科教学评估回查工作。

在2005年中国大学生广告电视辩论赛决赛中成功卫冕冠军并囊括了全场最佳辩手称号和最佳学识奖，复赛优秀辩手称号；2002级本科生刘思维获中文传媒协会"纪念蔡同瑜先生新闻学奖学金"。学院还有9名学子凭借出色的科研作品、新闻作品获得了首届南方都市报奖学金。田宗琦同学在"谁将解说2008北京奥运"的比赛中获全国第四名、最具活力奖。2005级播音与主持艺术专业李卉同学获得"首届全国青年普通话演讲大赛"特等奖。我院学生参加湖北省大学生科研竞赛，有2项成果获二等奖，2项成果获三等奖。

学院获"武汉大学2005年暑期社会实践活动先进单位"；"武汉大学聚焦中部崛起实践队"等2支队伍被评为"武汉大学2005年暑期社会实践活动优秀实践团队"；26名同学被评为"武汉大学2005年暑期社会实践先进个人"；《聚焦中部崛起之民营企业发展调研》等8项成果分别获得"武汉大学2005年暑期社会实践活动优秀成果奖"一、二、三等奖。

2005年是武汉大学实行硕士研究生学制由三年制改为两年制的第一年。新闻学院共招收全日制硕士生172人（2004年为176人）；2005年招收全日制博士生38人（2004年为40人）；招收非全日制硕士生23名、博士生23名，比2004年的20名硕士生及4名博士生有较大的提高。另招收了50名高校教师硕士学位班学员；3名硕士留学生，1名博士留学生，接收了4名国内访问学者。

2004级新闻学专业研究生李仕权荣获南方都市报新闻学子奖学金特等奖，奖金1万元（全国各新闻院校共7名）；在由人民网等多家媒体举办的"首届全国新闻学子优秀论文评选"活动中，学院有2人获得一等奖（2003级博士研究生陈峻俊、2003级博士研究生黄玉波），与中国人民大学新闻学院、清华大学新闻与传播学院并列第一。此外还获得2个二等奖、4个三等奖，获奖总数在全国高校名列前茅。

"珞珈新闻与传播论坛"学术报告会制度获得"全校十大研究生学术品牌"称号。一批媒介精英和传媒学术界知名人士纷纷作客论坛，如南方日报社社长、总经理范以锦，南方报业集团总编辑杨兴锋，人民网副总裁廖虹，南方都市报执行主编郭慎之，海外著名传播学者欧·梯也、祝建华、赵心树等多名新闻传播学界名流都曾作客论坛，深受学生欢迎，并对学生的学术科研起到了极大的推动和影响作用。研究生创办了学术刊物《新闻与传播学苑》，2004级的李仕权同学获得了"武汉大学研究生十大学术之星"称号。

## 【科研与对外交流】

2005年，科学研究与对外交流工作取得突破性发展，其标志性成就可表述为"五个一"：第一次在CSSCI论文发表量（包括学生发表的论文）方面跃居全国同类院系第二位；第一次获得教育部人文社会科学重大攻关项目；第一次与英国桑德兰大学展开媒介研究合作；第一次获得美国费曼项目基金的支持，举办了"中美媒介生态与媒介改革国际学术会议"；第一次与台湾研究机构合作，举办了"第六届两岸传媒迈入二十一世纪学术会议"。这些都为学院"十五"规划的完成画上了圆满的句号，同时也为学院"十一五"规划的发展打开了新局面。

学院本年度共出版学术著作9部，CSSCI论文45篇，一般期刊论文40篇。在这些成果中，我们可以看到这样一些特点：第一，进一步提练了学院的六大学术方向，加深了学术内涵。罗以澄、张金海、单波主编的《中国媒体发展研究报告》（2003—2004年卷）、罗以澄教授的《和谐社会与新闻传媒的和谐发展》（《光明日报·理论版》）、夏倩芳老师的《公共利益界定与广播电视规制——以美国为例》（《新闻与传播研究》2005年第1期）等著作和论文，可视为对媒体发展研究方向的进一步拓展以及更深层次的积累；张昆教授的《国家形象传播》（复旦大学出版社，2005）则是政治传播研究的新进展；张金海教授等人合著的《整合：集团化背景下的报业广告经营》、强月新教授的《传媒价格串谋初探》（《新闻与传播评论》2004年第1期）等成果面向现实的媒介经营管理问题，提出了新的思路；秦志希教授的《媒介文化的"视角转向"及其传播策略》（《新闻与传播评论》2004年第1期）以及他组织的《"媒介文化研究"笔谈》（《武汉大学学报》2005年第4期）提出了媒介文化研究的前沿性问题，并进行了具有理论创新意义的研究；单波、石义彬教授主编的《跨文化传播新论》展现了跨文化传播研究的新方向，院里其他老师发表的多篇相关论文，进一步强化了学院在跨文化传播研究方面的特色。可以说，2005年是进一步打造学院科研特色的关键年。

3月，新闻传播学科教育部人文社会科学四个重点研究基地、"985"国家哲学社会科学三个创新基地联席会议在学院召开。来自中国人民大学、复旦大学、武汉大学的"985"国家哲学社会科学新闻传播学创新基地的负责人参加了会议。

联席会议确立了七个研究基地、教育部社科委员、中国新闻史学会共同参加的联席会议制度，提出以七个基地为基础，建立联席会议制度，联席会议每年召开一次，由各基地负责人轮流召集并主持；七个基地同意首先在媒介数据库和学术数据库建设方面展开合作，共同建立以高校新闻传播院系为主的民意调查网络，七个基地在保持各自特色的同时，在学术资源、对外学术交流、图书、音像

资料、实验设备等资源共享，高级人才引进与培养方面展开全面的合作与交流，实现共同建设面向世界、面向未来的新闻传播人才高地。七个基地建立制度化的合作交流机制，对推动新闻传播学科的发展具有极为重要的意义，是新闻传播学展开校际合作交流的里程碑。

教育部哲学社会科学重大攻关项目开题报告会

2005年5月16日，中国人民大学新闻学院甘惜分教授访问我院

11月21日，与台湾研究机构合作，举办了"第六届两岸传媒迈入二十一世纪学术会议"

11月21日，与台湾研究机构合作，举办了"第六届两岸传媒迈入二十一世纪学术会议"

罗以澄教授获批教育部人文社会科学重大攻关项目，这也是学院四十年来获批的唯一此类项目。

10月19日上午9点，湖北省广告协会学术委员会成立大会暨湖北广告产业发展论坛在我院举行。

## 【党群工作】

3月24日，召开了学院第一次党员代表大会，制定了《新闻与传播学院师资补充工作管理条例》。

4月14日，召开了我院首届教职工大会暨工会会员大会。本次大会的主题是：坚持依法治院、民主办学，充分调动广大教职工的积极性，集中全院教职工的智慧和力量，为学院下一步的改革和发展献计献策，为实现学院跨越式发展而努力奋斗。大会审议通过了院长工作报告和《新闻与传播学院"十一五"事业发展规划》，选举产生了学院新一届工会委员会。

新闻与传播学院第一次党员代表大会

新闻与传播学院第一届教职工大会暨工会会员大会

从2005年8月底至11月底，我院党委在历时3个多月的先进性教育活动中，始终把保持共产党员先进性教育活动作为一项重大政治任务来抓。

1. 新闻与传播学院保持共产党员先进性教育活动动员大会
2. 11月11日，1990级校友刘汉俊回学院举办讲座
3. 10月，播音与主持艺术专业评估

湖北省发展与改革委员会主任李宗柏来到武汉大学新闻与传播学院的中部发展论坛演播室，与广大大学生对中部的发展现状作了面对面交流。李宗柏就大学生普遍关注的就业问题，结合当前湖北的经济形势作了分析。

▶ 教育部人文社科重点研究基地和国家"985"哲学社会科学创新基地（新闻传播学类）首届主任联席会议在我院召开

童兵教授关爱我院学科建设 ▶

**MEDIA STUDIES:** Echo editor Rob Lawson with members of the Chinese delegation and university staff who were visiting the Echo.

# University signs up for more links with China

LINKS between Sunderland and the Far East have been boosted after the city's university linked up with one of China's top learning seats.

The University of Sunderland has signed an agreement with the prestigious Wuhan University, one of the top three higher education institutions in China.

Experts from the universities' two media schools are now set to work together on a number of projects, including joint research work and exchange programmes for scholars and PhD students.

Dr Luke Hockley, associate dean of media at Sunderland, said: "We are delighted to be working with Wuhan University, one of the best universities in China.

"The agreement is important for a number of reasons, not least because it shows the level of research at Sunderland. It ____ are carrying out

world-class research."

Six delegates from China were in the city this week to visit the university and see the facilities enjoyed by Sunderland students.

They toured the new Media Centre, made up of 4,600 square metres of studios, workshops and edit suites, along with facilities for TV and radio production and journalism.

Staff and students from subject areas including journalism, TV, video and radio production, film studies and cultural studies moved into the centre in September last year.

The delegation also visited the Sunderland Echo offices and the Stadium of Light media centre.

The agreement follows previous bonds forged between the University of Sunderland and China, with links to some of the country's best universities and large numbers of Chinese students studying in the city.

# 2006年

## 【人才培养】

调整充实了学院实习领导小组，进一步明确了实习领导小组的职责和工作程序。为配合教学评估，2006年度学院提前召开了实习总结表彰大会。在此基础上，评选出第二届南方都市报奖学金，获奖学生受到南方都市报领导的好评。

积极组织全院青年教师开展教学竞赛，经过学院、学部、学校多轮角逐，学院青年教师程明副教授获得"武汉大学青年教师教学竞赛"一等奖。这是学院在此项竞赛中获得的第一个一等奖。

2006年下半年全院实行计算机网络信息化管理，全面修订了硕士研究生培养方案，"广告传播学理论研究"被列为学校精品课程建设之列。

获湖北省大学生优秀科研成果二等奖2项、三等奖2项；获武汉大学大学生优秀科研成果一等奖2项、二等奖3项、三等奖6项。

2006年共推荐32名2003级本科生免试攻读硕士研究生，占毕业生总人数的16.9%。

2006年3月，承办CCTV"谁将主持北京奥运"中南赛区选拔赛。

2006年6月，学院承办了中央人民广播电台"'中国之声'世界杯校园行"现场直播等大型活动。学院学生裴龙与中央人民广播电台主持人一道解说了阿根廷对塞黑的比赛。在随后的半决赛、决赛当中，裴龙同学一路过关斩将，取得了全国第二名的好成绩。

以学院学生为主体的《青年周刊》采编经营团队，已顺利出版《青年周刊》试刊，得到学校顾海良书记、刘经南校长的热情鼓励和高度评价，此举有利于拓展学生专业实习的园地，让学生得到更大程度的锻炼。

吴奇凌老师被评为湖北省社会实践优秀指导老师；2004级广告学专业周宇博同学被评为湖北省社会实践先进个人；1支团队被评为湖北省优秀社会实践团队。

在2006年武汉大学金秋艺术节中，学院分别夺得了舞蹈大赛、服饰大赛、情景剧大赛板块的第一名，进一步确立了学院文化艺术活动在全校的旗帜地位。在2006年武汉市高校文艺调演当中，由学院选送作品代表学校参加了舞蹈比赛和情景剧比赛，舞蹈《剪纸姑娘》、情景剧《博士生爸爸》获武汉市高校文艺调演金奖。

2005级研究生郭万盛、蒋乐进同学荣获南方都市报新闻学子奖学金。

## 【队伍建设】

2006年，罗以澄教授被中宣部、教育部遴选为马克思主义新闻学教材《新闻采访学》编写组首席专家；张金海教授当选为中国广告协会学术委员会副主任委员、"2006中国广告年度人物"；石义彬教授当选中国传播学会副会长；单波教授被遴选为"武汉大学2006年度珞珈学者特聘教授"；强月新教授入选教育部"新世纪优秀人才支持计划"；谢雅维副书记被评为第七届"武汉大学杰出青年"；吴奇凌老师被评为湖北省"三下乡"社会实践先进工作者。

## 【科研与对外交流工作】

2006年，学院获得纵向科研课题7项，经费59.55万元，其中首次获得教育部人文社会科学重大攻关项目1项；获得横向科研课题14项，经费131.4352万元，创年度横向课题经费总量的历史新高。特别是与美国开放社会基金会合作举办"公共卫生报道培训班"，在健康传播研究领域展开国际合作，引进课题费7万美元（折合人民币56万元），从而在与国外机构进行科研合作方面取得实质性重大突破，为科学研究打下了重要基础。

"十五""211工程"二期重点建设项目"现代传媒与中国社会·文化发展"已建设完成，并通过了教育部专家组的检查验收，推选出一批系列精品成果。

成功举办了两次国际会议，即2006国际动画艺术沙龙年会和中韩广告与文化传播国际会议。

举办了两次新闻战线"三项学习教育活动"报告会、画说《江泽民文选》主题活动。

本科教学创优迎评

新闻传播学实验教学中心分别被评
为湖北省实验教学示范中心、国家
级实验教学示范中心（全国第一家
传媒类国家级实验教学示范中心）

新闻传播学实验教学中心（2006年）

3月30日，范敬宜教授作客珞珈新闻与传播论坛，题词"居高
声自远，涉深获乃丰，悟得此中理，下笔即成风"赠送给学
院。作为学院的兼职教授，他结合自己50年来的新闻生涯，与
珞珈学子畅谈"新闻记者的社会责任与人文素养"

左起：单波、范敬宜、何道宽、樊凡

10月9日，与韩国成均馆大学新闻放送学院合作举办中韩广告与文化传播国际会议。

1. 5月14日，与美国开放社会基金会合作举办"公共卫生报道培训班"
2. 2006年5月25日，举办新闻战线"三项学习教育活动"巡回报告会
3. "十五""211工程"二期重点建设项目"现代传媒与中国社会·文化发展"通过教育部专家组的检查验收
4. 2006国际动画艺术沙龙年会

1. 罗以澄教授被中宣部、教育部遴选为马克思主义新闻学教材《新闻采访学》编写组首席专家
2. 尹韵公教授来院参加博士生（刘汉俊）答辩会（担任答辩主席）
3. 央视著名主持人马东来院采访
4. 凤凰卫视著名主持人董嘉耀、谢亚芳来学院采访

# 2007年

罗以澄被评为"国家教学名师"

**【人才培养】**

新闻学专业先后被评为湖北省品牌专业和国家教育部第二类特色专业建设点（当时，湖北省新闻传播类品牌专业只有我院一家），"新闻采访学"荣获国家精品课程称号（全国新闻传播类专业当时仅有8门课程获此称号）。

学院实验教学示范中心成功组织并正式启动了20项创新性实验教学项目。

4位学生获得省级优秀学士学位论文一等奖，有6位学生获得省级优秀学士学位论文三等奖，有9位学生获得提名奖。

省级优秀学士学位论文一等奖

举办"播音与主持艺术专业创办5周年专场朗诵会"。

经国家劳动人事部、教育部评审、批准，学院设立了新闻传播学博士后流动站。在厦门大拇哥集团公司建立了博士后科研工作站。

新闻传播学博士后流动站

### 【科研与对外交流】

与韩国成钧馆大学、日本京都大学共同在韩国举办了"中日韩广告与文化传播国际学术会议"。

与法国波尔多三大组织传播研究中心、摩洛哥哈桑二世穆罕默地亚大学共同在摩洛哥举办了"公共传播国际学术会议"。

11月，与法国波尔多三大组织传播研究中心在武汉共同举办了"公共危机与跨文化传播国际学术会议"。

公共危机与跨文化传播国际学术会议

　　10月21日，与新西兰坎特布雷大学在武汉共同举办了"政治传播国际学术会议"。

1. 举办政治传播国际学术会议
2. 9月9日，2007年中国科协年会在学院举办

1. 美国驻汉首任总领事白小琳女士来院访问
2. 美国驻汉首任总领事白小琳女士来院访问
3. 我院与法国波尔多三大传播学院签署合作协议

# 2008年

## 【人才培养】

新闻学通过了湖北省品牌专业验收。

广告学专业获批湖北省品牌专业立项。

10月17日，召开国内首次"新闻传播学科实践教学和创新性人才培养高峰论坛"，与13家教学实践基地签约并授牌，为学生实习和建立长期、稳定的合作关系提供了平台。

2007级研究生、"武汉大学十大杰出青年（学生）"杨震同学参加了2008奥运火炬在武汉的传递活动。

在人民网等多家媒体联合举办的"第三届全国新闻学子优秀论文奖"的评选中，博士生贾广惠、余建清同学荣获一等奖，获奖总数位居全国第三。

陆海鹰获2008年度长江韬奋奖

新闻传播学科实践教学和创新性人才培养高峰论坛

1993级本科生陆海鹰在学院实验室学习

本科生魏轶力与搭档张亚雯在2008北京奥运会的羽毛球女子双打比赛中获得第三名。

在第15届康腾全国高校学生案例分析大赛中，以学院2005级赵书影和2004级李若冰同学为主力的"企划1916队"荣获二等奖。

### 【科研与对外交流】

申报获批"211工程"三期建设项目："中国媒介改革与社会转型"获准立项，项目建设经费150万元。

罗以澄主持的中宣部特别委托项目"西方主流媒体的西藏3·14事件报道与我国对外新闻传播的对策探讨研究"为国家决策提供了可行性方案，受到中宣部表扬。

获第六届湖北省社会科学优秀成果奖二等奖1项、三等奖2项。

5月9日-10日，联合香港国际传播促进中心（ICCD/International Center for Communication Development）成功举办了"灾难性事件与媒体责任"学术研讨会。

播音专业五周年汇报演出

1. 1月，2007年度湖北省广告学术委员会年会暨《广告大观》杂志社华中地区采编部揭牌仪式
2. "灾难性事件与媒体责任"学术研讨会
3. 广告与文化传播国际学术会议
4. 8月20日，2006—2010年教育部高等学校新闻学学科教学指导委员会第三次全体会议

美国知名传媒集团"泛亚"公司董事长方李邦琴女士捐资10万元美金设立"方氏传媒创意基金"，用于奖励学院品学兼优、开拓创新的全日制研究生和本科生，鼓励新闻传媒学子积极投身传媒实践与传媒创新。

1. 方李邦琴传媒基金设立暨捐赠仪式
2. 方李邦琴来院与师生座谈

# 2009年

2009年1月19日，教育部学位与研究生教育发展中心发布《2009年学科评估高校排名结果》，武汉大学新闻传播学科与清华大学并列全国排名第四。

## 【人才培养】

张金海教授主持的《广告经营学》被评为2009年度国家精品课程，成为学院第二门国家级精品课程。

张金海教授主持的"广告学专业整合实践教学模式的建构"获省级优秀教学成果一等奖，进入了国家优秀教学成果奖会审阶段。

广告学专业通过湖北省品牌专业验收；获批传播学（网络传播）本科专业；广播电视学系主持成功申报"播音主持专业国家级人才培养模式试验区"。

与国际软件学院合作，完成了自设二级博士点的申报工作，获批数字媒介博士点、硕士点。

多媒体时代记者型主持人培养模式创新实验区研讨会

3月21日，武汉大学首届艺术摄影专业毕业生罗锦辉举办影展

6月16日，学院新闻传播学博士后流动站与湖北日报正式签署科研基地合作协议。这是学院首次在传媒集团建立科研基地。

在教育部高等学校科学研究优秀成果奖（人文社会科学）评选中获得2项二等奖，分别是罗以澄等老师负责的《三峡工程及三峡总公司舆情监测分析报告（2006—2007）》及单波教授的论文《西方媒介生态理论的发展及其理论价值与问题》（刊于《新闻与传播研究》2006年第3期）。

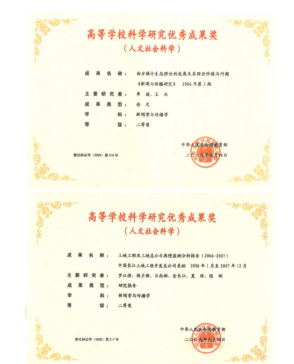

1. 武汉大学新闻传播学博士后湖北日报科研基地
2. 与湖北日报传媒集团签署合作协议

教育部高等学校科学研究优秀成果奖二等奖

叶晓华、纪莉获美国校友基金项目——"媒介与社会发展：校友学术论坛"的资助，由美国国务院教育与文化局提供资助，美国驻华领馆协助完成。

12月9日，与美国中美教育基金会、法国波尔多三大组织传播研究中心、中国外国新闻史学会合作成功举办"跨文化对话：媒介伦理与新闻专业主义"国际学术会议暨媒介教育联合会（MEC）会议。

2009年，学院行政领导班子换届工作完成，新一届行政领导班子成员：石义彬、单波、强月新、程明、王滨。

1. 媒介与社会发展学术论坛
2. "跨文化对话：媒介伦理与新闻专业主义"国际学术会议暨媒介教育联合会（MEC）会议

# 荣 誉 证 书

（第J120094016 号）

授予武汉大学新闻与传播学院全国教育系统先进集体称号

中华人民共和国人力资源和社会保障部　　中华人民共和国教育部

二〇〇九年 九月 一日

学院被评为2009年全国教育系统先进集体

# 2010年

## 【人才培养】

新闻学专业教学团队成功申报国家级教学团队，获批省级教改项目1项《媒介融合背景下的新闻传播教学体系改革》（单波），在重要刊物公开发表教学研究论文6篇，张金海教授主持的"广告学专业整合实践教学模式的建构"获省级优秀教学成果一等奖，强月新教授主持的"实验教学与新闻传播人才培养模式创新研究"获得武汉大学优秀教学成果特等奖。

在教育部"马工程"重点教材编写组的首席专家遴选中，全国新闻传播学科共有6本教材的编写任务，学院有2位教师分别入选2部教材的首席专家行列。罗以澄教授入选为"马工程"《新闻采访与写作》教材编写组首席专家（排名第一）；石义彬教授入选为"马工程"《西方传播理论评析》教材编写组首席专家（排名第二）。获得全国唯一的一个"学科优质实验教学资源共享平台建设项目"。制定出台了《学院青年教师教学竞赛》制度及其奖励方案，并成功举办了本年度教学竞赛。余晓莉老师荣获湖北省青年教师教学竞赛文科组二等奖，刘学老师获武汉大学青年教师竞赛三等奖。

毕业学生论文总数200篇，获省级优秀学士学位论文6篇，获奖比例为3%。

招收2010级硕士研究生228人，其中新闻学专业78人，传播学专业147人，数字媒介专业3人。数字媒介专业为首次招生。招收2010级博士研究生60人，其中校外班招生24人。招收港澳台博士1人，为我院首次招收的港澳台博士研究生。招收留学生硕士1人。完成了2011级推免硕士研究生的接收工作，接收校外推免生23人，校内推免生26人，其中专业学位型硕士5人，合计接收推免生人数为49人，超额完成了学校下达的推免生招生计划。

共毕业硕士研究生189人，博士研究生22人，高校教师班学生3人，同等学力授予学位1人。2010年我院对所有毕业的博士研究生和硕士研究生都进行了毕业论文的查重工作，查重比例为100%，远高于学校对硕士研究生论文30%抽查的要求。

与宜昌三峡研究院合作举办新闻学专业研究生课程进修班，招收学员24人，首次招收博士研究生课程进修班，招收广告学专业学生32人，新闻学专业学生5人。

完成了新闻与传播硕士专业学位授权点的申报工作，并获得批准与艺术系联合申报了艺术学专业硕士一级学科学位授予权，计划于2011年开始广播电视艺术专业的招生工作。

院团委书记吴奇凌被评为湖北省大学生社会暑期实践先进工作者；1个团队被评为省级优秀团队；本科生李可欣被评为省级先进个人。

"种太阳"关爱农民工子女项目获团中央批准成为"共青团关爱农民工子女志愿服务行动"全国十二个重点项目之一。新华社、中央人民广播电台、中央电视台、中国青年报等中央及地方媒体多次对此进行了报道，人民日报还用大半个版面进行了报道。

成功推出了自己的品牌学术活动——华中地区新闻传播学科研究生学术论坛。

陈铭同学作为辩手全程参加2010国际大学群英辩论会选拔赛，并担任随后的国际大学生辩论赛的执行教练，取得冠军。

## 【队伍建设】

以学科带头人身份引进汕头大学海归教授周翔博士。

整合海内外学术资源，聘请了一批业界精英担任兼职和客座教授：日本早稻田大学龟井昭宏先生、人民画报社社长兼总编辑徐步、人民日报文艺部编辑李辉。

新招收了1名新闻学专业博士后。

## 【科研与对外交流】

出版"新闻传播与媒介化社会关系研究丛书"；学院教师在CSSCI源刊上发表论文80余篇。

入选武汉大学人文社会科学"70后"学者学术团队第一批建设项目，由肖珺牵头的"跨文化传播创新研究团队"正式启动，第二批建设项目中有张明新牵头的"'社会性媒体'创新研究团队"、纪莉牵头的"传播学理论创新团队"两个团队入选。

成功举办"第五届广告与文化传播国际学术会议"，"亚洲广告学术联盟"圆桌会议并签署了"亚洲广告学术联盟意向书"。与德国洪堡大学跨文化培训中心成立跨文化传播研究小组，开展跨国科研合作。

获批成立新媒体与社会发展研究中心，与湖北省委宣传部合作共同建设，形成产学研一体化的共享平台。

罗以澄教授领衔完成的教育部重大攻关项目《新闻传媒发展与构建和谐社会关系研究》在教育部组织的项目结项鉴定中被评为"优秀"（国内高校同类学科在教育部重大攻关项目结项鉴定中的第一个优秀）。

"211"三期建设项目"社会转型与中国大众媒介改革"启动以来进展顺利，阶段性成果显著并已通过学校的中期检查。

在广泛动员、征求教师意见和国内外调研的基础上，认真编制了学院的"十二五"发展规划。

获批成立湖北省新闻传播能力建设研究中心，与湖北省委宣传部合作共同建设，形成产学研一体化的共享平台。

教育部人文社科基地媒体发展研究中心在教育部社科司进行的第二轮综合评估中获"合格"。

2010国际大学群英辩论会选拔赛

2010国际大学群英辩论会选拔赛

教育部哲学社会科学研究重大课题攻关项目

# 结 项 证 书

证书号：09JZDGG0069

项 目 类 别：教育部哲学社会科学研究重大课题攻关项目

学 校：武汉大学

项 目 名 称：新闻传媒发展与建构和谐社会关系研究

项 目 负 责 人：罗以澄　　　　　主要参加人：石义彬、单　波、强月新、秦志希

项 目 批 准 号：05JZD0026　　　　　　　　　　　吕尚彬、刘九洲、詹绪武、陈　刚

合 同 号：05JZDH0026

鉴 定 等 级：优 秀

教育部社会科学司

二〇〇九年十二月三十日

教育部重大攻关项目结项证书

湖北省新闻传播能力建设研究中心 ▶

# 2011年

## 【人才培养】

学院获批一个"双语教学"项目（大众传播学全英文教学课程，项目负责人：石义彬、纪莉），周茂君老师成功申报获批湖北省省级教学改革研究项目（新闻传播学科实验教学改革研究）。

2011届毕业生共196人，获得文凭率和学士学位率98%，读研和出国率36.7%，就业落实率92.8%，前三项比去年有所提高。学生获得多项竞赛奖项，其中国家级22项，省级70项，在重要期刊发表论文37篇。

学院学生获第六届全国新闻学子优秀论文二等奖、第四届大学生广告大赛湖北省一等奖。

2007级本科生刘志毅"卧底富士康28天"，成为第一个在《南方周末》头版头条署名发表文章的实习生，并荣获第六届南方都市报新闻奖学金一等奖及武汉大学十大珞珈风云学子。

2009级博士研究生陈铭在2011国际大学群英辩论会上荣获华语母语组最佳辩手，并被余秋雨评价为"世界上最会说话的年轻人"。

在第六届世界合唱大赛上，2010级硕士生聂东白与所在团队一举拿下现代音乐组的金牌，并收获其他赛组两枚银牌。

2010级硕士生张星月参加"第六届央视主持人大赛"获入围奖。在第十四届"天之蓝杯"中央电视台青年歌手电视大奖赛民族唱法中，研究生徐芳琳荣获优秀奖，并在山西卫视的中博会中部六省民歌挑战夜中获冠军。

招收2011级硕士研究生169人，其中新闻学专业68人，传播学专业98人，数字媒介专业3人；专业硕士56人。招收2010级博士研究生45人，其中港澳台博士1人。招收留学生硕士2人。完成了2012级推免硕士研究生的接收工作，接收校外推免生30人，校内推免生18人，其中专业学位型硕士9人，合计接收推免生人数为48人，超额完成了学校下达的推免生招生计划。

举办博士课程进修班，招收48名学生，其中广告学博士课程进修班招生30人，传播学博士课程进修班招生18人；硕士课程进修班招收学生14人。在2011年学校评比的研究生十大学术科技之星中，我院吴世文、袁玥同学占据两席。2011年学院研究生共发表科研论文102篇，其中权威核心46篇；2009级博士生吴世文、王超群，2010级硕士生曹博林获第六届全国新闻学子优秀论文二等奖；2010级硕士生王珑、刘梦涵在第四届大学生广告大赛中获湖北省一等奖。

2011年12月，举办第二届"华中地区新闻传播学研究生学术论坛"。

积极关注校友毕业后取得的成绩并做好宣传工作，以此提振在校学生的学习热情。本年度1999届毕业生范俭的纪录片《活着》获中国（广州）国际纪录片节评审团特别奖；2005届毕业生殷明穷十年之力，成就长篇小说《永乐风云》，再现了600年前华夏文明的峥嵘岁月；2009届毕业生余倩作为《史蒂夫·乔布斯传》4名中文译者之一，担任了其中10章书稿的翻译内容；刚刚毕业于纽约大学的学院2009届毕业生刘元辰凭借纪录片《煤路》获美国玛格丽特·米德电影人奖。

11月18日，第三届电通学生广告讲座举办

## 【队伍建设】

学院推出"双一计划"，派出青年教师到国内媒体挂职；湖北省委宣传部推出了"双挂计划"——高校和媒体人员双向挂职，以此作为加强马克思主义新闻观教育的创新举措。学校专门成立了以骆郁廷副书记为组长的"双挂"工作领导小组，该举措受到中宣部的高度关注，并在全国范围内推广。

学院新增楚天学者特聘教授1名——网络传播系周翔教授；新增珞珈青年学者1名——新闻系陈刚副教授。

新招收3名博士后，已陆续完成进站的开题工作。

**【科研与对外交流】**

获湖北省社会科学优秀成果奖3项，其中二等奖1项，三等奖2项。获武汉市第十二届社会科学优秀成果奖2项，第十七届湖北新闻论文（论著）奖二等奖1项，金长城传媒奖之年度学术人物奖1人。

12月17日，与法国波尔多三大组织传播研究中心合作，成功举办第六届跨文化传播国际学术会议。

2011年3月24日，2010年度全国报刊广告工作总结会议暨"十二五"中国报刊发展机遇高峰论坛举办。

学院组团访问美国著名高校，与密苏里新闻学院、伊利诺伊大学媒介学院、天普大学传媒与戏剧学院达成合作意向或协议。

10月，首次举办"珞珈人文社会科学方法训练营"，邀请台湾政治大学教授钟蔚文主讲传播学方法。

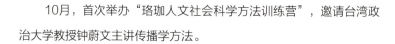

与湖北省委宣传部合作举办湖北省首届新闻传播学院院长论坛并成立网络新闻评议分会，与湖北日报报业集团合作举办全国报刊委员会年会，举办湖北省广告学术委员会年会。

12月8日，与《环球时报》社签订战略合作协议。

# 2012年

## 【人才培养】

3月23日，第二届"实践教学与新闻传播人才培养模式创新"高峰论坛举办。

7月2日，举办全国新闻业务教学专题研讨班。

7月2日，湖北省优秀教学成果奖鉴定会。邀请了部分专家学者对"实验教学与新闻传播人才培养模式创新研究"成果进行了鉴定（该成果被评为湖北省优秀教学成果一等奖）。

完成2012年硕士研究生及博士研究生的招生录取工作，共计270人。其中硕士研究生222人（含校外班35人），博士研究生48人（含校外班12人）。完成2013级推免硕士研究生的接收工作，共推免研究生64人（其中校外推免生32人，校内推免生32人），超额完成了学校下达的推免生招生计划，提高了接收推免生的比例，创历年来新高。

学位授予方面：博士研究生46人，硕士研究生242人，同等学力硕士4人，共计272人。

成功申报研究生一级学科通开课第三批建设项目："现代媒介前沿"（冉华教授），专业学位研究生课程教学案例课题"凡客诚品营销传播策略"（程明教授）和3位研究生学生科研课题。

12月，第三届"华中地区新闻传播学研究生学术论坛"在学院成功举行。

## 【队伍建设】

学院持续大力推动"双一计划"工程，新增1名费曼基金学者、1名美国访问学者、1名德国访问学者、4名国家留学基金项目入选者、1名教育部电通高级人才培养项目入选者、1名珞珈青年学者、2名媒体挂职教师。2012年共引进1位教授：以研究员四级的身份引进湖北日报传媒集团谢湖伟教授。

2012年学院新招收2名师资博士后。

9月22日，樊凡老师八十华诞庆典举办，校党委书记李健、副书记骆郁廷，以及来自全国各地的十几位樊门弟子欢聚一堂，为其祝寿。

## 【科研与对外交流】

新增武汉大学"70后"创新团队：发展广告学与中国案例研究创新团队。今年共派出2位教师出国访学，分别是：新闻系刘学老师赴美国伊利诺伊香槟分校作访问学者，广电系纪莉老师赴德国访学交流。另外，我院共有5位教师获得了国家留学基金委公派出国留学资格，分别是广电系刘建明、王琼，广告系廖秉宜，网络传播系洪杰文、王朝阳。

单波教授的《跨文化传播的问题与可能性》一书获教育部第六届高校科学研究优秀成果奖（人文社会科学），实现学院学术专著在教育部奖上零的突破。

7月20—24日，学院召开2012年暑期工作研讨会，就学科建设、本科教学、学生思想政治教育工作三大主题分别进行汇报、总结、讨论。

10月9日，学院与湖北省邮政公司签署战略合作协议，并联合主办"纪念第43届世界邮政日暨传媒创新发展论坛"。

成功举办"武汉大学新闻与传播学院—北海道大学国际传媒研究生院"学术交流会，首次展开与日本高校的双边学术交流。举办2012年广告与文化传播国际学术会议。

12月27日，武汉大学与湖北日报传媒集团签订战略合作协议，经双方友好协商，合作共建新型研究与培训机构"武汉大学·湖北日报传媒集团新媒体研究院"。这一研究院通过双方优势互补、校报合作，共同打造具有全国乃至世界影响的新媒体研究与培训机构，助推湖北日报传媒集团成为全国一流、具有世界影响的新媒体集团，提升武汉大学新媒体研究与教学实力。

# 2013年

## 【人才培养】

招收全日制本科生202人，其中港台生14人。招收各类研究生229人，其中博士研究生34人，学术型硕士研究生122人，专业学位型硕士研究生73人，招收国外留学生硕士3人。授予全日制学士学位230人，硕士学位215人，博士学位56人。新增硕士生导师3人，博士生导师1人。

本科生公开发表科研论文36篇，在各类科研竞赛中获得国家级奖励17项，省级奖励38项；在学校大学生科研立项中，获批国家级项目1个、校级项目12个。研究生公开发表学术论文281篇，其中权威1篇，CSSCI（含扩展版）149篇。4名博士生、9名硕士生获研究生国家奖学金，1名博士生获武汉大学雷军奖学金，6名研究生获人民网论文奖，4名研究生获人民网奖学金，6名研究生获互通国际武汉大学传媒奖学金，8名研究生获环球时报公益奖学金，9人获武汉大学研究生学术创新奖。

全年共选派21名本科生赴新加坡、韩国，中国台湾、香港等国家和地区的高校交流学习。四位同学凭借诗朗诵《少年》夺得了第三十一届全国大学生樱花诗歌邀请赛朗诵组一等奖。2011级、2012级本科生联合党支部开展的"透新闻眼、看十八大"活动，在武汉大学2013年"活力创新工程"学生党建创新项目中荣获一等奖。学院辩论队在湖北省高校新闻与传播专业辩论赛中荣获亚军。2012级王湾湾同学荣获武汉大学十佳模特冠军。金秋艺术节期间，学院本科生在服饰大赛、情景剧大赛中荣获一等奖，在舞蹈大赛、合唱大赛等板块中荣获二等奖，在"唇舌烽火"辩论赛中勇夺第一，取得历史最好成绩。在"思政超市"第九届时事政治案例分析大赛中，学院马宁宁、徐青青、罗洪锐等获得二等奖；在武汉大学"学习贯彻十八大精神"征文比赛中，我院段可儿等获二等奖，刘晨菲、马

瑞雪等获三等奖。2013年暑期社会实践中，学院赴甘肃省兰州市寻访孤寡老人实践队获得校级一等奖，赴贵州省凤冈县"播撒希望，点亮未来"贵州支教暑假社会实践队获得校级二等奖，珞源暑假实践团队获得校级三等奖。成功举办第四届"华中地区新闻传播学研究生学术论坛"。研究生陈思、冯大鹏共同获得第五届全国大学生广告艺术大赛湖北分赛区广播类一等奖、三等奖，广播公益类三等奖。

## 【队伍建设】

招收1名师资博士后，1人被聘为珞珈青年学者。继续推进"双一""双挂"计划，3名青年教师顺利完成媒体挂职或国外进修任务，新选派3位青年教师到媒体单位挂职，选派5位中青年教师到美国高校访学交流，接收2名媒体记者来我院挂职院长助理。

## 【科研与对外交流】

新增国家社科基金项目2项，新增教育部基地重大项目1项，省委宣传部委托项目1项，湖北省社科基金项目3项，到账纵向项目共10项，总经费117.9万元；横向课题12项，总经费141.5万元。到账经费总数达到259.4万元。2项选题入选海外人文社会科学研究动态追踪计划，3个学术领域入选"武汉大学哲学社会科学优势和特色学术领域建设计划"，获批经费130万元。《四类受众群体媒介认知调查研究》系列论文获湖北省第八届社会科学优秀成果奖二等奖。发表CSSCI源刊论文88篇，在《新闻与传播研究》上发表论文4篇。

成功举办第七届跨文化传播国际学术会议（含七场主题报告会），来自美国、澳大利亚、加拿大、法国、韩国、新西兰、巴基

斯坦、斯里兰卡、瑞典以及中国内地及港澳台的30多位学者，展示了全球跨文化传播研究领域的前沿性研究成果。继续深化"珞珈新闻与传播论坛"，邀请著名主持人敬一丹、北京电通广告有限公司事业推进室室长小岛哲郎先生、台湾政治大学冯建三教授、美国伊利诺伊大学厄巴纳-香槟分校教授克里福德·克里斯琴斯（Clifford G. Christians）、澳大利亚新南威尔士大学艺术和媒体学院教授Harindranath、加拿大女王大学教授约翰·贝瑞等10多位国际国内知名专家、学者举办学术讲座，并进行详尽的学术报道，收到了良好的效果。

举办第七届跨文化传播国际学术会议

## 【积极推动并促成"部校共建新闻学院"】

12月20日，地方党委宣传部门与高等学校共建新闻学院现场会在上海召开，副校长李斐代表武汉大学与湖北省委宣传部签署《中共湖北省委宣传部与武汉大学共建新闻与传播学院协议》（全国首轮，湖北省首家）。根据协议，双方将在共建精品课程、共建骨干队伍、共建实践基地、共建研究智库等方面开展广泛而深入的合作，致力于将武汉大学新闻与传播学院建设成为以马克思主义新闻观为指导，运用现代传播技术手段开展教学科研，着力培养党的优秀新闻宣传工作者、新闻教育和研究人才，国内一流、世界知名的高水平学院；建设成为湖北省新闻宣传和新闻事业发展的高级智库，湖北省新闻宣传系统在职干部培训的主要基地。

### 【认真开展党的群众路线教育实践活动】

按照学校统一部署，党的群众路线教育实践活动自2013年7月正式启动以来，学院党委根据要求，认真制定《新闻与传播学院党的群众路线教育实践活动实施方案》，精心组织广大党员学习相关文件和材料，广泛征求师生员工意见和建议，深入开展交心谈心，领导班子成员认真撰写对照检查材料，召开领导班子专题民主生活会和各党支部的专题组织生活会，并制定了《武汉大学新闻与传播学院党的群众路线教育实践活动整改落实方案》。

### 【成功召开学院第二次党代会】

中共武汉大学新闻与传播学院第二次代表大会于11月7日召开，院党委书记吴爱军代表上一届党委向大会作了题为《开启新征程，再创新辉煌，为把学院建设成国内一流、世界知名的高水平学院而努力奋斗》的工作报告，总结了过去八年的各项工作成绩和基本经验，指出了学院建设和发展过程中存在的问题和不足，分析了学院当前所面临的机遇和挑战，提出了今后一个时期的工作思路和奋斗目标。大会审议通过了《中共武汉大学新闻与传播学院第二次代表大会关于上一届党委工作报告的决议》，选举产生了学院新一届党委委员；召开

中共武汉大学新闻与传播学院第二次代表大会

学院新一届党委第一次全体会议，选举产生了新一届学院党委书记、副书记。

### 【新办公大楼投入使用，学院办公条件显著改善】

在学校相关部门的大力支持下，学院加盖的四层一体的新办公大楼顺利竣工并交付使用，并和前楼形成一体结构。通过招投标程序采购一批办公家具，总价值达到84.8万元；争取后勤保障部的资金支持，完成对学院中庭的改造和美化；加大物业管理费投入，学院保安、保洁人员数量分别增加1倍，物业管理更加完善；网络、电话、空调、消防、监控、门禁等配套设施也全部安装到位。与此同时，也对老办公楼进行了一次彻底的修缮和美化。至此，学院办公环境大为改善：资料室整体搬迁至新办公楼；专业教师全部分配有新办公室，结束了学院专业教师没有办公室的历史；全部行政人员根据工作需要，完成了办公室调整，实现了部门相对集中办公。

### 【参与组建中国传媒大学中国传播能力建设协同创新中心】

学院积极参与由中国传媒大学牵头，联合清华大学、厦门

大学等高校以及多家传媒机构、研究院所、企业等共同建设中国传播能力建设协同创新中心，并致力于发展成为中国传播能力建设的人才库、思想库和国家智库。8月份，学院开始启动前期准备工作，积极参与组建协创中心。根据合作框架，学院将在理论创新、学科发展、人才培养、社会服务、队伍建设、资源整合、经费投入等方面与相关协同单位开展一系列的交流与合作，并共享其优质资源。

### 【成功举办院庆三十周年系列活动】

11月29日下午，学院建院30周年庆典大会在人文馆主厅隆重举行。有关兄弟单位和媒体机构负责人、学界同仁，来自全国各地的历届院友，学院领导班子全体成员及在校师生代表共计400余人参加了庆典大会。庆典大会结束后，举行了"新闻教育发展论坛"，在校师生代表和返校校友围绕"新形势下新闻教育往何处去"的主题，展开了充分讨论和交流。院庆期间，还举办了第十三届新闻先生新闻小姐大赛等系列活动，《馈影珞珈》1988级摄影班七人摄影展、1988级摄影群体作品展、2006级摄影班赵红《西藏》摄影作品展、《穿越藏域高原》傅平摄影作品展、大广赛获奖作品展也分别开展。在兄弟院校、各界同仁和广大校友的大力支持下，院庆系列活动取得了圆满成功。

# 2014年

## 【人才培养】

学院斩获第六届全国大学生广告艺术大赛优秀院校、全国广告艺术大赛国家级二等奖等多项大奖。2012级本科生常晨负责的创新创业训练项目获得2014年度国家级大学生创新创业训练项目，获得武汉大学校级创新创业训练项目9项。学院坚持"一体两翼"的培养理念，打造了专业大实习、新闻先生新闻小姐大赛、《新视点》报纸、寒暑期社会实践等专业实践平台，获得武汉大学大学生课外学术科技创新活动先进集体称号；李雯凤、常筠依所在团队分别获全国挑战杯创业计划竞赛金奖、铜奖；院报《新视点》创办十五年来，举行了创刊第100期纪念专题活动。在武汉大学第三届"微言话实践"学生暑期社会实践微博大赛中，春晖公益中心赴贵州农村小学教育现状调查队荣获一等奖以及最具价值奖；赴京广等地走访国内知名媒体暑期社会实践队获三等奖。

2014年武汉大学金秋艺术节中，学院荣获金秋服饰大赛、金秋情景剧大赛、金秋辩论赛三个板块冠军。在体育活动方面，学院荣获武汉大学"振兴杯"足球赛第五名、排球"4+2"比赛亚军和第四名，学院学生代表学校荣获湖北省大运会网球锦标赛男团桂冠。此外，2010级本科生李雯凤入选首届"国家资助，助我飞翔"全国励志成长成才优秀学生典型。在2014珞珈风云学子评选中，2011级本科生李莎旻子获"珞珈十大风云学子"称号，我院获得最佳组织奖。

2014年，学院研究生在C刊上发表论文42篇，其他刊物上发表论文211篇。学院共有16名研究生获得人民网论文奖奖学金，获奖人数为参赛高校之首；1人入围人民网"最具潜质新闻奖"新闻采编奖全国前十，1人入围人民网"最具潜质新闻奖"新闻主播奖全国前十，3人入围人民网"最具潜质新闻奖"论文奖全国前十，为学校赢得"新闻人摇篮奖"的荣誉。2人获得第六届全国大学生广告艺术大赛全国优秀奖，10余人获得省级奖；多名博士生入围参加复旦大学"

中国新闻传播学科研究生学术年会"；一个研究生团队获得"首届海峡两岸微电影高峰论坛"微电影大赛铜飞燕奖，2名研究生获得"首届海峡两岸微电影高峰论坛"论文竞赛一等奖；院研究生辩论队夺得校研究生辩论赛冠军；博士生刘莲莲获评范敬宜新闻学子奖。

## 【队伍建设】

新选留教师1名，招收1名师资博士后，1人被聘为珞珈杰出学者，1人被聘为珞珈特聘教授，1人被聘为珞珈青年学者。继续推进"双一""双挂"计划，6名青年教师顺利完成媒体挂职或国外进修任务，新选派1位青年教师到媒体单位挂职，选派2位中青年教师到美国高校访学交流。

## 【关注"70后"青年教师队伍建设】

2014年4月12日，学院青年教师队伍建设工作会议在珞珈山庄第六会议室召开，会议旨在系统梳理我院青年教师近几年的科学研究、队伍建设工作情况，倾听青年教师对学院未来发展的意见和建议，进一步在学院营造重视青年教师发展、助力青年教师成长的良好氛围。学院33位"70后"青年教师及师资博士后、全体院领导班子成员及系主任参加了会议。学院以部校共建新闻学院为契机，结合学校人事部绩效改革文件相关精神，根据不同教师实际情况和特点改进科研成果评审标准，进一步优化科研考核评价机制，研究制定与青年教师发展和成长相关的政策，为青年教师的发展提供更多支持保障。2014年6月26日，学院召开第二次"70后"青年教师恳谈会，进一步鞭策、鼓励青年教师们调整好自己的工作状态，加大时间和精力的投入，注意学术研究的方法，多出成果，出高质量成果。

### 【科研与对外交流】

新增国家社科基金项目2项（其中重点项目1项），新增教育部基地重大项目1项，湖北省委宣传部委托项目5项，湖北省社科基金项目2项，武汉市社科基金项目1项。经费总数达到329万元。发表CSSCI源刊论文71篇，奖励期刊《新闻与传播研究》5篇，《中国社会科学文摘》全文转载1篇。组织出版学术精品——中国社会科学文献出版社出版的"珞珈问道文丛"5部，对建构学术特色起到了推动作用，进一步强化了学术优势与特色。

继续深化"珞珈新闻与传播论坛"，邀请美国天普大学战略传播系主任普拉特（Comelius B. Pratt）、美国伊利诺伊大学厄巴纳—香槟分校教授克里福德·克里斯琴斯（Clifford G. Christians）、美国圣克劳德州立大学(St. Cloud State University)大众传播系教授彭增军、香港城市大学祝建华教授等近20位国际国内知名专家、学者举办学术讲座，并进行详尽的学术报道，收到了良好的效果。

学院2014年派出本科生5名，研究生2名赴台湾铭传大学交流；派出研究生7名赴台湾政治大学交流，教师1人参加台湾政治大学"大陆传播青年学者学术交流访问会"，学生1人参加台湾政治大学2014道南传播夏令营。还有部分本科生赴香港中文大学、辅仁大学、义守大学等高校交流。

### 【部校共建新闻学院工作】

自2013年12月20日中共湖北省委宣传部与武汉大学签订部校共建新闻学院协议以来，共建框架和主要内容进一步明确和规范。2014年6月16日，省委、省政府组织召开部校共建专题办公会，决定成立院务委员会，审议并通过了《中共湖北省委宣传部与武汉大学共建新闻与传播学院2014—2018年实施方案》《2014年重点任务》《院务委员会议事规则》。7月18日，省委办公厅印发了会议纪要（〔2014〕第14号），明确了经费投入和配套支持措施。10月31日，省委宣传部与武汉大学（党委）正式联合发文（鄂宣文〔2014〕49、50号）。精品课程建设、科学研究、人员互聘、实习基地建设、教学基本建设等具体工作稳步开展。《马克思主义新闻观大讲堂》系列讲座于2014年11月开讲，尹汉宁、陈力丹、童兵、程曼丽、雷跃捷等宣传系统领导和知名学者先后来院作学术报告，师生反响热烈；结合共建需要，学院起草制定了《2014—2015年部校共建新闻与传播学院本科教学建设方案》；组织召开了两次专题座谈会，动员全院教师特别是"70后"青年教师积极开展科学研究，顺利中标省委宣传部新闻宣传与舆论引导重大调研课题项目14项中的5项；与湖北广播电视台达成共建大学生实习实训基地的明确意向，并在积极推动落实；新报告厅暨马克思主义新闻观大讲堂装修工程基本完工。该项工作引起中宣部和中央主流媒体的关注，在全国特别是第一批共建新闻学院中的示范、引领和辐射作用初步彰显。专题办公会召开以后，以省委宣传部的名义多次向中宣部汇报工作进展情况。新华社、中央电视台、光明日报等中央主流媒体先后到学院采访，中国人民大学、厦门大学、海南师范大学、内蒙古师范大学等高校新闻院系以多种形式学习、借鉴我院共建模式。

# 2015年

## 【人才培养】

2015年，6篇本科毕业论文荣获"湖北省优秀学士学位论文"。2015年3月，学院举办第三届"实践教学与新闻传播人才培养模式创新"高峰论坛，来自北京、广州、深圳、上海、长沙和武汉等28家新闻媒体、广告公司和工商企业的近40位代表齐聚一堂，共同探讨实践教学与新闻传播人才培养创新问题，并就学界的人才培养与业界的人才需求如何实现对接进行了有益探索。

12月5日、6日，学院召开"'互联网+'时代新闻传播人才培养模式转型"研讨会，就国内新闻传播人才培养现状、"互联网+"时代新闻传媒业遭遇冲击以及对新闻传播人才新需求等方面展开深度讨论，为新时代我国新闻传播人才培养模式提出新思路。

共招收博士研究生35人（包括深圳班5人、北京班4人）；学术型硕士研究生114人，其中包括深圳班24人；专业型硕士研究生62人，其中包括北京班18人；专业型留学生硕士研究生11人；接收2016年推免研究生82人。

完成了2015年的学位授予工作，共授予博士学位41人（含1人同等学力申请博士学位），授予学术型硕士学位149人（含3人同等学力申请硕士学位），授予专业型硕士学位71人。3月，学院正式启动本科教学课程助教制度，通过《新闻与传播学院关于本科教学课程助教制的管理办法》。

获"武汉大学第十届研究生学术科技节优秀组织单位"，两名学生获评"武汉大学第十届研究生学术科技节先进个人"。研究生会获得2014—2015学年"武汉大学优秀研究生会"荣誉称号。

2015年，学院进一步转变思路，加快国际化办学进程，共招收11名新闻与传播专业硕士留学生，他们分别来自印度尼西亚、也门、巴基斯坦、哈萨克斯坦、俄罗斯、荷兰、卢旺达等国家和地区。为培养理论基础扎实、熟悉国际新闻传播规律和技巧、能创造性地进行理论与实践创新的人才，学院为他们"量身定做"了培养方案，同时集中院内优秀师资，并从校外聘请专业教师对他们进行全英文授课。目前开设的"传播学理论研究""传播学方法研究""媒介产业发展研究""中国涉外媒体报道""信息与社会""视觉传播研究"等专业课程，均受到了留学生的广泛好评。

## 【队伍建设】

从海外引进B类学科带头人1名，1人被聘为珞珈杰出学者，1人被聘为珞珈特聘教授，1人被聘为珞珈青年学者，1名师资博士后转为固定编制教师。5名青年教师顺利完成媒体挂职或国外进修任务，新选派1位青年教师到美国高校访学交流。4位青年教师（何明贵、徐同谦、杨嫚、陈刚）完成海外进修、访学任务；选派1名青年教师（吴世文）出国进修；选派彭彪到湖北广电挂职锻炼；接收湖北日报传媒集团高级记者彭光超到学院挂职。选留1名本科生辅导员，聘用1名派遣制人员，1名师资博士后出站转为固定编制教师，返聘1名教授，1名讲师辞职，聘用1名外单位兼职教师承担本科生课程。

## 【部校共建】

2015年4月26日，中宣部、教育部在南京召开了部校共建新闻学院工作推进会，湖北省委宣传部副部长王茂亮代表湖北省和武汉大学在会上作了典型发言，介绍了湖北省与武汉大学共建新闻与传播学院的主要做法和工作成效。

6月，与中共湖北省委宣传部共同成立了"湖北省新闻传播能力建设研究中心"，实行"课题制"，以课题研究为核心，以重大项目为依托，以资源整合为保障，围绕湖北省新闻宣传工作的实际需要和新闻传播学科前沿课题，推动产生一批有分量的代表性成果。湖北省新闻传播能力建设研究中心，聘请了首批22名研究员。

2015年秋季新开设本科生国情教育课，与马克思主义新闻观大讲堂有机结合，周洪宇、吴琦等省直有关单位负责人和各高校知名专家学者先后来院授课，校党委书记韩进、党委副书记骆郁廷等校领导多次出席，学院发展气场更加强大，汇聚资源存在更为广阔的空间。

## 【科研与对外交流工作】

新增国家社科基金项目1项，新增教育部人文社科重点研究基地重大项目2项，湖北省委宣传部委托项目5项，湖北省社科基金项目2项。获第九届湖北省社会科学优秀成果奖二等奖1项，三等奖2项。

与中国社会科学出版社签订合同，启动"新闻传播学：问题与方法"丛书出版工作；与社会科学文献出版社合作，启动"跨文化传播研究丛书"出版工作。

11月，举办第八届跨文化传播国际学术会议，与瑞典跨文化生活研究中心合作举办跨文化传播夏令营，强化了跨文化传播学术交流。与国际著名学者合作，在国际著名出版社Peter Lang 出版 *The Ethics of Intercultural Communication*。

12月12日，举办2015年中国新闻学传播学学科发展论坛。

首届瑞中跨文化传播夏令营，2015

# 2016年

**【人才培养】**

顺利完成2016年教育部审核评估。夏琼教授主持的MOOC项目"多媒体新闻作品评析"立项为武汉大学2016年度MOOC课程建设项目；姚曦教授主持的项目"广告学专业人才培养体系综合改革研究与建设"立项为2016年武汉大学教学改革建设项目；林婕副教授2010年立项的校级教改项目"媒介融合背景下的新闻传播教学体系改革研

究"2016年完成验收；程明教授的"创新思维与方法"、刘友芝教授的"互联网文化传媒创意产业的创业"及陈瑛教授的"动漫微视频广告创意与制作"三门课程立项为武汉大学首批创新创业课程。三位教授申报武汉大学2016年创新创业教材建设项目，编写创新创业课程配套教材，现已全部通过立项。石义彬教授主持的校级全英文教学课程项

目"大众传播学"顺利完成验收。

周茂君教授完成"新闻传播类大学生校外实践教育基地建设研究"的教学研究课题，荣获2016年武汉大学教学成果奖二等奖。

11月14日，中国高等教育学会新闻学与传播学专业委员会广播电视学与新媒体研究分会联合学院，召开"'广播电视学与新媒体'专业教学理论与实践专题研讨会"，探讨广播电视教学所面临的改革与转型。

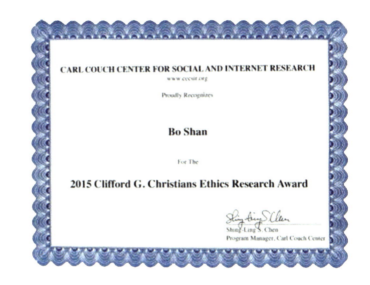

强月新获"武汉大学2016年度杰出教学贡献校长奖"。6篇本科毕业论文荣获"湖北省优秀学士学位论文"。在2016年武汉大学金秋艺术节中，学院蝉联了金秋服饰大赛冠军，获金秋辩论赛季军，获金秋舞蹈大赛第五名。《新视点》获第三届红枫大学生记者节"十佳校园媒体"称号。举办2016年武汉大学全国"网络时代的新闻传播"博士论坛暨第七届华中地区研究生新闻传播学术论坛。获人民网优秀论文奖3个一等奖，6个二等奖，12个三等奖，为获奖最多的参赛高校。参与优秀研究生、研究生创新奖（二等奖2人）、研究生国家奖学金（博士4人，硕士7人）的评选工作，获1项校级专项奖（蓝月亮奖1人），1项院级专项奖（人民网奖学金4人，人民网论文奖学金21篇），1名学生获评珞珈风云学子（全校共10人）。

获得2016年武汉大学研究生女篮比赛冠军，获得2016年武汉大学研究生体育文化节体育舞蹈大赛二等奖，获得2016年研究生风采大赛二等奖，获得2016年研究生羽毛球比赛女子单打冠军。

共招收3名博士留学生，分别来自美国、叙利亚和越南；1名学术型留学生，来自加拿大；共招收13名新闻与传播专业硕士留学生，分别来自西班牙、也门、巴基斯坦、哈萨克斯坦、俄罗斯、泰国等国家和地区。

### 【队伍建设】

单波入选教育部"长江学者"特聘教授，强月新被聘为珞珈杰出学者，姚曦被聘为珞珈特聘教授，闫岩被聘为珞珈青年学者。选派青年教师彭彪到美国高校访学交流，选派青年教师廖秉宜到湖北日报社

挂职。1位青年教师（吴世文）完成海外进修、访学任务；选派廖秉宜到湖北日报《支点》杂志社挂职锻炼；推荐陈刚到湖北省委宣传部任媒体评论员；接收湖北日报传媒集团荆楚网编辑郭汉江、湖北广播电视台交通广播部节目部主任郭正卿来学院挂职。

### 【科研与对外交流】

获第十届湖北省社会科学优秀成果奖二等奖1项，三等奖3项，省教育厅人文社科奖1项。首次获得国际性科研奖励：单波教授的专著 *The Ethics of Intercultural Communication* 获美国克利福德·克里斯琴斯伦理学奖。

程明教授领衔的"发展广告学与中国案例研究创新"团队获得学校考评优秀。

首次承办武汉大学"长江论坛"，邀请了中国传媒大学高晓虹教授来校作了"新媒体语境下的新闻传播教育"的主题报告。

7月，学院举办了首届"数据与媒介发展论坛"，论坛旨在通过搭建跨领域、跨学科的对话空间，推进中国数据新闻的理论发展、专业建设和跨界合作。

以评促建，参加全国第四轮学科评估。

2016年12月28日，学院行政领导班子换届工作顺利完成，新一届行政领导班子成员：强月新、姚曦、洪杰文、王滨。

2016年度，教育部修购计划经费总额下达我院共1079万元，用于演播厅建设项目，包含空调及新风、消防及防雷、声学装修、舞美、灯光、演播室前期设备、音频及大屏、全媒体系统以及系统集成。

# 2017年

## 【人才培养】

2017年共有169名本科生获得武汉大学优秀学生奖学金及其他专项奖学金，1人获武汉大学三好学生标兵称号、54人获武汉大学三好学生称号、114人获武汉大学优秀学生称号。新认定家庭经济困难学生33人，学院贫困学生总数92人，贫困学生总比例12.19%，其中特困人数26人。新增"碧桂园助学金""长江日报最武汉助学金"等3个助学金项目，全年累计资助贫困学生130人次，做到在库学生全覆盖。金秋艺术节中，我院荣获服饰大赛第一名，取得四连冠的优秀成绩；情景剧板块时隔两年再夺第一；金秋舞蹈大赛斩获二等奖；金秋合唱大赛三等奖；最终总分第一，获金秋杯。

姚曦、周茂君获第八届省级教学成果奖二等奖；周茂君被评为"2017年度'351人才计划'教学岗位珞珈特聘教授"。肖珺、周茂君、冉华、王晔获武汉大学2016—2017学年本科优秀教学业绩奖。王琼、何明贵获批"2017年武汉大学教学改革建设项目"。

修订《新闻与传播学院博士生导师上岗条件》，制定《新闻与传播学院学术型硕士研究生中期考核工作实施细则》《新闻与传播学院研究生学位论文开题报告的有关规定》。为适应国家发展文化软实力的需要，培养相关高层次人才，进一步促进学科交叉融合，学院与国家文化发展研究院联合申报了二级学科学位授权点。11月26日，学院召开"文化战略传播博士学位授权点论证会"。专家组结合授权点的申报材料，提出了许多建设性的意见和建议。经过评审专家的反复讨论，学位授权点最终顺利通过了论证。

2017年，共招收博士研究生33人（包括深圳班4人、北京班1人、留学生2人）；学术型硕士研究生100人（含留学生3人）；专业型硕士研究生96人（含留学生9人）；接收2018级推免研究生97人。

新增博士生导师3人，硕士生导师1人；完成了2016年的学位授予工作，共授予博士学位35人，授予学术型硕士学位117人，授予专业型硕士学位65人，授予留学生专业硕士学位11人。研究生获创新奖（一等奖1人，二等奖2人）、研究生国家奖学金（博士4人，硕士8人），1人获蓝月亮奖，5人获评金石奖学金，10人获评碧桂园奖学金，4人获评碧桂园助学金及1项院级专项奖（人民网奖学金4人，人民网论文奖学金12篇）。获得2017年武汉大学研究生女篮比赛冠军、2017年武汉大学研究生体育文化节体育舞蹈大赛二等奖、2017年研究生红枫辩论赛季军。

成功举办了2017年"武汉大学全国网络传播博士生论坛"暨"第八届华中地区研究生新闻传播学术论坛"。

成立新闻与传播学院研究生党总支和新闻与传播学院本科生党总支，并通过《新闻与传播学院研究生党总支工作条例》和《新闻与传播学院本科生党总支工作条例》。

## 【队伍建设】

张卓教授到湖北广电挂职；王朝阳、何明桂两位老师到湖南岳阳市电视台和《岳阳日报》弹性挂职一年（2017年10月—2018年10月）；党政办丁雪琴主任去洪山区委宣传部挂职一年。

## 【科研与对外交流】

经学校批准成立了跨文化传播研究中心（负责人：单波）、城市传播与企业品牌研究中心（负责人：吕尚彬）、数字媒介与数字传播研究中心（负责人：谢湖伟）、视听传播研究中心（负责人：张卓）、动漫产业发展研究中心（负责人：陈瑛）、数据新闻研究中心（负责人：王琼）。跨文化传播研究中心和数字媒介与数字传播研究中心获学校重点培育资助各5万元。

在湖北省新闻出版广电局、国家新闻出版广电总局办理《武汉大学学报（人文科学版）》更名为《新闻与传播评论》的相关手续；成立《新闻与传播评论》编委会、编辑部；切实加强《新闻与传播评论》（双月刊）编辑部建设，办公室调整到位，专兼职队伍初步成型，专业编辑到岗并展开出刊业务工作；制定期刊相关组稿、约稿、审稿、编审、刊发以及用稿规范等规章制度；制定期刊发展方向，设定期刊栏目形式，采用多种形式全面开展约稿、组稿工作。先后赴广州、北京等知名高校约稿并约得多篇名家稿件。

2017年与信息管理学院合作进入"双一流"建设学科行列。

第九届跨文化传播国际学术会议（简称ICIC2017）于11月24—26日顺利召开，本次会议主题为"一带一路、多元文化主义与跨文化传播"。

"2017中国传播创新论坛"于6月18日在学校召开，专注中国问题，探索传播创新。

11月17日，媒体教育联盟会议暨第三届数据新闻比赛颁奖典礼举行。

12月8日，中国记协党组书记胡孝汉来院讲学。

**【部校共建工作】**

7月18日召开了中共湖北省委宣传部与武汉大学共建新闻与传播学院院务委员会第三次会议。调整武汉大学新闻与传播学院院务委员会组成人员，由王艳玲、韩进担任院务委员会主任。2016、2017两个年度的部校共建专项经费1000万元已于年底拨付到位。

# 2018年

**【人才培养】**

吴高福老师获中国新闻史学会颁发的新闻传播学终身成就奖。

姚曦、周茂君获第八届省级教学成果奖二等奖；王琼获批省级教学改革研究项目；王朝阳、余晓莉、陈刚获批2018年校级教改项目；获武汉大学优秀教学研究论文一等奖1项、二等奖2项，三等奖6项。广电系刘吉桦获学校2018年青年教师教学竞赛二等奖。《创新思维与方法》入选2018年武汉大学MOOC课程项目。

4月22日，召开湖北省高等教育学会新闻与传播教育专业委员会2018年度常务理事会，新增新华社、今日头条等12家实践教育基地。颁布《新闻与传播学院关于促进马克思主义新闻观实践教育的办法（武大新闻字〔2018〕11号）》，确定了一系列鼓励学生到中央级新闻单位实习的措施。

湖北省高等教育学会新闻与传播教育专业委员会2018年度常务理事会
2018年4月22日于武汉大学

11月，召开2018湖北新闻与传播教育学会年会暨"新时代新闻与传播人才培养"论坛，邀请长江学者、中国传媒大学高晓虹教授及复旦大学张涛甫教授做了《实践中的马克思主义新闻观教育》及《复旦大学部校共建经验分享》专题报告，发布《湖北省高校新闻传播教育调研报告》和《湖北省新闻传播院校马克思主义新闻观教育调研报告》。

2018年，学院共有175名本科生获得武汉大学优秀学生奖学金及其他专项奖学金，1人获武汉大学三好学生标兵称号、55人获武汉大学三好学生称号、109人获武汉大学优秀学生称号。根据学院研究生的情况，组织专家共同调整了2017—2018年度研究生国家奖学金的评选方案，发放了本年度所有的奖学金。组织了硕博新生、老生的学业奖奖学金、优秀研究生（48人）、优秀研究生标兵（1人）、研究生创新奖（一等奖1人，二等奖2人）、研究生国家奖学金（博士3人，硕士10人）的评选工作。参与组织4项校级专项奖：1人获评蓝月亮奖、2人获评金石奖学金、1人获评宏图创展奖学金。2项院级专项奖：10人获评碧桂园奖学金、5人获评碧桂园助学金，1人获评人民网奖学金，8篇论文荣获人民网论文奖。

为了加强研究生教育管理，进一步规范研究生招生、培养工作，修订了《新闻与传播学院博士生导师上岗条件》《新闻与传播学院关于博士学位论文"网上评议"的补充规定》《新闻与传播学院关于博士研究生申请学位资格论文的暂行规定》《新闻与传播学院关于进一步加强博士研究生培养过程管理的相关规定》。从湖北日报传媒集团和湖北广播电视台集中聘请了18位优秀从业人员作为专业硕士学位研究生的校外兼职导师。2018年共招收博士研究生28人（含深圳班4人、北京班2人、留学生1人）；学术型硕士研究生88人，专业型硕士研究生86人（含留学生7人）；非全日制学术型硕士研究生20人（含北京班7人）；接收2019级推免研究生84人。新增博士生导师2人，硕士生导师3人；

完成了2018年的学位授予工作，共授予博士学位38人，授予学术型硕士学位115人，授予专业型硕士学位82人，授予留学生学术型硕士学位1人，留学生专业型硕士学位7人。学院获评"武汉大学2018年度研究生实践育人优秀组织单位"，9人获评"武汉大学2018年度研究生实习实践优秀个人"，1人获评武汉大学2018年度研究生实习实践优秀成果奖。

为适应国家发展文化软实力的需要，培养相关高层次人才，进一步促进学科交叉融合，学院与国家文化发展研究院联合申报了二级学科博士学位授权点。学院专门召开博士学位授权点专家论证会，聘请专家组对授权点的申报材料提出意见和建议。论证会后学院又对申报材料进行反复修改，最终顺利通过校学评会，"数字传媒博士学位授权点"顺利获得批准。

## 【队伍建设】

按照《武汉大学人员聘用合同》规定，顺利、有序地完成了全员聘用第一个聘期（2016.1.1—2018.12.31）考核。成功聘任1名兼职教授贾西平；选留3名博士后陈丽、朱琳、王继周；引进1位聘期制讲师张春雨；2位特聘副研究员张雪霖、关天如。

**【科研与对外交流】**

获湖北省社会科学优秀成果奖二等奖2项、三等奖3项；武汉市社科奖1项。获批5项2018湖北省新闻传播能力建设研究中心重大课题，聚焦湖北媒体发展与新闻宣传中的现实与前沿问题。依托湖北省新闻传播能力建设研究中心，突出新型智库功能，为湖北省社科基金项目的课题设计、评选和结项等提供专家资源。

6月15日，举办第二届"中国传播创新论坛"，出版《中国传播创新研究报告（2018）》（蓝皮书），11月在北京社会科学文献出版社举办了"《中国传播创新研究报告》（2018）发布会"暨"中国特色的传播创新发展研讨会"和首届"中国传播创新研究工作坊"。

与澳大利亚迪肯大学实现互访，与迪肯大学在澳大利亚墨尔本联合举办首届"比较传播研究国际研讨会"（CCIS）。

举办第二届"珞珈智库论坛"，首届"互联网与中西部社会治理论坛"，"中国中部传媒与社会发展高层论坛"，第七届"中国西部传媒与社会发展高层论坛"，"智能化时代城市形象传播与传媒经济发展论坛"。

中心还荣获2018年度高校智库百强榜（南京大学中国智库研究与评价中心，光明日报智库研究与发布中心）。

4月，《新闻与传播评论》出版第1期。该刊由《武汉大学学报(人文科学版)》更名而来，并与《新闻与传播评论》(集刊)合二为一。本年度学校和学院为《新闻与传播评论》投入了35万元的办刊经费和近200平方米的办公场所，确保了刊物的正常高效运转。杂志关注国内外新闻传播的前瞻性、前沿性理论与实践，开展国际对话，深化学术交

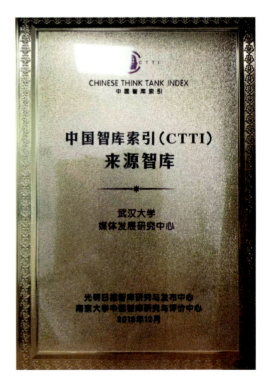

中共武汉大学新闻与传播学院第三次代表大会

流，促进新闻传播学科的发展，在学术精神传承、期刊转型与发展方面做了多方面工作：按照最新国际国内学术期刊出版规范建立本刊出版规范。形成了高端审稿队伍、品质作者队伍、专业编辑队伍三位一体的刊物质量保障体系。先后召开期刊建设咨询会、座谈会、主编论坛等，充分听取学界、期刊界、评价界对本刊的建设意见和建议；先后实现与国家期刊库、中国知网、超星、百度学术等联系免费数字出版，开发投审稿系统，运营微信公众号、自有网站等。在刊文质量的社会反响方面收获诸多正面评价，在转载方面，从2018年4月出版第1期开始连续出版6期，共刊发67篇学术论文，据不完全统计，已有多篇文章被《新华文摘》、《中国社会科学文摘》、《新闻与传播》（人大报刊复印资料）、《高等学校文科学术文摘》四大文摘及《文摘报》等多家转载机构转载10余次。在引用方面，2018年本刊在中国知网的综合影响因子0.582，复合影响因子0.995，均比原《武汉大学学报》（人文科学版）有较大幅度上升。

5月11日，湖北省委宣传部部长王艳玲来学院调研。

耗资1290万元建设的高清数字演播厅于2018年正式投入使用，在湖北省本科教学工作会议上作为武汉大学一大亮点，获全省数百家高校嘉宾的好评。制定了《武汉大学新闻传播学国家级实验教学示范中心运行管理方案》，含中心定位、运行管理规定、考核方案等，内部工作框架搭建完成。围绕中心转型和规范化管理两个工作方向，建设实验中心智能管理平台，功能包括教学过程管理、教学档案管理、资产设备管理等。在中心实验教学指导委员会的引领下，成立实验教学教研室，定期组织实验教学方法研讨。

3月15日，成功召开中共武汉大学新闻与传播学院第三次代表大会，院党委书记吴爱军代表上一届党委向大会作了题为《新时代新气象新作为——为建设国内一流、世界知名的高水平新闻学院而努力奋斗》的工作报告。报告围绕大会主题和任务，总结了过去五年各项工作成绩和基本经验，指出了建设和发展过程中存在的主要问题和不足，分析了学院当前所面临的机遇和挑战，提出了今后一个时期的工作思路和奋斗目标。大会审议通过了《中共武汉大学新闻与传播学院第三次代表大会关于上一届党委工作报告的决议》，选举产生武汉大学新闻与传播学院新一届党委；召开新一届党委第一次全体会议，选举产生新一届党委书记、副书记。

学院获评"武汉大学2018年度研究生实践育人优秀组织单位"。

# **2019**年

**【人才培养】**

新闻学专业获批"双万计划"国家一流专业、广告学专业获批"双万计划"省级一流专业；获第八届省级教学成果奖二等奖2项。

7月4日，举行新闻传播学学科评议组学位授权点合格评估入校检查工作会。

**【科研与对外交流】**

获批国家社科基金项目3项、教育部年度项目4项、湖北省教育科学规划基金项目1项、湖北省社科基金重点项目1项。

6月20日，与美国美中教育基金会合作举办第十届中美媒体教育国际研讨会，主题为"数字时代媒体教育创新：博雅教育、融合教育与智慧教育"。

与央视市场研究（CTR）、CTR媒体融合研究院合作举办第三届中国传播创新论坛，出版《中国传播创新研究报告（2019）》（蓝皮书）。

与澳大利亚迪肯大学传播与创意学院、新疆大学新闻与传播学院合作举办第二届比较传播研究国际研讨会。

与广西艺术学院合作举办第十届跨文化传播国际学术会议。

11月14日，举办第二届比较传播研究国际研讨会。

9月，学院选派广电系主任冉华教授前往新疆大学挂职援助，挂职期为一年。

9月5日，学院教职工大会专题会高票通过《新闻与传播学院第二个聘期全员聘用实施方案》。

9月12日开始，校党委第一巡察组对学院党委进行为期两周的进驻巡察。

9月24日，举行新闻与传播学院"不忘初心、牢记使命"主题教育动员大会。

12月8日，举办2019年"武汉大学全国博士生论坛"暨"第十届华中地区研究生新闻传播学术论坛"。

12月25日，学院教职工大会专题会审议通过《新闻与传播学院教职工年度绩效分配办法》。通过科学合理的绩效评价和分配机制，强化教职工的岗位意识、大局意识、责任意识，激发学院教职工干事创业的积极性，实现学院教学科研、人才培养、社会服务等各项工作协调可持续发展。

2019年"武汉大学全国博士生论坛"暨"第十届华中地区研究生新闻传播学术论坛"合影 2019.12.8 武汉大学

# 2020年

## 【人才培养】

广告学专业入选2020年度国家级一流本科专业建设点，广播电视学、传播学专业入选省级一流本科专业建设点。

183名本科生获评武汉大学优秀学生奖学金及其他专项奖学金，1人获评武汉大学三好学生标兵、60人获评武汉大学三好学生、101人获评武汉大学优秀学生。金秋艺术节斩获服饰大赛一等奖，情景剧大赛一等奖，舞蹈大赛二等奖，合唱大赛二等奖，位列所有院系总分第二名。

研究生有55人获评武汉大学优秀研究生，1人获评优秀研究生标兵，1人获评研究生创新奖一等奖，4人获评研究生创新奖二等奖，8人获评研究生国家奖学金，1人获评雷军奖学金，1人获评蓝月亮奖学金，1人获评宏图创展奖学金，1人获评人民网奖学金，4人获得红星美凯龙奖助学金等。

校友传媒论坛邀请了新华社湖北分社社长唐卫彬、凤凰卫视著名主持人窦文涛、腾讯副总编辑杨瑞春、学习强国总编辑刘汉俊、原省广总裁丁邦清等多位业内卓有成就的校友进行讲学。

## 【科研与对外交流】

5月20日，国家社科基金重大课题开题。

国家社科基金重大项目"社会转型期新型主流媒体公信力研究"开题报告会合影留念　2021.5.20

获湖北省社科成果奖二等奖2项，三等奖1项，8项应用成果被省级政府部门、中央办公厅采用。《新闻与传播评论》在新闻传播类学术期刊中连续3年位于Q1区。

选派广告学系吕尚彬教授前往新疆大学挂职援助一年。

7月2日，"武汉市公益广告创作研究基地"在我院授牌。

9月19日，举办第二届智能营销传播学术工作坊线上会议。

10月18日，举办智能媒体发展高端论坛（线上）。

11月21日，与中国高等教育学会新闻学与传播学专业委员会联合主办"中国高等教育学会新闻学与传播学专业委员会第八届理事会第三次全体会议"暨"后疫情时代的新闻传播教育"学术年会。来自多所高校的百余位专家、学者参加会议，共同探讨后疫情时代的新闻传播教育面临的新环境、新机遇、新生态。

《跨文化传播研究》集刊发布与学术讨论会 2020.12.5 武汉

第三届"中国传播创新研究工作坊"

2020. 12. 11-13

武汉大学

10月22日，召开行政领导班子换届述职测评及推荐大会，12月17日宣布任职：强月新任院长，洪杰文、吴世文、洪毅生任副院长。

# 2021年

**【人才培养】**

罗以澄教授主持编写的马工程教材《新闻采访与写作》荣获全国优秀教材（高等教育类）国家级二等奖，全国新闻传播学科仅有5种教材获此殊荣。

| 58 | 新闻学概论（第六版） | 第6版 | 978-7-309-13588-6 | 本科生 | 李良荣 | 复旦大学 |
|---|---|---|---|---|---|---|
| 59 | 传播学教程（第二版） | 第2版 | 978-7-300-11125-4 | 本科生 | 郭庆光 | 中国人民大学 |
| 60 | 实践中的马克思主义新闻观——新闻报道经典案例评析 | 第1版 | 978-7-04-041585-8 | 本科生 | 主编：高晓虹<br>副主编：杨保军，黄瑚 | 中国传媒大学，中国人民大学，复旦大 |
| 61 | 新闻采访与写作 | 第1版 | 978-7-04-048502-8 | 本科生 | 主编：罗以澄<br>副主编：丁柏铨，张征 | 武汉大学，南京大学，中国人民大学 |
| 62 | 世界古代史（第二版）上册、下册 | 第2版 | 978-7-04-050111-7<br>978-7-04-050112-4 | 本科生 | 主编：朱寰<br>副主编：杨共乐，晏绍祥，王晋新，刘城 | 东北师范大学，北京师范大学，首都大学 |

广告学专业获评国家一流本科专业；"网络传播概论""广告经营与管理"获批省级一流本科线下课程。程明教授主持的教学成果《平台化、整合性、项目制——十七年来（2004—2020年）广告学专业创新性人才培养模式与实践探索》荣获2021年武汉大学教学成果奖一等奖。周茂君教授主持的《新文科背景下新闻传播学本科专业核心课程体系改革研究》获批2021年武汉大学新文科研究与改革实践项目立项；王敏老师主持的《新文科背景下马克思主义新闻观教学实践路径研究》获批2021年武汉大学教师教学发展研究项目立项。在2021年武汉大学本科教育质量建设综合改革项目中，共立项2项一流本科专业建设项目、2项大类平台课程建设项目、1项MOOC课程建设项目、1项示范课堂建设项目、1项教师教学发展研究项目。2021年学院完成校级教学研究项目验收1项、完成省级教研项目中期检查2项。学院制定《新闻与传播学院部校共建本科课程建设促进办法》。

在2021年度"人民网奖学金"评选中，我院10人获国家级奖项，2019级硕士研究生乐章获人民网优秀融媒体作品一等奖。2019级硕士研究生湛超越获第九届范敬宜新闻教育奖"新闻学子奖"。

2021年金秋艺术节中，再次斩获情景剧大赛冠军，合唱大赛亚军，舞蹈大赛季军。

**【科研与对外交流】**

为落实学院科研工作促进办法，制定了《新闻与传播学院自主科研项目实施细则》，2021年立项自主科研项目12项。

2021年10月12日，与国家网络安全人才与创新基地联合举办2021武汉国家网络安全宣传周开幕式暨"使命·责任·创建"网络安全保障与教育高峰论坛。

11月11日，以"不确定性：传播、连接与关系在当代文化中的重构"为主题，与澳大利亚迪肯大学传播与创意艺术学院联合举办比较传播圆桌论坛（线上）。

11月13日，召开第十一届跨文化传播国际学术会议。

《新闻与传播评论》本年度影响力指数CI值506.42，期刊复合影响因子2.156，两项指标均居信息与新闻出版学56种期刊第9。期刊综合影响因子较上一年度上升29.37％，下载量较上一年度上升48.05％。连续四年位于中国知网影响因子Q1区。

**【队伍建设】**

2021年引进3位教师，1位博士后进站。举办第八届国际交叉学科论坛新闻与传播学院分论坛。晋升四级教授1人，由研究员转聘为四级教授1人，由特聘副研究员转为副教授1人。湖北日报传媒集团荆楚网主任记者丁玥来学院挂职，新闻学系张璨尹老师在湖北日报传媒集团荆楚网挂职。吴世文副教授入选第六批国家"万人计划"青年拔尖人才计划，获聘武汉大学人文社会科学优秀青年学者；胡婷婷特聘副研究员获批2021年"武汉英才"。

**【建党百年】**

6月，召开武汉大学专题会议，学习研讨习近平总书记在中央政治局第三十次集体学习时的重要讲话精神。

各教职工党支部开展换届选举工作，选优配强教职工党支部书

记，4个系专任教师党支部书记兼任系主任或副系主任，充分发挥"双带头人"作用。

在第二批"支部好案例书记好党课党员好故事"评选活动中，退休党支部、网络传播系党支部与2018级学硕三班党支部的2个案例入选"支部好案例"；广告学系李小曼老师的抗疫事迹和2020级新闻广告班党支部的刘鑫工作事迹被评为"党员好故事"；新闻与传播学院2019级研究生广告班党支部被评为"样板党支部"；学院党委副书记张琦的《高校研究生党支部书记队伍建设研究》立项为党建研究项目。

6月24日，学院在三楼报告厅举行庆祝建党100周年"七一"表彰大会暨"光荣在党50年"纪念章颁发仪式，授予胡武等42名同志新闻与传播学院"优秀共产党员"和"优秀党务工作者"荣誉称号。

积极落实中央巡视整改专项工作。针对巡视整改第48项中"近二十年没有发展专任教师党员"的问题，学院党委多次召开党委会研究推进巡视整改工作。2021年11月25日，有1位非党员教师递交入党申请书，此项整改专项工作按期完成阶段性目标。

2021年6月3日，《新华每日电讯》发表长篇人物通讯《刻骨铭心的党日活动立德树人的"新闻老兵"——武汉大学80岁老党员胡武的赤子初心》，报道了学院本科教学督导胡武老师的先进事迹，后被新华网、中新网等44家媒体竞相转载。

实验中心完成融媒体实验室建设：由融媒体指挥中心、融媒体

内容生产中心、融媒体内容发布中心、创客中心、大数据与媒介效果研究中心等实验空间组成，总面积达360㎡，实践教学机位120个。

2021年，学院召开两次教职工代表大会，审议通过了学院"十四五"规划和新闻与传播学院第二轮全员聘用方案等重大事项。2021年上半年完成了5个教工党支部的换届工作和4个系的行政换届工作。同年，新闻传播学实验示范中心实现全面转型，真正进入实验教学主体角色，实现智能化、数字化管理，保障了实验教学的顺利进行。

10月，胡武老师被评为全省教育系统关心下一代先进工作者。

# 2022年

## 【人才培养】

教学成果"五位一体，融合创新：基于跨学科的新闻传播人才培养模式探索与实践"获批省级教学成果奖特等奖1项，中国高等教育学会专项课题项目1项、立项建设课程思政示范专业建设项目2项、规划教材建设项目2项、教师教学发展研究项目2项、示范课堂建设项目1项、大类平台课程建设项目1项、自由选题建设项目1项。肖珺获武汉大学2021—2022年度查全性教授1977奖教金；肖珺、王朝阳、张雪霖获武汉大学第二届教师教学创新大赛三等奖。

传播学专业获评国家级一流本科专业。《新文科背景下马克思主义新闻观教学实践路径研究》获批2022年湖北省级教学改革研究项目。

2022年有192人获学士学位，163人获硕士学位，25人获博士学位。

2019级本科生陈之琪获第十届范敬宜新闻教育奖"新闻学子奖"，2020级硕士研究生何嘉豪获"新闻学子提名奖"，全国只有2所高校有2位学生获奖。我院获评"武汉大学2022年'珞珈职航'就业创业暑期实习实践项目"优秀单位、"武汉大学2022年度研究生实践育人优秀组织单位"。

## 【队伍建设】

通过新闻与传播学院第二轮聘期（2019年1月1日—2023年12月31日）全员聘用实施方案；学院55位教职工签订第二轮全员聘用合同。有1位教授评聘为专术技术三级，2位副教授评聘为专业技术四级教授。湖北日报传媒集团荆楚网主任编辑农新瑜来学院挂职，广播电视学系纪莉教授在湖北日报传媒集团挂职。

1月5日，学院首次举行2020—2021年教职工荣休仪式，增强教职工的荣誉感和归属感。

通过《武汉大学新闻与传播学院专任教师延迟退休暂行办法》，制定《武汉大学新闻与传播学院专业技术二、三级教授岗位延迟退休工作任务》。

## 【科研与对外交流】

本年度学院首次在本学科顶刊《新闻与传播研究》发表论文5篇，居全国高校前列。获批国家社科基金一般项目1项、国家社科基金后期资助项目1项，青年项目1项；教育部人文社科研究项目2项，教育部哲社科后期资助项目1项。获湖北省社科奖2项、武汉市社科奖2项。

与武汉市委网信办合作成立了网络传播与社会治理研究中心。

媒体发展研究中心立项5个"十四五"规划期间基地重大项目。3位专职研究员的学术观点被由中国社会科学杂志社发布的《2022年新闻传播学研究发展报告》确定为基础理论创新、国际传播研究新进展、

平台与算法的交互博弈三大领域代表性成果。入选CTTI 2022年度高校百强智库（A等）。

2022年，"数字时代国际传播合作科研创新平台"获批"2022年度武汉大学-昆山杜克大学联合科研平台种子基金计划"；"中美比较传播研究中心"获批"2022年度中外联合科研平台种子基金计划"。

## 【党团建设】

5月19日，学院第二届三次教代会暨工会会员代表大会胜利召开。

10月14日，中共武汉大学新闻与传播学院第四次代表大会在学院报告厅隆重召开。

# 学科发展口述历史

## （部分）

# 吴高福与初创期的武汉大学新闻教育

刘建明

吴高福，湖北鄂州人。1938年8月8日，生于湖北省鄂城县（现为鄂州市），1959年考入武汉大学汉语言文学系，毕业后留系任教。1983年受命筹建新闻学系，任副教授、教授，从事新闻传播学教学、科研，先后兼任总支书记兼副系主任、系主任，新闻学院首任院长等职，还享受国务院政府特殊津贴，曾获教育部国家级教学成果二等奖，2018年获中国新闻史学会颁发的新闻学终身成就奖，兼任过教育部高等学校新闻学科第一届、第二届教学指导委员会副主任委员。2002年应湖南大学之邀，任新闻与传播学院教授，兼任首任院长。曾编著出版《新闻学论集》《海峡两岸与新闻传播》《新闻学基本原理》《报业发展与全面建设小康社会》《文化产业论集》《西方新闻思潮简论》等。

## 01

问：吴老师，您曾负责筹建武汉大学新闻系，又先后担任总支书记兼副系主任、系主任，请您谈谈当时的情况。

答：20世纪80年代初期，随着改革开放，我国新闻事业发展很快，新闻人才缺口很大，于是教育部召开了专门会议，要求有条件的学校增办新闻专业，就是在这样的背景下，武汉大学于1983年创办了新闻学系。记得有一天，刘道玉校长约我到他办公室去，对我说学校决定要办新闻专业，让我来筹备，并嘱咐我要深入调查研究，尽快提出办学思路，拟定好教学计划和实施方案，调集人员，抓紧筹备工作。武汉大学办学资源当然非常丰富，然而，80

年代初期，包括武汉大学在内的无论哪个地方，就像是一个实力雄厚的巨大工程刚刚推开架子一样，完全看你怎样去利用条件，创造条件，任何徘徊、等待，都有可能什么事情也办不成。当时就给了两间房子，其他的就得自己去干。于是，我四处去邀约仁人，亲自上门恳谈，很快就组成了包括我在内的9人队伍，又借了一辆板车，同几位同事一起到学校家具组拉了一些旧桌子、椅子，就这样把武汉大学新闻学系的牌子挂出来了。

## 02

问：当时教师力量这样薄弱，那你们怎么能招生呢？

答：不错，当时不仅教师不足，而且教学计划也不成熟，正式招生是1984年，这样就有一年多时间继续做好筹备工作。首先是师资队伍问题。在当时的情况下，人员还不可能随意流动、招聘，要想组织一支资历、水准都很高，结构又合理的师资队伍是不可能的。于是，我们一方面，尽可能地调入具有专业背景的人员充实教师队伍，比如说，曾在湖北潜江县广播站工作的罗以澄老师，在湖北咸宁日报工作的胡武老师，在湖北日报工作的苏承雪老师，都毕业于人民大学新闻系，我通过省委宣传部给他们所在单位做工作，先后将他们调入了武汉大学；还有著名报人、新闻理论学者何微先生，也是我带着刘道玉校长的亲笔信三次去西安诚请，后连同他的助手周永固老师一起调入武汉大学。何微老师在武大工作长达八年之久，为我们这个新建专业呕心沥血，倾注心力。他不仅亲自给学生授课、指导青年教师，而且还辛勤笔耕，从先秦以来的浩瀚典籍中，集录了大量关于传播方面的资料，并作了深入的中国古代传播思想的文化学研究。另一方面，立足于自己培养，1983年9月，我们选派了刘家林、肖友成两位

优秀的青年讲师到人大新闻系分别进修新闻史论一年；另外，又分别从复旦大学、武汉大学应届毕业生中，选拔了夏琼、张昆、周光明、强月新、冉华、姚曦六位充实教师队伍。他们都是当年毕业学生中的佼佼者，充满着活力和锐气，一走上岗位就潜心钻研业务，认真体悟媒体。他们是新闻学专业的创建者，也是专业建设的中坚。应该说，到第一届学生进校时，我们已有了一支基本能胜任教学任务的教师队伍了。

## 03

问：吴老师，您刚才提到教学计划、办学思路问题，能不能给我们谈谈这方面的情况。

答：谈到教学计划，那要特别感谢人大、复旦新闻系，是他们毫无保留地给了我们完整的教学计划。本来这套教学计划是可以直接套用的，因为他们的计划，不仅成熟而且已久经时间的检验。但是，我们并没有这样做，这是因为，我认为一个专业的教学计划，不仅仅能够反映出这个专业的性质、内容、培养目标以及方法、步骤；而且，它更能反映出这个专业的办学特色，甚至这个系的办学思想。这恰恰是我们新办专业首先要解决的最大、最重要的问题。在文科中，新闻专业是一个比较特殊的专业，一方面，它具有很强的学理性，它有自己的一整套基础理论、基本知识、方法及丰富的学术思想积淀，这同一般的文科专业是一样的；但另一方面，它又是一个实践性很强的专业，要求着重对专业实践能力的培养。因此，这就要求我们既要读懂这个专业；又要思考自己想把这个专业办成一个什么样的专业。正是基于这种考虑，我们就以人大、复旦的教学计划为蓝本，以制订我们自己的教学计划为抓手，在一年多的时

间里，先后组织了三次全系教学计划和办学思想大讨论。每次讨论都邀请媒体的同志来参加，也要求全系教职工到媒体调查研究，并就如何实现学理和实践能力培养及专业办学特色问题进行思考。当然，我们更多的是师法人大、复旦。那个时候，我跑人大、复旦很勤，人大、复旦新闻系的领导、老师的确是诲人不倦、有求必应，总是十分真诚地回应我们提出的任何问题和要求。比如，人大的甘惜分、方汉奇、何梓华、成美、郑兴东等老师，都不止一次的给我谈过专业性质、特点等问题，甚至包括他们自己已开过的课程到底应如何教也详细介绍于我。何梓华老师当时是系主任，给我讲得更具体，如计划中课程设置的理由及课程间的相互关系，四年中不同阶段曾经遇到过什么问题，如何建设实验室、资料室等，特别告诫我新闻学专业实践性很强，绝不能忽视对学生动手能力的培养，并嘱咐我回学校一定要同教务处的同志解释清楚，否则，学生教学实习的学时就很难保证。在复旦大学也曾多次向宁树藩、丁淦林、李良荣等老师求教，丁淦林老师还特意给我谈了中国新闻教育发展情况。记得大约是1983年的夏秋之交，天气还很热，王中老师生病在家，当我去拜访他并告知武汉大学要办新闻系时，他特别、特别的高兴，虽躺在躺椅上不停地咳嗽，却谈兴大发，从下午两点多谈到五点多，谈着谈着他突然说今天不说了，你明天下午再来，就这样一连谈了三个下午。王中老师讲话十分直率，拿着一把蒲扇，从解放前讲到解放后，从新闻工作谈到新闻教育。第三天当我告辞已走到门口，他还叫住我说：小吴，你们武汉大学要教出几个敢说真话的记者来。从人大、复旦这些老前辈那里，我们所获得的不仅仅是懂得如何去认识新闻专业，如何去办新闻专业，更重要的是从他们身上所感受到的那种专业情怀、教师风范，那种宽阔的胸襟和高度的责任感。他们是那样可亲、可敬，至今我都心存感激。

正是通过向媒体和人大、复旦新闻系学习及反复讨论，不仅制订了符合武汉大学定位和新闻专业要求的教学计划，更重要的是统一了办学思想和办学思路。这就是：第一，确立了"加强基础，注重实践，服务四化，面向未来"的十六字方针。就是说要始终坚持把学生的基础和素质教育放在重要位置上，不断强化学生的能力培养，使他们能成为为祖国为人民服务，跟踪时代，面向新世纪，功底扎实，博专兼顾，动手能力强，有相当适应能力和创造思维的人才。第二，形成了以专业必备的基本理论和基本技能课程为主体，以与专业密切相关的基础学科课程和完善、补充专业知识结构需要的多学科课程为补充的课程体系。第三，设计了四年写作练习不断线，课堂实习、小实习、专业实习阶梯推进的教学实习体系方案。正是因为有了比较明晰的办学思想和办学思路，这就有可能使我们从一开始路子就走得比较正、比较稳，避免了走一些弯路，为专业建设和长远发展打下了比较扎实的基础。

## 04

**问：**这以后，你们是不是发展得比较快？

**答：**那个时候，全国陆陆续续在增办新闻专业，的确有一种你追我赶的态势，不发展是不行的。但从总体上说，我们并没有急切地扩大规模，扩展外延，还是更注重走内涵发展之路，一步一步地走。我记得1985年我们增办了广播电视新闻专业，1986年经国务院学位委员会批准，获得新闻学硕士授予权，90年代初，我们才又增办了广告学专业，直到1995年建院时，我们还是保持着三个专业的规模。

张昆、吴高福、罗以澄（从左至右）2007年于台北故宫

## 05

**问**：你们在这个发展过程中，曾遇到过什么问题和困难，又是怎么解决的？

**答**：我在武大前后差不多工作了十六七年，要说问题和困难，那可以说时时事事都会遇到。比如说，房子不够、经费不足等。当然，当时也不是我们一家是这样，全国新办专业差不多都是这种境况，没有房子，没有钱，就无法建实验室、资料室；没有足够的房子，足够的钱，自然也就无法建更好一点的实验室、资料室。这些都是教学、科研的基本的物质保障条件。当时面对这种境况，只能采取积极的态度，有时候只有把没有办法的"办法"当着"办法"来用。我记得新闻系牌子挂出来后，学校就着手考虑分阶段为我们建实验室，但是，我们却等不了。我们的新闻摄影课老师，倒是搞摄影的，可新闻摄影还是一个新手，他要备课，连个暗室也没有，情急之下，我找人把我们办公室旁边的一个

厕所给封了，为此招来了许多怨骂。这倒不太要紧，没想到后来却变成了一则笑话，说新闻系的摄影实验室是从厕所开始的。后来我想，当时在武汉大学多找两天，找一间房子应该没太大问题，也不至于现如今落下一个笑话，真是冤哉！不过，八九十年代，我国在高教方面投入不足，大家都还能勇于克难，积极想办法去解决问题。比如说，当初我们没有资料室，找到房子一本书也没有，而武汉大学图书馆的书却十分富足，但又无调出的先例。于是，我们通过教务、科研部门甚至学校领导做工作，调来一大批图书，但多是人文、社科类，又派专人开列书单同图书馆同志一起去采购新闻类的图书，有些市面上已找不到的重要资料，我就去找人大何梓华老师，他又特批我们从人大资料室复印了一批资料。之后同台湾高校建立了联系，又得到李瞻、郑贞铭教授的积极帮助，赠送给我们一大批台湾出版的新闻传播类图书。后来有了专项经费，情况就好许多了。但开始时，如果不采取这种积极态度，想几年就建一个基本能满足教学科研需要的资料室那是不可能的。再比如说，教材、科研成果就是搞出来了，出版也是大问题。因为那时出版社是要收取出版费的。有件事至今难忘，我们广告系办起来后专业建设发展很快，但那时广告专业还是新兴专业，可用的教材也比较少，当时张金海老师任广告系系主任，他就组织力量，自编了一套广告学教材，经出版社和相关部门审评后认为质量不错，可是拿不出出版费来怎么办，于是张金海老师就自己借了10万元把教材出出来了，从根本上改变了上课无教材的状况，使教学质量得到了一定保证，至今我还慨赞不已。后来，学校有了一些自主办学的权限，我记得好像叫"成教"。办班的经费是可以提取一部分给老师作劳务费的。那时也是经费不足，科研成果无法出版，当时真是没办法，我

就跟老师们商量，大家都认为提高教学、科研水准才是我们为之付出的期待，就这样从应分给大家的劳务费中克扣一部分出来，建立了一个科研出版基金，凡有科研成果经评审符合出版条件的可申请出版资助，从而有力地推进了科研发展。我经常在想，武汉大学新闻学科发展得这么快，是得力于全体教职工能同心协力、锐意进取，能把建设新闻学科当作一种事业、一份责任，全身心的投入，甚至奉献。正是诸如"团队""责任""进取""创新"这些理念支撑着这支队伍，经不断内化也就成为我们的一种精神了。

其实，我说的困难，远不止这些，而且，这些也并非是最难之处，随着时间的推移，这些办学的物质保障条件也会得到不断的改善。在我看来，新办专业最难之处、最大的挑战是如何不断提高专业、学科的层次、水准。一个专业、一个学科，人家最重要看的是：你能不能培养出优秀人才，有没有扎实的科研成果和一支好的教师队伍。一开始我们就非常清晰地意识到这一点，也始终为此而努力。

## 06

**问**：吴老师，那能不能请您先给我们讲讲学生培养问题。

**答**：学生培养是一个合力工程，从一定意义上讲，学校一切工作都应该主要是围绕这个问题转的。而从专业和学科建设的角度看，那就是首先要抓好教学。以教学为本，应是我们的基本理念。但是，在实际工作中，常常容易被忽略、放松，因为它实际上也是院系的日常工作。你说说，哪一学期不是这样，开了学就上课，考试完了就放假，习以为常了。因此，在办学的过程中，我们一方面始终注意通过各种方式，不断强化教学为本的思想，把教学工作放在院系工作的首位，建立研讨、听课、督导、教材选定等这样一些制度规范，并逐渐形成把教好课当作一种职业的本分，守住本分。另一方面，不断注重认识和处理好教学中的各种关系。比如说教与学就是一个对子，一种关系。从教的方面说，教师是主体，教师的教学态度、教学方法、教学内容一定程度上决定了这门课程的质量，不断改进教学方法、更新教学内容及提高含金量，是院系对教师持之以恒的要求。当然，我们看重的绝不仅仅只是每次课讲清、讲透了要求的知识点就行了，而是更强调教师在通过传授基本理论、基本知识的同时，应着重对学生思维能力的训练。知识浩如烟海并不断增生，课堂传授总是有限的，我们要让学生知道的不仅仅是这些知识，而是会看问题、想问题、分析问题，甚至善于把看到、想到的问题和各种分析联系起来，这就有可能达到媒体给我们提出的要求："既上手快，又后劲足。"总之，要给予老师多一点的自主性、自由度。当然，我们也会经常听到学生、老师间或督导方面的各种意见，凡属于老师授课风格方面的问题，历来采取保护态度。因为我认为常常就是在这些风格各异、发挥自如中，有可能隐含着创造性因素，把课讲活了比死板更好。另外，我们的培养对象也是有特殊要求的，新闻工作本身就是要面对社会的方方面面，因此，我们在教学计划中为"完善、扩充专业知识结构需要的多学科课程"预留了一些空间，不同年级，不同阶段，先后曾给学生开过：中国古代诗词赏析、现当代文学、社会学、美学、中国传统文化概论、旅游地理等课程，对历届毕业生跟踪调查显示，这些对他们工作后是管用的。

再从学的方面说，当然学生应处于主体地位，发挥他们的主观能动性，肯定、保护他们的个性很重要。凡每年入学的新生，我们都会强调：你们不仅仅是学生，更是专业的建设者。当学生有了这样一份责任感后，参与教学的积极性就会自觉焕发出来，就会形成师生自然、自觉的互动状态，言传身教、教学相长才有可能。教师热爱学生，学生敢于同老师讨论问题，几乎是我们院系的一种风气。当然，我们武大的情况可能也特殊一点，当年创业时，我们的教师队伍差不多都是年轻人，20多岁，几乎同学生们滚在一起，师生关系十分融洽，以后就渐成风气，并慢慢成为一种传统。这两年我住在北京，回学校去得少，有时有些我教过的或者没教过的学生来看望，我常常通过他们能问到院里老师的情况，这就说明，学生毕业后同老师还有密切联系。在一个院系中，教与学、师与生，本应是一体的，只有这样才能形成一种内在的驱动力，形成一种学而思的氛围。他们之间的融合度越高、互动越密切，就越有可能促进教学内容不断更新、不断丰富，就越有可能确保教学的实际水准。好学生决不只是课堂上"教"出来的，而是"带"出来的。

吴高福教授新闻教育思想研讨会

## 07

**问**：在教学方面，还有对学生实践能力培养问题，你们在这方面又是怎么做的，采取了一些什么措施？

**答**：教学实践是学生培养过程中的重要内容，我们从一开始就非常重视，叫"四年不断线"。这就是说，从学生入校就开始培养"新闻意识"，或参加学校广播台、校报、地方小报的采编，或自办刊物，或部分课程的小实习等，这些基本上是制度性的要求。这期间，当然最重要的还是长达四个月左右的专业实习，这是培养学生实践能力的主渠道，是重点。关于这方面在我的记忆中有两点是非常明确的：第一，就是要为学生搭建较好的平台，建立稳定的实习基地。在八九十年代，湖北武汉的媒体，无论从数量或质量上论，在全国也算是数得上的，是建立实习基地的一种较好的选择。但是，我觉得这还不够，我们应该为学生建立更好的实习基地，有更多层次、更多样的选择。比如说，中央媒体，经济发达地区的一些媒体。这样我们就想到了北京和广东，刚好在京广线上，当时我还说过笑话，这叫京广一线，中部开花，一肩挑两头战略。不过说老实话，当时的确很难，我们毕竟是新办专业，没有知名度，要实习的还是首届学生，被接受就是一个很大的挑战。但是，既然作了这样的抉择，为了学生，我们必须作最大的努力。为此，我们许多老师想尽了办法，分别到这三个地方的媒体去做工作，请求他们的支持。对此，学校也非常重视、支持。记得我向刘道玉校长汇报了我们的想法及困难后，他非常高兴，充分肯定了我们提出的思路和实习方案，并对我说：正好过两天，我要去北京，你跟我一起去。就这样刘校长带我分别拜访了广播电影电视部、人民日报和新华社，后来他们都同意接收我们的实习生了，连同其他老师所做的工作，我们学生的实习点差不多覆盖了北京、武汉、广州、深圳的最主要的媒体。这多年来，多多少少有些变化，但主要的实习基地是非常稳定的。第二，决不能把专业实习仅仅只看成是教学计划的一个环节，而应该把它看成教学的重要内容。如果只看成一个环节，就很容易轻忽、走过场。事实上，学生的实习，不只是验证、巩固已学的专业基本理论、基本知识，提高采写能力；而且，是再学习。比如说，他们所遇到各种各样的事件、问题，以及人与人、人与社会的关系和社会方方面面的问题，都会大大扩展在校学习的内容，我们要求学生在实践中学会想问题、分析问题，而不是简单的写几篇新闻稿。为此，我们不仅认真做好专业实习前的培训；每个地区的每个实习小组都有派专责指导老师，同实习生保持着密切联系；又建立了中期巡视制度；实习结束后，并不仅仅以发稿数量论成绩，而且要求写分析问题式的小结或调查报告，连同发稿数量、质量一并评定成绩。实习工作结束后还会开一次总结大会，这不单单是为表彰，也是为下一届学生开的，请他们参加，好起到提前预热的作用。所有这些制度性安排，都是为确保专业实习取得实效。

# 08

**问：** 吴老师，我想再问一下您在科研工作方面有什么理念，遇到过什么问题，采取了什么样的措施？

**答：** 理念那倒谈不上，问题却遇到不少。不过，教师要搞科研这个问题，我们倒不担心，因为我们的专业是办在武汉大学。武汉大学是百年老校，最年轻的专业也都相当有年头了，在他们那里老师发表论文就不说了，著作等身的也大有人在，这就形成了一种无形的压力；更何况在那个年头执行的评价体系标准，科研成果总是摆在实质性的重要位置上，连评职称也要看你在重点刊物上发表的文章有多少，

出版著作有多少，所以，从专业创办之初老师都有很强的科研意识。问题在于作为专业、学科建设重要内容的"科研"，最重要的是科研水准。好的专业、学科是要高水平的科研成果来支撑的。所以，从院系的工作角度来说，其重要的工作是要求老师们不断加强科研素养的培养，形成良好的科研氛围和环境，把目标指向高水准的科研成果产出，既要"挖塘"，更要"掘井"。科研是需要条件的，也需要合力。多年来，我们提倡协作精神、团队精神，支持老师们争取获得多类科研课题，进入学校、省、国家各种培养资助计划、人才工程系列，支持他们发表论文，出版著作。但我深知在当年那种特定相对比较困难阶段，作为新专业难处就会更多。因此，我们更多的是在老师中提倡不断树立"方法意识""站位意识""视野意识"，以提升队伍的科研素养，为科研提质、提速做好基础工作。

2017年10月湖南大学新闻与传播学院举行的吴高福教授新闻教育思想研讨会上，张昆教授向吴教授赠送书法作品"贺吴高福教授八十寿诞"，张昆诗，车英书。诗曰："湖广总督吴教授，风度不让八零后。筚路蓝缕珞珈山，春风化雨橘子洲。三千弟子征天下，大师声名傲王侯。今日更约廿载会，再登南岳庆白寿。"

## 09

**问**：您能不能就这几种"意识"给我们讲具体一些。

**答**：我说的"方法意识"，指的就是要不断自觉注意并改进研究方法。在科学研究中，同样的问题，选取什么角度，运用什么样的方法，研究的结果常常会不一样，甚至会取得某种预想不到的突破性的成果。所以，要推动老师们注意研究方法。当年我们同美国朱谦教授合作，共同做中国文化观念变革问题研究，其主要着眼点就是为了学习研究方法。当时西方普遍运用的定量研究方法已开始传入我国，我们从中国社科院的一些研究报告上看到这些资料信息，但不知道怎样做，我们熟悉的是定性研究，刚好这一课题要采用定量研究分析，而且问卷样本量又很大，交叉分析的要求又很多。我同10来位青年教师，跑遍了武汉市和湖北许多地县市，虽然很辛苦，但我们课题组有一批老师学会了一种新的研究方法，同时也加强了科研的"方法意识"。

所谓"站位意识""视野意识"也没有什么特别的，就是要能自觉地关注现实、不断跟踪把握学科前沿，其研究的视野要开阔，就一定能使自己进入一个新的研究境界，从而不断地捕捉到新的生长点。这样长年累月，就可能把研究路子越拓越宽，把问题越研究越深。从一定意义上讲，不断强化这些"意识"，比物质条件更重要，这些"意识"越自觉、越强，就越有可能获得水准较高的科研成果，就越有可能获得更多的物质条件支持。事实证明，随着时间的推移，老师们的科研成果无论是数量还是质量，都有快速的进步。当然，在这一发展过程中，老师们作了许多付出。与此同时，我们也想些办法，适当搭建一些平台，以起到促进和引领作用。比如说，新生入校的第二年（即1985年），在只知道"传播学"这个名

字的时候，我们就通过外事处从美国请来西东大学教授给我们讲授传播学，其意就在于帮助老师们拓展视野，早一点把眼光投向国外。不久，我们又组建了新闻研究所，请何微老师担任首任所长，以推动新闻学的研究，并多次以论文集的形式将老师们的研究成果结集出版。进入20世纪90年代，香港即将回归，大陆与台港澳交流、互动也多起来了，我们便请李卓钧老师同中新社联系，得到他们的支持，又组建了台港澳新闻研究所，为一些老师拓展了一个新的研究领域。当开放加大，国际交流越来越频繁，我们又极力推动中西比较研究，并在研究生中开设有关中西新闻比较研究课程。到90年代后期，媒介生态发生了很大变化，新媒体的出现及传统媒体的生存成为突出的现实问题，由我牵头，又适时组建了媒体发展研究中心。我退下来后，请张金海老师出任这个中心的主任，后经他和他的团队通过努力，终于建成了一个国家级的研究基地。其实，我说的这些，只是从院系工作角度来考量的。事实上，科研实实在在的要靠老师们自己做，在无课题经费的情况下，他们走过了一段艰辛的省吃俭用之路。到90年代中期，特别是建院后，我们的科学研究就在不断提高、提速，老师们都能比较自觉地寻找新的视角，扩展新的研究方向，"掘井"不疲，出现了非常可喜的科研景象，为科研的发展打下了很坚实的基础。

## 10

**问**：吴老师，看来您很注重基础建设，学科基础打得很牢实。师资队伍也是学科建设的重要内容，而且您多次说你们是一支年轻的教师队伍，那么，你们又是怎样建设的呢？

**答**：基础不牢，大厦何以能立。其实，从一开始我就

想要建一个比较好的学科，至少能同武汉大学相匹配，而不是简单地把一个系、一个院办起来就算了，因此，总是把重点放在学科建设上。学科建设内容参数很多，就院系而言，最主要是教学、科研、教师队伍三大块。我曾形象地比喻为一体两翼，教学为体、科研和教师队伍为两翼，体健翼强，学科才能振臂高飞。因此，我们自然会注重教师队伍的建设。前面我所说的年轻，并不是只针对教师年龄而言的，而是同专业创建联系在一起的。一个专业、学科的成熟，在我看来，至少要几十年，甚至上百年。从这个角度说，我们当然是一支年轻的队伍。不过话说回来，建系之初，的确是年龄意义上的年轻人占主体。武汉大学新闻专业这台大戏还真是他们唱起来的。你们可能还不知道吧，那时手头不宽裕，搞调查在马路边吃烤红薯、热干面，到北京出差住地下室，那滋味又多有意味呀。就是在这样的境况下，他们却还是那样生气勃勃，全身心投入，课堂上兴味盎然，课下师生相互切磋，形成了一个难得且又长远发生影响的良性师生关系。说句你们不要笑话的话，去年回学校见到他们，随口问了一句你们也快四十出头了吧，他们笑着对我说：吴老师，我们都五十多了。我只能说我真的老了。其实，在我的记忆里，他们总是那样一副活力四射的青春面容。

吴高福、张昆 2009年于呼和浩特

着时间的推移，我们陆陆续续地调进了一些年龄大些的中年人，并支持老师们晋升职称，到国外或校内外进修，攻读学位。不过，在八九十年代，全国所有新办专业同我们的感受可能是一样的，要想解决这些问题，可不是一件容易的事情。因为那时晋升要指标，全国毕业的博士生就是人大、复旦培养的那几个，根本就到不了我们这里来，所以，我们的方针还是立足于自己培养，比较早的就着手于分期分批安排老师到国内外进修，攻读学位。从1985年开始，就先后分别派石义彬老师到美国学习传播学，派张昆老师到人大攻读新闻学硕士学位，派王志杰老师到法国攻读传播学博士学位。到90年代中期，我们建院后，不仅队伍扩大了，而且教师队伍的年龄、职称、学位结构也相对比较合理了些。教师队伍的整体水准也有显著提升。这是一个爬坡的过程，也是老师们艰辛付出并不断历练的过程。从院系工作的角度说，也是我们最吃劲、最看重的事。因为，教师队伍的优良素养和整体水准，决定着这个专业、学科的实际水平。从这个意义上讲，教师队伍建设同学科发展是同步的。

## 11

**问**：没有、没有。看来，您对当年那些创业同仁和新闻学院真是充满了感情。

**答**：一支好的教师队伍，需要好的作风和长时间的历练。他们长期处于教学、科研第一线，不断在实践中饱受磨练，打的底子是扎实的。当然，也需要合理的年龄、职称、学位结构和高水准的专业基础及能力。所以，随

在教师队伍建设方面，我们注意了两个方面的问题：第一，是避免近亲繁殖。所谓近亲繁殖指的是在需要充实教师队伍的时候，就选自己专业培养的人，这样逐年做下去，就容易在一个专业里都是"同门人"，甚至"几世同堂"。在中国的高等教育发展过程中，由于多种原因，曾经出现过这种情况。近亲繁殖最大的弊病在于容易形成学术观点、学术思想乃至学术路径趋同。我认为，如果说一支学术队伍，如果不能形成学术思想多元，学术研究样态的多样，就很难有更多的活力，更多的创造性。当然我国历来有师徒传承之传统，而且，有些专业很特殊，培养的人很少，不师徒传承，一些独特的研究方向就可能消失，这种情况自然另作别论。而我们新闻专业既具有包容性，更具有开放性，更需要保持一支学术思想活跃、多元的教师队伍。因此我一直在工作中注意这个问题，除特殊需要外，原则上，在充实教师队伍的时候，尽量把选人的路子扩宽一些，避免"近亲繁殖"。第二，是避免学科背景过于单一化。毫无疑问，一个教师从事某个专业的教学和研究工作，首先应该具备这个专业高水平的基础理论、基本知识和技能，否则你教不了这个专业的学生。假如一个教师除了具备这个专业高水平理论、知识和技能外，还有多个学科背景，也就是说其知识结构比较合理、丰富，那么，就有可能更好地教好学生。不仅如此，教师自身知识结构的合理性、丰富性，更有利于教师学术研究视野的扩宽，研究视角的多样性及后发力的增生。老实说，当时我们也处于一个好的背景条件下，一方面，世界已进入第三次工业革命，即信息时代，社会发展提出的问题更大、更多、更复杂，需要跨学科组织团队，去回应社会发展的要求，分析新情况、解决新问题，可以说，这是时代、社会提出的客观要求；另一方面，我们也是新组建的一支教师队伍，而不像已办了几十年，甚至上百年的老专业，

教师队伍的结构调整难度很大，这就为我们组建一支知识结构相对合理的教师队伍提供了可能。因此，从建专业开始，我们就注意到教师队伍的知识结构问题，力避整个队伍学科背景过于单一，努力做到在教师队伍中，既有一部分本专业的专攻者，也有一部分具有多学科背景的教师。比如说，我已谈过筹建专业时我们一次性从复旦、武大选择了六位老师，就分别来自五个专业，其中，夏琼老师是新闻专业的，就继续专攻，后获得新闻学博士学位；张昆老师是历史学学士，后又取得新闻学硕士、政治学博士学位；强月薪老师是哲学专业出身，后取得新闻学博士学位；冉华和姚曦老师，分别来自中文和经济学专业，后都获得了传播学博士学位；而周光明老师是历史学学士，长期从事新闻史教学科研，后又学习历史文化学，取得了历史学博士学位。当然，教师知识结构的合理性本身就是一个非常复杂的问题，我还不可能对此做出一个科学的界说来，根据我多年的实践经验，大体上可以这样说，就新闻传播学科教师队伍整体的结构而言，学科专业的专攻者和多学科背景的教师都应该在整个教师队伍中各占一定的比例；就教师个人而言，应同他的专业和研究方向及其延展趋向联系起来，从而保证其知识结构的合理性。比如说，石义彬老师是从事传播学教学科研的，他具有传播学博士学位，又具有外语和哲学的学科背景；单波老师是搞理论方向的，他具有图书情报学和新闻学学科背景，又获得哲学博士学位；而王瀚东老师长期从事广播电视方面的教学科研，不仅有中文学科背景，而且获得了美学博士学位，这样的知识结构，就为他们教学、学术研究的深化、创新提供了十分有利的条件。总而言之，我认为，教师队伍建设既要注重年龄、职称、学位结构，也要注重知识结构问题，这对学科，尤其是新闻传播学科的发展是非常有利的。

教师队伍建设也同样是一个合力工程，而且要不断跟踪时代和学科发展，形成新的理念，采取新的措施，持续地去做建设工作。我跟你们说，去年我回学校，见到石义彬院长，他除说到这几年学院发展情况外，还特别告诉我学院正在进行"两个一工程"，让这几年加入教师队伍的年轻人，一年到国外，一年到媒体。我听后高兴得不得了，这是一个多么有远见的举措，它不仅对当下，而且对长远的学科发展将产生重大影响。这既避免了有可能出现的断层问题，又大大增添了教师队伍的后劲，你们说，我能不高兴吗。

**12**

**问：**吴老师，您对新闻学院真是充满了感情，为专业的创建、学院的发展做了好多工作。这两天又给我们讲了这么多，谢谢您接受我们的访问。

**答：**有感情是真的。而新闻专业的创建和学科发展却全靠我们的教职工，请你们代我向他们致意，也谢谢你们。

（选自《中国新闻传播教育年鉴2016》，武汉大学出版社2016年版）

刘建明，武汉大学新闻与传播学院教授，博士生导师

# 何微先生，我人生路上的指路明灯

姚　曦

在何微先生担任武汉大学教授、新闻研究所所长期间，我曾担任先生的助手约三年多时间。那时，我刚20出头，在何微先生身边工作，聆听教诲，完成了我青年时代从懵懂到清晰的转换。回忆往昔，各种场景，历历在目。

## 1. 真正的共产党人

何微先生南下武汉时，已近70岁高龄。1984年，何微先生孤身南下，来武汉大学创办新闻系，出任新闻研究所所长和名誉系主任，开始了新闻理论探索、新闻教育事业的新的征程。

我刚留校不久，做了一年多系团总支书记工作。一天，系党总支书记找我谈话，让我去做何微先生的工作助手。说心里话，这一年多的学生管理工作尽管我也做得得心应手，但总是不很安心，我以为在学校工作，就应该去做教学，做研究。而且，父亲从小给我灌输的观点是"人生朝露，学术千秋"。领导做这样的安排，我当然非常高兴。因为，一方面，何微先生身边需要人手；另一方面，也暗合我的向往之心。第二天，我就去新闻研究所上班了。

每天早晨，我先到收发室拿到当天的报纸和杂志，9点钟准时送到何微先生家中，和先生一起打扫一下房间，

然后，先生便倒上两杯酒，和我坐而论道。先生谈他的工作设想与研究心得，谈对目前新闻改革的看法，让我读哪些书，听哪些课，收集哪些资料，当然也谈他的过去，谈他的新闻从业经历。

何微教授旧照

何微先生告诉我，刚解放，他作为山西日报社的军代表，是挎着抢、带着副官去上任的。20出头，他渡过黄河，上了抗大。抗大毕业后，组织让他去当县长，他却选择去做记者。我问他："打过仗没有？"他说，战争年代，后方也是很危险的，要随时转移，晚上要急行军。有一次，在转移过程中，他的腿上还中了一枪。他的老部下，当时的武大新闻研究所副所长桑义燐教授告诉我，何微先生那个时期写了大量的新闻和报告文学作品，有些作品入选了中小学课本。他小时候读的课本中，就有何先生的作品。

何先生说得最多的，是在新闻实践中对党性原则的坚守。他认为，党性原则，是党的新闻事业发展中尤其需要坚持不殆的基本原则。党性原则与国家、民族的利益是相一致的。

在生活中，何先生非常的俭朴，严于律己，宽以待人。尽管在"反右倾"与"文革"中，他受到了各种打击与迫害，但赤子之心不改，对党的忠诚不变。何先生在"文革"晚期主持陕西日报社工作期间，由于对党报纸本质的认识和把握，《陕西日报》没有作过违背党的基本原则的报道，受到陕西省委的高度评价。20世纪80年代，正是思想解放运动蓬勃兴起之际，"文革"刚过，万物复苏，各种思潮蜂拥而至，很多年轻人都处于迷惘、困惑之中。我也有彷徨、懵懂之感，总觉得现实与理想之间存在很大差距，从小所受教育与现实中看到的和听到的有很大的不同。从何先生身上，我看到了一个真正共产党人高贵的品格，看到了理想中的共产党人和现实的一致。我和同事谈到对何先生的感觉，我认为他是我见过的第一个真正的共产党人，也坚定了我对党的信念，1987年，我申请加入了中国共产党。

## 2. 新闻改革的探索者

何微先生尽管年事已高，被誉为"红色新闻战士"，但时刻关注着我国新闻事业的变化与发展，思想一点也不保守僵化，不故步自封。一到武汉大学，他设立了一个宏大而又现实的课题——"中国新闻事业改革研究"，并开展了持续两年的调研活动。何老将新闻研究所的人员兵分两路，由研究所副所长桑义燐老师带着我，南下广州、福建、上海等地；何微先生则带着另一位同事魏丽老师，到北京及北方其他新闻单位，进行实地考察。

这次调研活动，让我大开眼界，给了我一辈子难忘的记忆。

我随桑义燐老师首次深入地接触新闻事业第一线的学人与采编人员，让我见识了当时新闻界威名赫赫的《羊城

晚报》总编辑许实、复旦大学新闻学院王中教授、《文汇报》总编辑马达等前辈的风采，感受了社会转型中各新闻单位改革开放所做的探索。当时，广州珠江广播电台被誉为"中国新闻改革的先锋"。这个媒体在实践中对新闻的观念与新闻的功能做了系统地探索。传统的观念认为，新闻只有宣传和教化功能，其实，这是对新闻的一种误解。因为，新闻也具备信息传递和娱乐等其他的功能。基于这样一种认识，他们对整个节目进行了整体的变革，同时让节目主持人和听众互动。珠江广播电台由此在新闻界刮起了一股新风，让媒体人与学人们对新闻传播有了新的认识层次。

考察活动非常辛苦，天气非常炎热，一听访谈就是三四个小时。我每天认真做访谈记录、录音，有时疲倦了，就用笔尖刺自己的大腿。尽管非常辛苦，但非常充实与兴奋。桑老师说，要将访谈整理的文本，在学术刊物上系列发表出来。遗憾的是，1987年，由于我参加湖北省讲师团到恩施山区支教，就没有参加课题的后期工作。

与此同时，何微先生积极探索新闻教育的改革与新闻

科学的构建。记得他在《武汉大学学报》发表了《论新闻学研究内容的构思》一文，集中反映了他对于新闻学科科学构建与新闻教育改革的基本设想，他较早提出改革大学新闻专业教学中新闻基础理论、采编业务、新闻史三大块的传统设置，要求增设新闻管理学、新闻人材学、微电子新闻学等课程，同时主张借鉴西方的新闻思想和写作方法，设立新闻比较学等。上述观点，在当时堪称非常超前也非常开放的观念，在整个中国新闻教育界引起了相当大的反响。他后来撰写《新闻科学纲要》一书以及开展的中国新闻思想发展史的研究，都体现了这一时期对新闻学科与新闻教育改革的探索与思考。

何微先生的学术探索在武汉大学新闻与传播学科的建设与发展中起到了重要的指导和推动作用。在何先生的指导下，武汉大学新闻与传播学科建立了"重基础、宽口径、强实践"的人才培养理念，也确立了从多学科视角探讨新闻传播理论与实践的研究特色。正因为如此，武汉大学新闻与传播学院也迅速成为我国新闻传播教育与新闻传播研究的重镇之一。

高山仰止，何微先生高贵的品格、共产党人的情怀、对中国新闻事业的发展、新闻学科的科学化及对中国新闻教育的卓越贡献都将永载史册。

在这春暖花开的时节，想起何微先生在我的生日时亲手给我做的煎鱼，在我进入公共关系和广告研究领域给我收集的简报资料，其音容笑貌，宛在眼前。呜呼，先生已逝，精神永存。

何微先生，我人生路上的指路明灯。

（原载于《西部学刊》2016年第4期）

姚曦，武汉大学新闻与传播学院教授，博士生导师

# 罗以澄教授与武大新闻学院

刘建明

罗以澄，1944年出生，祖籍福建省福州市。1961年考入中国人民大学新闻学系，1966年毕业后长期在报社、电台从事记者编辑工作。1984年调入武汉大学新闻学院，先后担任副系主任、系主任、副院长、院长。兼任第五届、第六届国务院学位委员会学科评议组新闻传播学科组成员，中国传播学会副会长、全国新闻教育研究会副会长、中华全国新闻工作者协会特邀理事。

以下是两位新闻人的对话。

刘建明：罗老师，武大新闻与传播学院从1983年创办以来，已经走过了30多个年头。在这30多年里取得的成就有目共睹，得到了学界和业界的普遍认同。作为新闻与传播学院的创建人之一、元老之一，您亲历和目睹了这种变化，能给我们讲一讲30多年来学院发生了怎样的变化吗？

罗老师：我是1984年年初到武大新闻系任教的，至今在这里工作了整整32年。作为武大新闻传播教育与学科建设的亲历者和见证人，感到十分自豪。武大新闻传播教育与学科建设的发展历程，大体可以分为这样三个阶段：

第一阶段是创办时期（1983—1986年），也就是我刚来武大任教的头几年。那个时期是非常艰苦的，可以说是白手起家、一穷二白。记得刚来时，武大新闻系给我最深刻的印象就是什么都缺。

一是缺师资，缺少老师尤其是专业教师。当时系里只有十几位老师，都是从中文、历史、外语等人文社科类系调来的。这些老师有着比较丰富的高校教学经验，但大多非新闻专业科班出身，也缺乏新闻实践经历。搞新闻传播教育，对这些老师来说可谓仓促上阵。为此，1984年招收第一届本科生和专科生时，时任系党总支书记兼副系主任的吴高福老师曾感慨地对学生说："你们这一届学生是我们的试验品。"这一状况直到1984年下半年后才开始有所改观。当年先后从复旦大学新闻系和本校其他学科选留了几位优秀毕业生，也从新闻媒体选调了几位专业人士，这样师资队伍才充实到了二十几位。

二是缺钱，缺少办学经费。1984年我（当时担任副系主任、主管教学）和胡武老师等人去湖北日报社、长江日报社、湖北广播电台（电视台）等媒体联系学生实习时，舍不得、也花不起乘坐几毛钱的公共汽车，来回几十里路都是骑自行车；我和系党总支副书记汪华去北京、安徽、湖南等地看望、了解学生的实习情况时，为了省钱都不敢坐卧铺，而是坐着火车硬座到处奔波。那几年，我们为学生联系实习，出于礼节需要，给实习单位指导教师带的礼品，也都是自己掏腰包，因为系里没有这笔开支。

三是缺硬件，缺少教学设备和场所。新闻学作为一门应用性学科，自然离不开照相机、摄像机、录音机等教

153

学设备和相应的实验场所。当时我们一届本科生有四五十人，每年还招了干修生五六十人，系里的照相机却只有几部，每次上摄影课，几十名学生排着队轮流等着用照相机。至于实验场所更是谈不上了，当时新闻系20多位教职员工只有四五间办公室和男女两间厕所。为了给学生一个冲洗胶卷的地方，系党政联席会不得已决定把女厕所改造成暗房，这就是我们系当时唯一的教学实验场所。

总之，一缺人，二缺钱，三缺教学设备和实验场所，武大新闻传播教育便是在这样的状况下起步的。

第二阶段是夯实基础时期（20世纪80年代中叶到90年代后期）。在这个时期，武大新闻教育先后经历过数次组织体制的变迁（1995年由新闻系更名为新闻学院，1999年新闻学院与图书情报学院合并更名为大众传播与信息管理学院），领导班子的变更（1990—1992年樊凡出任系主任，1992—1997年吴高福出任院长，1997—1998年张昆出任院长，1998—1999年我出任大众传播与信息管理学院新闻系主任，张昆时任该院副院长）。尽管如此，在几任院系领导班子的带领下，全体师生共同努力，想方设法为武大新闻教育和学科建设的发展打好基础。总体上说，主要做了这样几件事：

一是配齐师资队伍。从20世纪80年代中期开始，在学校的大力支持下，先后从新闻媒体、兄弟院校和社科院等单位引进了何微、桑义嶙、赵贯东、单承芳、周永固等一批既有较高学术造诣又有丰富新闻实践经验的老师，教师队伍一下就从20多人增加到40多人。这些老师的引进，既充实了师资力量，又增强了办学实力，尤其是何微老师，他从20世纪30年代开始就从事党的新闻工作，1949年后先后担任过新华社北京分社社长、山西总分社社长、陕西日报社社长、陕西省社科院院长、西北政法学院院长等职，在新闻业界和学界都享有很高的声誉和威望。他的引

进，大大提升了武大新闻传播教育与学科建设的声望和影响力。

二是健全专业设置。创办之初，只有一个新闻学专业；1986年增办了广播电视专业（1985年获批，1986年开始招生）；1993年，又办了广告学专业。对于传统新闻传播学科而言，专业设置已相对比较齐全。

三是千方百计争取办学经费、添置办学设备和实验场所。20世纪90年代时，不仅办学经费较过去有了较大幅度增加，而且还先后建立了广播实验室、电视实验室、摄影实验室，各种教学实验设备基本上配备齐全。与此同时，需要特别指出的是，在这个时期还探索提出了一套行之有效、适应新闻传播人才培养和学科建设的办学理念——"注重基础，强化实践，面向未来，面向世界"。——这四句话是时任系领导的吴高福老师归纳出来的，很有道理，符合新闻传播人才培养规律。

第三阶段是发展时期（20世纪末至今）。这个时期的主要工作就是抓学科建设，把抓学科建设作为办好新闻传播教育的龙头，以此提升办学水平和综合实力。2000年，武汉大学与武汉测绘科技大学、武汉水利水电大学、湖北医科大学四校合并，成立了新武汉大学，并组建了新闻与传播学院，由我出任院长主持工作。这之后，主要围绕学科建设抓了三件大事：

一是狠抓特色。就是在办学定位、人才培养、学术研究等学科建设的各个方面，既注重向中国人民大学、复旦大学、中国传媒大学等兄弟院校学习，又十分注意千方百计挖掘、寻找、张扬自身特色，以此与兄弟院校实施错位竞争。武大新闻传播教育和学科建设的创办历史不长，加之地处中原，基础条件和资源与这些老牌新闻院校以及地处沿海地区的兄弟院校相比较，毫无优势可言。如果按照新闻传播教育与学科建设的传统习惯和做法，去确定办

学定位和学术研究的方向，我们的新闻传播教育与学科建设只能望兄弟院校的"项背"，跟在别人后面亦步亦趋地前进。为此，我们必须确定自身的办学定位和学术研究方向，从自身特色和优势上做文章。比如，在办学定位（人才培养）上，我们有背靠综合型"985"高校的优势，可以主打高端新闻传播人才市场，我们要求培养的学生不仅要精通专业业务，还要懂管理，有较强的组织领导才能，将来能成为新闻传播业界的精英和领袖。再比如，在学术研究方向上，传播学研究，我们重点搞跨文化传播；新闻学研究，重点搞新闻文化和社会发展研究，搞媒介生态和媒介发展研究；广告学研究方面，我们重点抓广告策划和创意研究。我们就是这样抓住自身特色，组织学术团队，凝聚学术方向的。

二是抓队伍建设。在队伍建设上主要是抓两手：一手是面向海内外网罗人才。武大地处中原，又非发达地区，在市场经济环境下再像20世纪80年代那样广揽人才实在是困难重重。我们有一个想法，天下英才不为我所有，但可以想办法为我所用。我们要尽力争取得到海内外最优秀的学者和业界精英的支持和帮助，让他们与我们一道为武大新闻传播教育与学科建设做贡献。这些年来，童兵、李良荣、郑保卫、陈力丹、胡正荣、喻国明、黄旦、戴元光、黄升民、郑贞铭、李金铨、祝建华、洪俊浩、杨志宏等一批海内外著名学者，以及徐光春（时任广电部部长）、王晨（时任人民日报社社长）、冯并（时任经济日报总编辑）、杨伟光（时任中央电视台台长）、刘长乐（凤凰传媒集团总裁）等业界领袖，都曾应邀来我院担任兼职（客座）教授、博导，或者担任研究基地的学术委员，或者来我院讲学。另一手是强化本院教师的职业素养。对本院教师，我们一方面十分注重师德教育，尤其是对中青年教师的师德教育，以增强他们的责任感和使命感。比如，我们

搞了"双一计划"，即35岁以下的青年教师一定要有一年的时间到国外的重点大学做高级访问，还要有一年的时间到主流媒体挂职从事新闻传播实践工作，并把这作为青年教师晋职、晋级的硬性要求。其目的不仅是为了扩大他们的视野，提升他们的教学水平和学术能力，更是为了让他们熟知世情、国情、社情，增强他们从事新闻传播教育与学术研究的责任心。

三是抓学院的影响力和美誉度，用市场化的说法就是注重学院的品牌建设。抓影响力，主要是打国际牌，强化国际交流，扩大学院在国际新闻传播教育界和学术界的知名度。从2000年开始，先后和法国、美国、英国、德国、日本、韩国、新西兰、澳大利亚等国家，以及中国香港、台湾等地区的几十所国际著名的新闻传播教学和科研机构开展了"制度化"的合作交流。比如，2002年学院与法国波尔多三大传播学院联合发起组织了"跨文化传播国际学术论坛"，规定每三年分别在中国和法国举行一次大规模高层次的国际学术研讨会，从此形成了一个"大型的制度化的国际学术交流平台"（每年在中国召开大会时，世界各地至少有四五十位著名学者参会）。抓美誉度，一方面，注重打教师牌，积极鼓励支持教师参加国际国内高规格学术会议，在国际国内著名学术期刊上发表文章，争取国际国内重要的科研课题，以扩大他们的知名度；另一方面，注重打学生牌，为业界与兄弟院校输送高质量人才。这些年来，通过抓学科建设已尝到了不少甜头：20世纪90年代末，我们便有了新闻学科博士点；21世纪以来，学院不仅从拥有二级学科博士点"跳到"拥有一级学科博士点，而且还与人大、复旦、中传媒一起被确定为教育部人文社科重点研究基地；与此同时，还被确定为新闻传播学科第一家国家级实验教学示范中心。这些都是学院全体师生齐心协力抓学科建设取得的成就。

刘建明：罗老师，学院在您担任院长期间取得了快速发展，这也是与学院的教育理念息息相关的。我记得，您出任新组建的武大新闻与传播学院首任院长时，便在全院教职工大会上提出，"我们的办学宗旨是要培养有思想、有责任感的新闻传播人才"，您能讲讲这一教育理念是怎么来的吗？它的深刻含义是什么？

罗老师：我认为新闻传播教育的存在价值，就在于它合乎人类社会实践理性的需要。就是说，新闻传播教育不光要考虑如何去适应新闻传媒业发展的需要，也要考虑如何去适应整个人类社会文化、经济、政治等各个方面发展的需要，如何去维护和发扬新闻传播教育本身所应具有的人文品质。这一抽象的道理蕴含了我们办学实践因循的方向和路径，这就是要承续现代大学精神，以培养通识博学、具有高度社会责任感和创造精神、全面发展的复合型人才为目的。作为新闻院校，我们担负着为新闻媒体输送合格人才的重任。在当今信息爆炸、思想多元的时代，一个新闻人如果只会做单纯的信息采集者、告知者，是远远不够的；真正合格的新闻人，不仅要做时代风云的记录者、人类历史的见证者，还要做社会前行的推动者、公平正义的守望者，做人类精神灵魂的铸造者。这就是我提出的培养"有思想、有责任感的新闻传播人"的要义所在。

刘建明：刚刚您提到，今天我们所处的时代，媒介环境发生了很大变化，您觉得我们现在的新闻传播教育存在什么问题，您有什么看法和建议？

罗老师：实事求是地说，改革开放30多年来，我国新闻传播教育有了快速发展，取得了长足进步；但与此同时，也存在或者面临着不少问题。当然，各个高校当前遇到的困境和问题不完全一样，但从总体上看，问题主要出在这样两个方面：

一是由外部环境变化造成的问题。随着媒介市场化的推进，加之以网络为代表的新媒体的迅猛发展，迫使媒体在激烈的市场竞争中既不断地推向"小众化""分众化"，实施"精准传播"，又不断融入新媒体，实施全媒体转型。这样，今天的媒体所急需的人才必定是全媒型和专家型的，而传统新闻传播教育培养的"万金油"式的、"大路货"新闻传播人才自然不吃香了。这就是近几年新闻院校毕业生进媒体工作的人数不断下降的一大主要原因。

二是新闻传播教育本身的问题。具体来说，有这么几点：

第一，开办新闻传播教育的学校太多且同质化现象严重。目前，全国设置新闻传播类专业的高校近千所，在校学生达20多万人，在全世界都位居前列；更为严重的是，这么多新闻传播院校的办学定位、人才培养方案、课程设置，乃至教学大纲都大同小异。这种同质化现象不仅表现在办学上，在科研上也是如此，大家一窝蜂地做着相似的课题，发表着相似的论文。

第二，不少新闻传播院校教学内容陈旧，教学手法呆板。有学生反映，如今早已进入新媒体时代，但有些老师在课堂上讲的仍然是20世纪传统媒体一统天下时的事件，使用的也是10多年前乃至几十年前出版的教材，而且讲课方式是满堂灌，从不问学生喜不喜欢听。

第三，一些新闻传播院系和教师的功利心太强。大学的职责和使命应该是两点：第一，做学问，追求真理，追求人类普遍的学问和价值；第二，甘做人梯，为培养学生尽心尽责。这两个东西都要求新闻传播教育工作者务必摒弃功利，要有献身精神。目前的状况却恰恰相反，作为新闻传播教育的组织，院系、专业考虑更多的是同学科中的排名位次，以及上级领导的评价；作为新闻传播教育工作者，老师考虑更多的是如何争取到更多的科研经费、发表更多数量的论文，以便早日晋职、晋级。

第四，学科自信的迷失。首先，表现在一些新闻传播教育工作者缺失文化自觉，思想禁锢太多，不敢越雷池一步；教学上墨守成规，科研上也毫无创新。其次，表现在教育制度安排中对现代迷信的推崇。比如，"迷信"传统规制，我国高校新闻传播教育与学科建设同其他人文社科学科一样，长期奉行的是"政治本位""行政长官本位"等传统规制，人才培养方案、教学计划、课程设置等都是由政府（教育管理部门）指导制定的；尤其是政治、外语等公共课程的设置，更是实施强制性规定。在学术研究上，纵向课题的设立、学术成果的优良判定，乃至科研经费的使用等也都是由政府和上级领导决定与监控，学者、教师没有自主权，更没有主导的话语权。再比如，"迷信"洋人，一些高校把新闻传播教育与学科建设的国际化，囿于洋人的参与和认可，不管洋人真正的教学水平与科研实力，也不管国际化的实际效用。引进人才，要看是否喝过"洋墨水"，只要是国外尤其是西方培养的"洋博士"就是优质人才，就要千方百计高薪引进；发表论文，要看是否在国外发表，只要在国外尤其是西方发表的，就是高水平论文。凡此种种，都是我们学科自信缺失的表现。

因此，新闻传播教育与学科建设发展，一方面，有赖于新闻传播教育界同行自身的努力，我们要牢记职责与使命，努力提升自己的职业素养；要顺应当今时代、社会发展需要，勇于特立独行，不断探索创新，为社会培养出真正合格的新闻传播人才，也为社会奉献出高质量的学术成果。另一方面，也有赖于新闻传播教育与学科建设制度安排上的改革与创新，要尊重新闻传播教育与学科建设的内在规律，尊重高校新闻院系及其教师、学者的自主权，尽力为他们营造一个宽松的、富有活力的教学与科研环境。只有这样，我坚信中国新闻传播教育与学科建设一定会前程似锦、更加辉煌。

刘建明：好的，罗老师，谢谢您。

（注：此文整理于2016年）

刘建明，武汉大学新闻与传播学院教授，博士生导师

# 屐齿印痕诉当年

## ——武汉大学新闻教育发展点滴回顾

樊 凡

对于武汉大学的新闻教育，人们通常都把新闻与传播学院的前身——新闻系1983年成立作为起点。而实际上，如果要细说从前，全面总结我校新闻教育的经验教训，则应把时间前移7年，从1976年中文系新闻专业成立算起。因为，如果说新闻系的工作为新闻学院的建立和发展奠定了基础，那么，此前中文系新闻专业的摸索，则从另外的角度丰富了我们对教育改革、对新闻教育与新闻学科建设的认识。所以，客观地说，我校的新闻教育从中文系办新闻专业时就开始了。

### 新闻专业在期望中诞生，又在摇篮中夭折

"其兴也勃焉，其亡也忽焉。"这话是前人评说历史上王朝兴衰时说的。可我每想到当年的新闻专业，这句话就不由自主地浮上心头，因为拿它来描述新闻专业，还真有几分近似。

那是1976年6月，我刚从沙洋分校回到总校中文系，系教改小分队队长李希贤教授找到我，说："我们从教改的角度出发，打算办一个新闻专业，你是系里唯一搞过新闻的老师，希望你来负这个责。""文革"初期，我受李达校长"三家村"冤案的牵连，被打成"黑帮分子"，"先定

性，后找材料"，被押送乡下劳动，之后又被送到沙洋分校去搞"斗批改"，被"挂"了整整10年。基于对工作的渴望，我二话不说，爽快地答应了。

按规矩，要办一个新专业，得先给教育部打一个报告，待上面批复同意了，方能动手。但那时，许多规章程序都被"砸烂"，这正好帮助我们提高了"效率"。说干就干，我们不仅"自主"成立了新闻专业，还把1975级工农兵学员三个班中的两个班（二班和三班，共49人）调过来，作为新闻专业的学员来进行教育；老师也一口气凑了10多个，可谓雷厉风行、立竿见影。

为了独立地开展工作，系里要我们师生共同组成一个领导班子。这个班子当然必须贯彻工农兵学员"上、管、改"（上大学、管大学、用毛泽东思想改造大学）的原则。首先是成立党支部，由二班班长、海军学员朱万昌任支部书记，三班班长、陆军学员张茂盛任副书记，同为陆军学员的王玉恩任宣传委员，知青出身的农民学员叶荣华任组织委员，李希贤作为老师委员参加支委会，徐正榜则任教师党小组组长。至于我这个业务上的负责人，则什么名义也没有。聪明的朱万昌不知是说给我还是其他人听，大声说："樊老师，你是老兵，党龄比我们年龄都大，我们都听你的。"我当过兵，入党早的特殊经历和对工作尽责

的态度使我与学员相处得十分融洽，于是我全身心地投入了工作。先是向学员讲授新闻在社会生活、社会发展和人际交往中的作用，帮助学员建立初步的专业思想；接着讲授新闻采访和调查研究的相关知识，以帮助他们利用即将到来的暑假到各基层广播站去实习，初步接触新闻工作。

然而，这还只是"热身"活动，要进行正规的新闻教育，还必须借鉴先行者的经验，跟着他们的路子走。于是，秋季开学之后，系副主任张广鸣带着我和另外两名青年教师到复旦大学新闻系取经，还到杭州观察他们学生的实习。回来之后，我就照葫芦画瓢，制订了三年的全程教学计划和课程安排。当时最伤脑筋的是没有教材。大学"复课闹革命"虽已几年，书店里却没有一本新闻学教材出售。费了好大的劲，才从北京大学弄来一本《新闻理论讲话》，从复旦大学弄来一本《新闻写作》。《新闻理论讲话》是一本只有几万字的小册子，署名为"北京朝阳区工农通讯员和北大中文系新闻专业1973级工农兵学员编"，内容先是断章取义地介绍马克思、恩格斯、列宁、斯大林、毛泽东有关新闻工作的论述和他们的办报活动，接着讲述新中国成立以来新闻战线两条道路的斗争，之后按照"无产阶级报纸是对资产阶级实行全面专政的工具"的思想，阐述报纸的性质、任务、作用和办报原则，全书主要是批判资产阶级、批判修正主义和"批林批孔"，而不是构建新闻学科的理论体系和研究方法。《新闻写作》为复旦大学新闻系老师和1975级工农兵学员所编，里面虽也介绍了消息、通讯、小故事和广播稿等常用文体的写作，但都很简单，不到全书的1/8，目的也不是告知写作规律。其余大量的篇幅，则是推荐范文。用这样的教材，很难帮助学生建立新闻记者应有的知识结构。好在我以前在报社工作时，曾利用两年的业余时间，有组织地集体自学了《联共（布）中央直属高级党校新闻班讲义》，这套上百万

字的两卷本精装讲义，虽不是字字有用，却开阔了我的眼界。我就把它们糅合在一起，对学员进行讲授，多少弥补了一点现行教材的不足。

当时，"左"的风气尚笼罩学坛，否认教学规律，否认"三基"（基础理论、基本知识、基本操作），而用短视的、实用主义的"典型产品学科""任务带学科"来取代。对此我们不是毫不怀疑，但在当时的氛围下，却不敢去多想，而是跟着潮流走。在"任务带学科"的思想指导下，我们无法对学员进行系统的理论教学，也没有进行严格的操作训练，只作简单的知识介绍，就把他们带到工厂、农村去"开门办学"，企图通过采写的"任务"，把"学科"的知识传授以及"学科建设""带"起来。为此，我们曾于1976年11月和1977年5月，采取了两次整体下乡下厂的大行动。头一次，我与一批学员到了湖南长岭炼油厂，进行调查报告和工作总结的采写。这是个有6000多工人的大厂，设备先进，效益很好，要求我们通过调查研究帮助他们总结经验。搞了一个多月，同学们没有拿出什么像样的东西，最后只好由老师操刀。第二次，我

20世纪90年代，樊凡教授课间留影

把三班全班再加上二班一个组33人整个带到了鄂西，分组深入神农架原始森林、郧县绿松石矿、竹山白玉垭高山林场和丹江口水电站等地进行采写。这些地方虽也受到错误路线的干扰，但好人好事不少，是出新闻的地方。我在深山密林、矿井工地之间来回奔跑，进行指导。

1976年秋，新闻专业又招了一个班。学员知识水平虽参差不齐，有高中、有初中，还有只读过小学的，但都品行端正，生活朴素，学习勤奋，爱好写作，有的文笔还相当漂亮，是新闻记者的好"胚子"。面对他们求知若渴的目光，我越来越感到肩上担子的沉重。检讨1975级两次"开门办学"的经验教训，我对"左"的教学思想的认识由朦胧转向清晰，意识到"任务带学科""带"不动，必须从提高师资队伍水平入手，正面加强学科的建设，用学科建设去保证教学任务的完成。于是，我向系里建议，派人到中国人民大学、复旦大学去进修（第一批派了2人），让没搞过新闻的老师到传媒挂职（分批去了），要求青年老师多听老教师的课，增加经验，加强集体备课，弥补个人的不足，还请了一批老记者编辑来兼课，以利于学员及时了解专业前沿的动态与知识。

但好事多磨，正当我们奋发进取，努力工作，以期取得更好的成绩时，1977年年底、1978年年初，新闻专业却被宣布下马了。

## 历史淡去了，脚印却永远清晰

改革、发展，不能有路径依赖。"一个单位，越有光荣的历史、光辉的名声，其理念、作风和制度越易形成路径依赖，变革的难度也越大。"这是《光明日报》上一篇文章的论断。这篇文章讲的是军事变革，我这里移植过来，是试图解释新闻专业下马的原因与教训。

新闻专业的宣布下马，事先没有与我们这些当事人打招呼，更没有征求我们意见，事后也没有人出来解释。找最初当面授命的李希贤，他也茫然。当时"文革"刚结束不久，还没有实行改革开放，领导说一不二，我没敢去问，更不敢去争"生存权"，只是十分痛惜。

现在冷静地回顾历史，设身处地为当时的决策人想一想，似乎也不无道理："文革"之前，武大中文系发展到了鼎盛时期，"五老"、"八中"、一大批青年骨干，梯队完整，人才济济。国学大师章（太炎）黄（侃）学派的嫡传弟子在这里，全校5个一级教授，2个在这里。文学、音韵、文论、训诂、古代文学、现代文学、古代汉语、现代汉语，一系列的领域，在国内都处于领军地位。只要沿着固有的道路走，就会自然地到达光辉的顶点。后来在政治运动中虽遭受重创，但力量犹在，鼎盛时期形成的价值观念、思想作风和路径依赖仍在左右着人们的头脑，形成一种历史惯性与历史堕力，不知不觉地牵引着人们，作为行动的信条。所以，打倒"四人帮"以后，在拨乱反正、恢复正常教学秩序的当儿，对新成立的新闻专业作出"下马"的决定，集中力量办好基础雄厚、在国内很有影响的汉语言文学专业，是十分自然的事。

但事情也还有另外一面，如果当时看得远一点，改革决心大一点，能从国家对新闻人才和传播事业发展的需求来考虑，不是把条件还有所欠缺就办起来的新闻专业看成"乱象"，在拨乱反正中将"脏水同小孩一起泼掉"，而是看成只"丑小鸭"，像法国大作家罗曼·罗兰在长篇小说《约翰·克利斯朵夫》中描述，一位年轻的母亲对怀中的婴儿喃喃自语："你多丑，多丑，但我多爱你!"如果加以爱护与培育，可能又是另一番景象。因为，从写作专业技能的角度看，语文是新闻的母体，古今中外最初进入新闻领域的人，没有一个是先学好新闻才去搞新闻，而是凭借深厚的文、史、哲功底去开拓新闻。语文的表现手法，除了想象与虚构之外，新闻都可以借鉴，所以，语文是新闻取之不尽、用之不竭的营养之源。语文一塌糊涂的人，新闻是搞不好的。因此，国内许多新成立的新闻专业，多是由中文专业孵化的。

我校当年成立新闻专业，本是顺应潮流的改革之举，却又浅尝辄止，退了回去，真是可惜。否则，我们在新闻教育上就多赢得了五年宝贵时间，前面的探索必会成为后面的镜子，工作会越来越好。更重要的是，一支10多人的教师队伍不致走散，后来成立新闻系时又从零开始到处寻人重组班子。这支队伍尽管当时不成熟，但潜质都不错，留校的4人，3人成了教授（2人当了系主任，1人为研究所所长），1人成了学校中层领导骨干。离校的人则各奔东西，只知道一位叫罗高林的成了《长江日报》的高级编辑，他花了五年时间在小儿的写字凳上写就的长诗《邓小平》，由人民文学出版社出版时，当时的中宣部副部长、中国作家协会党组书记翟泰丰为之作序，称"这部长诗结构宏大，语言鲜明，基调高昂，注意运用形象思维……在思想表达和艺术创造上都是成功的"。至于学员，因为不是作为新闻专业毕业，而我后来又到了新闻系，很少互通音讯。

有一次我到河南出差，意外地碰上当年的陆军学员李新全。他刚从外地出差回来，听说我在郑州，就从机场直奔宾馆来看我，还提了一大堆东西。他的热情使我感到负疚，"当年没教你们什么管用的知识"。他说："不，正是因为听了您和其他老师的课，使我知道了什么是新闻，怎样去抓新闻。我转业以后，在省委宣传部当上了新闻处处长和网络处处长，之后又当上了省人民广播电台台长，如今指挥着几百人的队伍，虽然不敢说工作做好了，但至少没人说我不行。今天我是特意来感谢老师的。"他又

说，当年的宣传委员王玉恩，回到十七军，部队原本没有新闻干事这个岗位，却特意为他设了新闻干事，他在这个岗位工作得非常出色，得了不少表扬。后来转业到南阳市信访局当党委书记，由于搞新闻重视事实的天性，他的信访工作也搞得很好。他还告诉我，当年的二班班长、支部书记、海军学员朱万昌回到北海舰队，当上了某舰正师级政委；三班班长、陆军学员、支部副书记张茂盛转业后也在郑州，现在是河南机电职业学院的党委书记。

他的介绍让我高兴，也加深了我的惋惜：新闻专业从老师到学员，可塑性都是很大的，要是当年在发展、改革的历史关头没有因为路径依赖而轻率下马，一口气办下来该多好。

"学术不可趋时或挟势力以行"，这句话是我的老师、章黄学派传人黄焯教授对我的教导。他在仙逝前一年，惠赠了我一幅墨宝，从头到尾都是教导我如何做人和做学问。这是墨宝的最后一句，同样蕴含着两方面的叮嘱。据参与编辑《武汉大学学人墨迹选》的陈世饶教授说，在他见过的几百幅存稿中，这是思想文化含量最高的墨宝之一。可惜我秉性愚顽，当时领会并不深。多年后仔细回味，才知道老师教导的深刻。他对我的一番点拨，明显是针对现实，为时而发。要不是"四人帮""挟势力以行"，强行推行违反教学和科学规律的教育路线，要不是我自己懵懂"趋时"，随风摆柳，盲目相信"任务带学科"的神效，在制订三年全程教学规划时，新闻业务课只占44天（占5%），而"开门办学"却占444天（占55%），使学员无法得到系统的理论熏陶和严格的技法训练，在专业活动上无法进入自为状态，除了悟性高的，大多数成了"半吊子"，无形中增加了决策者的"下马"决心。

历史是一位好教员。中文系新闻专业的摸索，丰富了我们对新闻教育和新闻学科建设的认识。当我重新受命

主持新闻系的教政时，痛定思痛，不仅强调打好基础，强调严格的技能训练，还冲破兄弟院校"就新闻论新闻"的框框，主张多学科融合交叉，跨专业、跨学科、跨文化丰富发展新闻学。教育部有关领导半年内四次找我谈话，谈的是同一话题："你办的是不是新闻系？"我耐心解释，并继续坚持。最后得到了新闻单位和兄弟院校的赞许，教育部也不再存疑，并当面对我说把我们当作"老三"来培养（老大、老二分别指的是中国人民大学和复旦大学的新闻系）。学校提出"三创"教育以后，我们重基础、重学养、重实践的思路也更加明确了。

我非常感谢我们的学生，他们用汗水和创造性劳动阐释、发展和丰富着我们的教学理念和教学实践。后来，我由南到北走访了上百位毕业生，得知他们所到之处都受到了热烈的欢迎，都为母校增添了荣誉。当然，这不是说我们的工作已毫无缺陷了，还有许多工作要做。

樊凡，武汉大学新闻与传播学院退休教授，2017年2月逝世

# 学院历年负责人名录

（1983—2023年）

# * 学院历年负责人名录（1983—2023年） *

## 1.行政

新闻系(1983.08—1995.04)：

| | | |
|---|---|---|
| 系主任 | 吴肇荣 | 1983.09—1987.07 |
| | 吴高福 | 1987.07—1990.05（代理系主任） |
| | 樊 凡 | 1990.05—1993.08 |
| | 吴高福 | 1993.08—1995.01 |
| 副系主任 | 吴高福 | 1983.09—1990.05 |
| | 樊 凡 | 1984.09—1986.05 |
| | 罗以澄 | 1985.12—1990.05 |
| | 秦志希 | 1986.12—1993.08 |
| | 林豪生 | 1986.06—1988.06 |
| | 黄宜新 | 1988.11—1995.01 |
| | 石义彬 | 1990.05—1995.01 |
| | 罗以澄 | 1993.08—1995.01 |

新闻学院(1995.05—1999.04)：

| | | |
|---|---|---|
| 院 长 | 吴高福 | 1995.05—1998.09 |
| | 张 昆 | 1998.09—1999.04 |
| 副院长 | 石义彬 | 1995.05—1999.04 |
| | 罗以澄 | 1995.05—1998.09 |
| | 黄宜新 | 1995.05—1998.02 |
| | 刘俊昌(兼) | 1995.05—1998.09 |
| | 李卓钧 | 1995.05—1998.09 |

大众传播与知识信息管理学院(1999.04—2000.08)：

| | | |
|---|---|---|
| 院 长 | 马费成 | 1999.04—2000.08 |

| | | |
|---|---|---|
| 副院长 | 刘俊昌(兼) | 1999.04—2000.08 |
| | 张 昆 | 1999.04—2000.08 |
| 办公室主任 | 孙向明 | 1999.04—2000.08 |

新闻与传播学院(2000.08成立)：

| | | |
|---|---|---|
| 院 长 | 罗以澄 | 2000.12—2009.12 |
| | 石义彬 | 2009.12—2016.12 |
| | 强月新 | 2017.01— |
| 副院长 | 张 昆 | 2000.12—2006.08 |
| | 石义彬 | 2000.12—2009.12 |
| | 万晓霞 | 2000.12—2004.04 |
| | 朱元泓 | 2000.12—2003.01 |
| | 单 波 | 2002.10—2016.12 |
| | 孙向明 | 2000.12—2009.12 |
| | 强月新 | 2007.02—2016.12 |
| | 程 明 | 2009.12—2016.12 |
| | 王 滨 | 2009.12—2017.12 |
| | 姚 曦 | 2016.12—2020.12 |
| | 洪杰文 | 2016.12— |
| | 洪毅生 | 2017.12— |
| | 吴世文 | 2020.12 |
| | 关天如(挂职) | 2021.11—2022.11 |
| | 王敏（挂职） | 2023.04— |
| 院长助理 | | |
| | 樊晓燕 | 2011.11—2012.11 |
| | 姚 曦 | 2012.01—2016.12 |

## 2. 党组织

新闻学系党支部：

书记　吴高福　1983.08—1984.09

新闻学系党总支：

书　记　吴高福　1984.09—1989.12

　　　　刘俊昌　1989.12—1995.01

副书记　熊玉莲　1983.09—1991.10

　　　　汪　华　1986.06—1992.12

　　　　吕　兵　1992.12—1994.08

　　　　吴爱军　1994.08—1995.01

新闻学院党委：

书　记　刘俊昌　1995.01—1999.04

副书记　吴爱军　1995.01—1999.04

大众传播与知识信息管理学院党委：

书　记　刘俊昌　1999.04—2000.08

副书记　吴爱军　1999.04—1999.09

　　　　李桂安　1999.04—2000.08

　　　　夏义堃　1999.09—2000.08

新闻与传播学院党委(2000.08成立)：

书　记　许汉生　2000.12—2009.12

　　　　吴爱军　2011.01—2021.10

　　　　李玉龙　2021.10—2023.09

　　　　刘朝晖　2023.09—

副书记　卢昌宁　2000.12—2010.06

　　　　黄佐斌　2000.12—2004.04

　　　　谢雅维　2004.06—2012.12

　　　　楚　静　2011.06—2019.05

　　　　张　琦　2012.12—2021.12

　　　　王怀民　2019.05—

　　　　丁雪琴　2022.01—

## 3. 现任学院领导班子

院党委书记　刘朝晖

院　　　长　强月新

院党委副书记　王怀民　丁雪琴

副　院　长　洪杰文　吴世文　洪毅生　王敏（挂职）

专项工作　张　琦

# 教职工名录

# ＊ 教职工名录 ＊

## 我院现离退休教职工名单（2023年6月）

（按音序字母排序）

毕奂午　蔡汉珞　蔡凯如　曹光黎　陈　蓉　陈　瑛　窦德灵　樊　凡　付　平　甘西萍　韩秋芳　胡　武　胡　欣　李敬一　李元授　李卓钧

刘俊昌　刘晓林　刘祖荫　鲁秀梅　罗以澄　罗治平　倪振华　彭　策　秦志希　饶德江　石义彬　苏成雪　孙向明　田　黎　王　燕　王瀚东

王志杰　吴高福　夏冠英　夏　琼　徐梅芬　徐章华　徐志祥　姚　洁　叶晓华　尹祖清　张　微　张金海　赵争鸣　周永固　朱　臻　朱汉铭

## 曾经在学院工作过的教职工名单

（按音序字母排序）

陈捍武　陈　刚　陈　浩　陈菊平　陈凯璇　陈　丽　陈万锋　陈振刚　楚　静　单承芳　窦奕红　杜　丰　方　红　方晓红　凤　薇　冯　强

葛　丰　郭传菁　何　微　何　左　胡人英　胡婷婷　胡霞明　黄　莹　黄胜英　黄庭松　黄宜新　李　达　李　轲　林豪生　刘惠文　刘家林

刘丽群　刘思维　刘　学　卢昌宁　吕　兵　吕　青　梅琼林　聂文杞　单承芳　桑义燐　申嘉珍　陶光富　王　滨　王继周　王笑园　魏　丽

吴爱军　吴　闯　吴奇凌　吴肇荣　夏倩芳　夏　欣　肖晶心　谢雅维　熊玉莲　徐德宽　徐开彬　闫　岩　杨　顿　张　昆　张春雨　张　欢

张明新　张铁球　张小东　张　昭　章玉萍　赵贯东　赵珞琳　周　翔　朱　琳　周　煜　李　烽

## 现在职教职员工名单（2023年6月）

（按音序字母排序）

**新闻系**

曹　皓　单　波　顾兴正　侯晓艳　林　婕　刘建明　刘友芝　罗　晨　强月新　司景新　王　敏　王松茂　张瓅尹　周呈思　周光明

**广播电视学系**

陈凯宁　陈　铭　关天如　纪　莉　刘吉桦　刘　娜　欧阳敏　彭　彪　冉　华　王　刚　王　琼　吴世文　许　光　张　卓

**广告学系**

程　明　贾　煜　李小曼　廖秉宜　刘艺琴　吕尚彬　慕文龙　王　晔　徐同谦　姚　曦　余晓莉　周丽玲　周茂君

**网络传播系**

董庆兴　贾瑞雪　洪杰文　王朝阳　肖　珺　谢胡伟　杨　嫚　张雪霖　朱战辉

**行政、教辅、专技**

程盼盼　戴淑进　丁雪琴　董　奕　何明贵　赫　爽　洪毅生　胡静文　胡　鹏　郎岩岩　李　烽　李玉龙　刘金波　刘静慧　帅晓琴　汪晓清

王怀民　肖劲草　杨　辉　杨　力　喻　萍　张　琦　郑中原　庄　健　张琳琳

## 兼职教授名单

王　晨　徐光春　冯　并　黄扬略　江作苏　吴予敏　方晓红　刘九洲　范以锦　杨兴锋　王茂亮　刘长乐　胡孝汉　毕志伦　冯　诚

薛晓峰　吴海民　吕值友　李金铨　洪浚浩　李少南　潘一黎　祝建华　阿尔芒·马特拉　梁基大　约翰·思多雷　丹·席勒　赵心树

赵月枝　林文刚　王兰柱　李大玖　方李邦琴　赵铁骑　阮次山　欧阳常林　龟井昭宏　王旭明　李　辉　徐　步　朱　彤　张东明

苏　东　赵雅丽　谢国明　梁相斌　尹汉宁　曹焕荣　陆小华　邹贤启　蔡华东　徐　锋　贾西平　唐卫彬　惠小勇

院友名录

# * 院友名录 *

2023年，武汉大学新闻与传播学院迎来40周年华诞。四十年筚路蓝缕、薪火相传，学院为中国新闻传播教育事业做出了重要贡献。四十年来，学院学科专业不断扩展，办学规模日益扩大，培养质量不断提升，为社会输送了一批又一批优秀人才。历届院友践行学院"做有思想的新闻人、负责任的传媒人"的人才培养理念，在海内外不同行业的工作岗位上奋发有为、贡献才智，取得骄人的业绩，得到广泛的认可与赞誉。

四十年沧海桑田，编撰学院校友名录实属难事。本名录注重全面、力求准确，最大限度地做到完备翔实。按照学院发展年份，依据培养类别汇总整理，按班级入学年份依次排序。

### 1984级新闻

袁文斐　黄文彬　董观涛　彭　鸣　杨　兵　陈勇庆　潘丙清　胡　辉　刘丽群　喻　莹　陈晓军　周良逸　张　凌　孙汉平　朱　琳　阮　涛　方　涛　张国华　刘　坚　韩　伟　李　卫　袁少萍　刘　梅　樊　鹏　法　展　何　方　陈得年　张　丽　邵卫东　王夷秀　蒋　斌　顾　强　涂江莉　张立恒　罗大泉　王　文　夏倩芳　马德兵　顾　群　葛文祥　张　毅　王建国　曹福平　张志仁　彭为红　赵曦臣　李常青　易　红　姚福太　李　兰　邓　建　张　激　钟吉云　万　荣　潘界泉　冯　韬　陈国富　曾　端　黄庭松　张　霞　王渝燕　邵颖波　裴　永　林秋培　叶　海　李书藏　汪武全　李文周　范天彦　魏奇志　刘雪雁　赵铁骑　周瑞华　刘海法　高应朴　熊昌彪　张　辉　张宏英　李　韡（wei）

(共79人)

### 1985级新闻

华　东　任卫东　谭志鹏　彭红霞　杜春华　李俊雄　刘　立　胡中海　邓时豪　刘定文　马　良　刘正葵　杨新爽　周冬萍　张晓峰　黄震洲　张　俊　沈慧慧　陈同尧　朱红春　刘　军　熊志文　郑　勇　沈　燕　李久红　徐　兵　陈圣贵　杨佐坤　张俊在　申　勇　廖　晖　金敏华　孙志海　袁晓阳　刘宇红　胡文玲　关　玲　丁锡国　钱　倬　柳彦中　程雪松　赵旭东　任巧艳　吴静静　罗缵吉　唐儒珍　魏忠德　孙令军　李少君　张　志　陈凌雲　张　清　窦文涛　史学军　雷　鸣　李佳琦　刘国东　戴　海　刘　亢　罗红瑜　叶水茂　汪周礼　胡卫明　董晨鹏　李冬鹏　任君翔　张效慧　刘　青　陈正忠　易　进　沈　健　陈　宏　汪　满

(共73人)

### 1986级新闻

田桂军　刘长松　顾长江　徐　伟　肖　征　董铁明　肖　平　乐琴丽　胡永红　李利民　郑曦琳　叶红玲　王　强　肖　凡　黄　斌　方　明

李庆荣　赵永勤　陆　涛　郑剑飞　周一氢　熊　燕　郭春芳　曾海啸　王小琴　唐汉文　陈次菲　黄　波　温　闽　邓　环　宋小蓉　古伯良
项义勇　王惊殊　康　杰　刘新天　刘晓文　时舜英　许　燕　李金峰　谭笑阳　袁　勇　梁　敏　张小莉　侯金波　张丽妹　姜歆远　糜梅朵
曹云豹　周碧霞　王卫红　冯　涛　余伟利　朱金海　张丽珠　赵　焱　张　红　王　宁　刘　众　刘孟连

（共60人）

### 1986级新闻系插班生

杨兴国　包安隽　向　东　王汉清　陈秋中　陶世隆　覃修龙　魏丽玫　张明新　严　河　万炳信　刘　智　李　鹏　林　勇　梅国胜　蓝怡斌

（共16人）

### 1987级新闻

游　勇　吴定海　刘东海　罗文胜　彭　仲　王少哲　罗　猛　周绍雲　钱水清　徐雁宁　但　军　詹国高　雷文明　曾　焱　孔祥富　王陵生
徐　耀　付　杰　曾庆春　李　英　李　欣　王玉清　孙巧稚　郑　斌　黄拥军　高　健　赵　东　张　萍　余　萍　曹祥汉　何纪凤

（共31人）

### 1987级广电

廖剑红　岑赤民　许智君　张　璨　苏　伟　汪小平　张宏卫　张　戎　周荔华　郭　飔　赵　曼　罗　岚　朱文硕　孙　舟　严　格　黎永祥
陆宝军　施洪涛　杨海璐　史惊涛　刘晓原　胡国华　李滇敏　严　肃　华江南　王庆国　陈　波　郭家辉　张　龙　陈晓东

（共30人）

### 1987级新闻插班生

邓开颜　李宏伟　卢大波　陈德军　张　严　黄宣传　陈继平　王中华　张友高　吕保安　陈园园　叶厚林　张全旺　吴铁洪　谢力行

（共15人）

### 1988级新闻

刘红灿　李玥儿　李　亮　阳平章　李济东　段　伟　程远航　焦　键　刘　伟　王学军　刘向东　杨宇坤　凌　红　滕剑斌　何骁军　王　平
刘桂香　林少敏　覃　勇　斐　曦　郑　萌　罗　丽　陈崇龙　柳敏芳　郎国华　俞　斌　刘　泉　肖淑萍　陈　峻　燕　伟

（共30人）

### 1988级广电

欧阳甄　姜红兵　王　雷　李如山　曾　祥　邓　翔　舒宏志　杨　华　李宜翔　王大庆　姜振宇　刘孟宇　湛慧宇　李若岚　杨　戈　姜欣欣

李恩坤　梅亚存　王　飞　陶　勇　梁　崑　刘庆伟　朱利华　王延礴　余　华　张　勇　张勇军

(共27人)

**1988级新闻插班生**

孙瑞章　宋雪琴　习　风　胡　文　邹　蓬　李　琼　付江涛　黄光宁　蔡建红　胡江南　蒋吕文

(共11人)

**1988级广电插班生**

洪　梅　王　巍　吴修安　曹春华　徐　静　邹四清　叶坚群　张　轶

(共8人)

**1990级新闻学**

田　慧　张志军　汪小燕　肖文生　王　琛　刘志刚　熊　玮　张　齐　刘建忠　赵　敏　张尚武　陈竹鸣　方斌峰　张　湜　唐燕玲　陈鸿霞
钱飞鸣　康　哲　王海鹰　陈　琛　刘汉俊　夏启发　冯　春　王洋洋　刘继光

(共25人)

**1990级广电**

张　珺　夏国栋　夏涤平　翟　晶　余晓葵　杨　晓　李　俊　陈云华　胡国贤　李　斌　李　磊　张　炜　孙国英　王跃春　涂　珂　陈　卓
刘静蓉　俞　斌　雷艳飞　肖雪刚

(共20人)

**1991级新闻学**

刘　军　徐　梅　谢　辉　方泽群　孙本梁　杨礼兵　程　敏　马　彦　宋　涛　杨瑞春　丁小波　刘　隽　邱　强　刘吉民　简建辉　梁　捷
刘　鑫　堵　力　郭嘉伟　许祖华　陈菊红　谢长庆　刘　虹　牛博雁　梁彦军

(共25人)

**1991级广电**

万静波　程　凯　胡云杰　李金友　吴雪梅　黄　进　贺克平　孙　岑　毛　哲　唐　珍　柳昌林　林　捷　周建亮　孙　涛　胡志萍　段忠俊
张　进　董国庆　孙杭斌　陈　爽　郝兴国　章海栗　郭　林　华　欣　胡　牟

(共25人)

**1991级新闻插班生**

严育新　夏　雨　刘卫平　罗　峰　詹国强　樊　冲　叶尤刚　胡　萍　刘晓莹　刘　卫　刘　俊

(共11人)

**1991级广电插班生**

周文逸　汪国华　白　云　赵根云　李迎春　居敬波　李　华　涂卫宁　余　涛　周晓曲

(共10人)

**1991级新闻插班生湖南班**

李凌沙　滕纯孝　王利亚　蔡　栋　周新太　姚子珩　张人楠　张　钧　刘　麟　詹世平　王志红　刘　青　周韵乔　陶田阶　谢柳清　郑　鹏
刘如兰　曾朝辉　胡立强　胡应南　付本清　蒋烂漫　李爱武　许忠厚　虢晓晖　张土望　苏建高　殷菊生　彭金枝　瞿优远　胡　燕　孙　莉
郭华平　蒋祖煊　张得君　陈邵阳　方雪梅　吕　瑛　吴砾星　奉荣梅　张　帆　张白云　周　巍　马　明　张一峰　何　旭　周方刚　邓元春
刘一平　冯　霞　孙　平　金晓林

(共52人)

**1992级新闻**

彭益群　段功伟　田立民　吴琳莉　邓小兵　余冠仕　汪　欣　黄彦龙　程伯君　沈　勇　雷　谊　郑军旗　王尚莉　吴国飞　王　瑷　詹益军
徐　烨　赖云灿　陈宇洋　佘晓闲　李炯聪　赵雨鹏　杨　静　胡明川　罗　英　张海波　高　宏　蒋晓琴　杨　虹　皮　昊　李　楠　鲁新海
许　光　谢　晓　沈　斌　张　剑

(共36人)

**1992级广电**

余国庆　贺晓峰　许　蓉　徐艳琼　谢涤葵　张　立　黄勇贤　王　霞　薛　军　王国锋　汪红雨　胡如平　何　颖　薛连建　韦建辉　宋　玲
余　亮　赵稳波　王汝堂

(共19人)

**1992级新闻插班生（二学位）**

徐汉雄　毛承蓉　王　钧　朱　青　钟鹏驰　张小燕　蔡　瑰　刘星灿　胡　韬　张永德　周　峰

(共11人)

**1992级插班生**

胡明伟　张继瑜　李华芬　孙　旸　黄洪珍　金　鹤　刘洪林　何芳明　瞿晓林　陈新玲　罗新宇

(共11人)

**1993级新闻**

张玉峰　元惠卿　胡　丹　徐清杨　熊晓煜　严长元　梅明丽　任　重　邢　莉　李卫中　韩维凡　关　杰　高　炜　李　妍　陆海鹰　秦志勇
方妙锋　李　喜　王　晴　熊　磊　刘　巍　马　莉　唐　苗　戴　飞　刘　浏　朱竟达　陈　澎　朱小丹　丁　华　叶　青　许国英　付　勤
刘　斌　丁　蔚　蔡　蓓　吴　晖　黄俊华　邬　艳

(共38人)

**1993级广电**

何族强　王平元　代　晓　文　涛　卢利文　肖文峰　曹　暘　杨　光　左　鸣　秦可飞　牛方礼　高　莹　郭亚君　季　彤　邹　伟　喻　江
张　懿　邓小明　张自平　黄　峯　吴学兵　刘义长　励　正　李小曼　瞿晓琳　江霄华　陈新玲　欧志权　郑一帆　李革修　李　莉

(共31人)

**1993级新闻插班生**

刘　刚　何振红　陈　珂　孙敏莉　王　峰　汪　芳　袁洪其　杨新顺　王经春　商白云　彭铁元　王奕奕　乔　琳　余慧灵　刘　畅

(共15人)

**1993级新闻第二学位**

冯　娟　胡冰梅　祝红珍　梅尽章　吕　岛　张　又　张晓龙　徐　进　吴晓燕　刘烨萍　冯　戈　董小妮　刘鸿雁　陈洪波　叶　晨　肖　枞
屈　波

(共17人)

**1994级广告**

熊静华　钱　正　敬　华　蔡亚枫　雷　庆　范　泉　赵小曼　张　梅　徐　礼　朱常春　求剑锋　刘　颖　肖　勇　陈　鹏　钱　伟　王轶高
刘　彤　李　焰　周长怀　刘　升　陈　敏　谢　军　黄韵宜　李琼芳　曾　辉　杨晓义

(共26人)

**1994级新闻**

李 静 毛晓梅 黄桃春 汪小玲 李雪峰 方迎丰 吴 菁 江 丽 陈 敏 舒 非 汤 萍 刘卉昕 魏长盛 廖 雁 余烺天 朱文秀
郑 静 游晓丽 王 珊 杨光曦 刘宝芝 陈亚杰 巨克梅 谭海萍 高爱军 乔申颖 莫文琦 杨 宏 纪 瑞 孙 丽

（共30人）

**1994级广电**

刘 骞 李 赫 李伶俐 涂 艳 周晓红 柳 刚 张 卓 高 琴 陈金玉 肖 丹 贺浪莎 罗迎春 王 东 曹 军 汤澄涟 戴步云
冯立中 胡 奎 马 丽 田瑞清 余继文 黄 峰

（共22人）

**1994级新闻插班生**

胡明伟 张继瑜 李华芬 孙 旸 黄洪珍 金 鹤 刘洪林 何芳明 翟晓琳 陈新玲 罗新宇

（共11人）

**1994级新闻第二学位**

王青草 高 峥 黄 勇 崔绍杰 白 皓 黄若涛 朱 平 刘静慧 檀晓来 姚保云 聂静虹 谢 铮

（共12人）

**1995级新闻**

叶娟娟 沈 洁 陶建华 倪 轶 陈保华 张 奕 蒋 艳 胡 瑛 袁柏春 王 云 程义峰 龚雪辉 文远竹 丁 波 陶 然 朱文华
杨毅涵 黄志平 陈雄英 朱艳水 张书泽 陈 冀 徐 岚 王雪琴 朱剑萍 张梦颖 李 丹 刘 伟 李英华 曹 玥 汤 萍

（共31人）

**1995级广电**

孔凡丽 胡秀娟 陈 明 吴蕾蕾 梅 程 胡从培 张贻富 张 华 雷陆展 普德法 金义军 范 林 安 波 窦 蕾 范 俭 金 霞
郭 威 刘建勋 刘林德 田 华 应晓燕 王 铮 邵 群 崔 勇 孙晓红 未海波 魏 杰 李宇皓 韩 鲲

（共29人）

**1995级广告**

范小青 刘前红 张新发 陈 实 伊庆华 游见闻 吴 昊 龚轶白 张宝和 唐 哲 蒙 妮 陈筱岚 龚琅琅 余 军 濮亚新 荀冠龙

王　珺　陈　博　刘　勇　韦　琳　靳海龙　刘　洁　王为桥　王　铮　杨晓义

(共25人)

**1995级新闻插班生**

吴　昊　张梦艳　颜新武　肖　萍　杨　阳　占锦丽　甘永平　李汉桥　柯安民　李爱华　刘志文　沈大春　杨　铭　燕玉海　梁　枫　梁冰河
冯　林

(共17人)

**1996级新闻**

吴　琪　张琼英　胡孝敏　蔡　静　鲁艳红　周云成　袁　峰　危剑侠　王晓晴　李新龙　杜雅文　张爱虎　王　敏　贾　真　桂　芹　汪　露
杨晓刚　程　伟　裴　静　孙玉春　陈志伟　卫夙瑾　李淑瑛　杜世成　王殿学　张　玫　黄　庆　林　彤　王建宏　王方亚　龚　凡　蒋晓娜
殷志浩　李　萍　董　捷　袁柏春

(共36人)

**1996级广告**

程阳慧　曹国胜　吕毅战　张晓娟　秦爱华　韩淑芳　冯　澜　陈春乾　龚颖达　孟　玲　谯　军　郑　莉　谢彬彬　王　蓓　黄　旭　朱莉媛
余晓莉　邢　静　王沛锋　郭留平　李　政　魏　超　屈宏雁　闫青华　张　屹　姜燕佳　杨　桢　陈　欢　谢颖淑　何颖华

(共30人)

**1996级广电**

程　敏　尹　萍　周瑞萍　刘　征　凌武强　张　锐　李　艳　李　文　叶　锋　黄　霞　佘　靖　张　建　黄　芳　张潇潇　李兴华　李湘荃
李爱铭　荣忠霞　王　勇　边　志　张华莹　曹　琳　胡亚丽　马汇莹　罗　健　卢　川　唐　洁

(共27人)

**1996级新闻插班生**

童晓燕　黄厚珍　李春玲　师　擎　熊　健　刘　敏　何　彬　喻　宁　王剑平　孙意诏　孙　韬　王胜红　魏东梅　郭逦胜　宋扬清　李江泓
张洪超　唐爽秋

(共18人)

**1997级新闻**

曾晓蕾　闫　品　郭　钦　邓　敏　张　苑　胡华英　谢　丹　张周来　张　峥　柯小军　熊玉川　胡孙华　杨金中　黄修军　孙晓素　曾　轶

王庆明 季苏平 朱 政 陈 娜 张莉媛 武 曦 龙 蕾 王晓华 赵琳琳 石国盛 田 露 陆 芮 肖 蔚 任明超 詹 娟 谢 徽
谈 昊 史进梅 周奉超 高 飞 成超群 张 凡 张 晶

(共39人)

### 1997级广电

何 源 李 琦 杨 蕾 龚 怡 金 源 李爱晖 李 爽 杨慧霞 张文宇 夏 琼 贺纪容 彭 智 熊 瑛 张文静 孙亚萍 胡凌凌
刘 莉 卢雪华 韩 愈 李美娟 彭延媛 徐光朝 李 瑛 龙 潭 周 旋 张 洁 袁国礼 何 智 叶青青 王 颖 陈莉丽

(共31人)

### 1997级广告

刘 蕾 刘 轶 左荣华 许姗姗 熊冬阳 孙伟玲 肖襄宁 孟云波 肖攀峰 周 燕 邹浩敏 陈 昭 周 炜 涂永梅 陈 蔚 王晓英
陈 璐 胡晓翔 林秉德 严晓明 刘 瑶 苏 敏 王 剑 徐文俊 刘彦鹏

(共25人)

### 1997级新闻插班生

方迎定 孙霞云 薛 松 刘晓静 万长瑛 汪 阳 涂世友 杨春花 喻向午 张 琳 唐明星 成晓鹏 李慧彬 杨金瑞 丁海军 王法舰
张丕万 王 麦 韩千群 刘 琴 倪 明 秦鸿雁 吴素华 胡征贞 吕作武 胡继红 舒 迪 孙晓玲 刘小敏

(共29人)

### 1998级新闻

沈 翀 樊斯坦 王 歆 郭晓婧 赵欣颖 吴 帆 胡群芳 许 毅 任克琴 潘园园 朱怡岚 黎晓艳 金 宇 黄秋丽 潘开亮 张 莉
戴应凯 范 萍 陈 琦 黄建林 李 蕾 董婉婕 张 薇 郭卫娲 李纬娜 肖林秀 徐瑞芳 魏小刚 朱 宇 路明月 周 灏 沈 颖
余启敏 余 梦 林志锋 宁 辉 杨李忠 罗媛群 张 勤 郭 歆 朱兴建 王瑞甫 黄 洁

(共43人)

### 1998级广电

李卓辉 谢 靓 曾玉梅 张亚莉 王华山 李宁宁 聂 祎 陈 蓉 陈晓双 邱 衡 彭 飞 霍全利 阮 燕 董 凛 于亚辉 付少立
史春红 于 涛 黄 乾 唐 亮 杨心tai 刘晓波 张李彬 李少军 孙 浩 胡士祥 张灿灿 夏丽霞 赵庆平 杨兆清 张馨月 李炎生
彭 武

(共33人)

**1998级广告**

雷 亮　汪喜清　汪 巍　粟 彦　张家齐　刘艳子　李 璐　沈 芸　李 蓉　王志勇　柴贵银　李 艳　杨明蓉　徐 杉　张志彬　周 平
蒋亦斌　董劲勇　李卫丰　王 维　李相宜　林 旭　李媛媛　杨 男　武志彬　李雯政　邓奇超

(共27人)

**1998级新闻插班生**

蔡 晨　邓 涛　王晓莹　李爱哲　张 琪　徐红燕　卜宪昌　彭松梅　陈爱霞　万小军　何 涛　涂 涓　张玉涛　陈世昌　冯 伟　胡后波
赵 虎　陈 航　谭怡红　刘学峰　肖 莹　游爱莲　黄画慧　王 颖　徐劲松　查能强　周 辉　易 蓉　吴益芳　江 黎　谢学军　王 玥
吴俊雅　孙蓟潍　付 薇　易东峰　刘 念

(共37人)

**1998级广告插班生**

胡丽华　蔡 昂　赵 妮　肖黛梅　张晓舒

(共5人)

**1999级新闻**

潘建彤　吴礼晖　袁 俊　王庆丽　雷 黎　吴 璇　李 杨　杨 晶　罗 霞　张 锋　邹明涛　余小倩　刘 娟　魏 薇　周彩虹　张文娟
程 曦　陈 亮　严运涛　卢晓照　刘礼兰　罗 慧　李晓阳　鲁 力　肖 莹　陈 伟　曹 皓　夏 青　明 白　王 倩　田烜榕　易锦媛
周 婷　周晶晶　苏新力　徐丹丹　吴兴华　张 莉　王 平　杨 珺　陶 毅　王晓鸣　张 倩　余凤玲　李 真　郑琼芳　周晓红　魏黎明
丁 翼　张 蘅　王 鹏　王少南　王琳琳　王 纳　王 冰　刘丽彬　李 佳　孙 蓉　胡 丹　管 俊　汪 萍　陈 娟　王雁诺　马 伟
刘丽娟　莫夏芳　邵 洁　岳 璐　冯 俊　陈 婧　李 娟　银 鹏　罗 敏　许 都　王 薇　李金莲　万 一　卢叶眉　黄 谧

(共79人)

**1999级广电**

杨庆晶　张田田　陈钰洁　胡家源　叶琳娜　胡彦辉　刘 丹　涂燕平　严海英　刘 艳　唐善蓉　艾良华　袁 丹　魏首凤　钟 鸣　胡 珩
马 丹　郭 蓉　秦 璇　乐 炼　蔡怡春　谢 颖　罗 彦　刘 倩　王珍珍　谭文若　黄 拯　李 晶　陈红艳　李丽丽　乐 媛　罗弟弟
金 瑾　黄 健　刘静静　张 雅　申 兴　衣 薇　徐 媛　任 薇　郭 勇

(共41人)

**1999级广告**

陈 恒　徐 珍　陈菊红　谢海燕　蒋长权　唐慧辉　胡 勇　钟佑敏　华忠于　陈叶红　尹良润　向宏位　俞莉敏　戴 昊　胡 悦　洪颢颖
张 莉　张松涛　李新颖　李宏伟　刘俊义　刘 聪　钱 雯　李杨眉　吕 洁　崔立平　姚 琴　何双亮　郭 莹　张 佳　卫 巍　于小川

（共32人）

**1999级新闻插班生**

陈 睿　汪 莹　汪奇兵　卜宪达　姜金明　严 利　陈 敏　王君燕　余玲娟　喻频莲　韩涛阳　彭 宽　李文光　钱 民　李晓云　毛 栋
周国剑　朱小亮　常民强　龚国辉

（共20人）

**1999级广告插班生**

左正森　彭 敏　杨 波　杜毛弟　汪 巍

（共5人）

**2000级新闻**

胡勇谋　翁亮子　周 涓　杨 洁　纪 可　邱 丽　黄启燕　徐 丹　胡霞利　艾 辉　乔 欢　操小山　齐薇薇　李仕权　黄 芳　黄 茜
陈 娟　张俐俐　陈 蕾　王鲲鹏　石 亮　段金枝　万 莹　顾 丹　杨 蕾　鲍英英　周 芳　骆阿雪　曹 湘　于艳新　张 扬　冷翠华
伍 娟　张礼慧　李远志　赵南辉　李 旭　顾 丹　魏敏钢　张佳玮　孔 璞　赵 杰　何书彬　李 萌　张 欢　王 磊　潘 登　彭 岚
彭玉珊　李 阳　万 平　俞 鲲　曹海东　张 垚　徐婷婷　肖 胤　谭 不　王文杰　宋 菁　陈 颖　张小葵　汪 涓　宋 狄　施京京
肖 一　陈砚翎

（共66人）

**2000级新闻插班生**

艾静莲　麻春玲　冯 瑄　张 文　徐思佳　王琳琳　左娅娟　周 文　安雨龙　陈志利　王维博　杨 鲜　胡 静　李 明　方亚强

（共15人）

**2000级广电**

刘 潇　王 慧　刘 峰　徐永怡　陈晓燕　龙慧芳　杨 丽　殷 琦　张桂林　王 鹏　李金华　任宝华　沈 荣　梁 蕊　张 飞　邬 蓉
张 樱　李 洪　王 佳　赵 莹　李金玲　朱 莉　叶 婧　祝娉娉　雷 蕾　徐 洲　胡东梅　李国辉　熊远烊　朱凌燕　朱 萍　王左利
王星星　林克勇　黄 颖　张立涛　王志远　向 秀　刘浠娅　涂端玉　郭万盛　张衍阁　赵善扬　詹丽清　周音子　吴梦菲

（共46人）

## 2000级广告

林 粤　胡武纲　曾 艳　朱 洪　郭 君　徐加锋　李 东　冯发进　刘小能　刘小念　龚 杰　田自强　汪洋娟　代 亮　廖俊年　程 莹
王 卉　蔡 潇　陈秀宁　董 贝　张贞林　陈慧君　张增琦　王润珏　刘玉连　郭加平　于保罡　黄嘉南　杨俊文　何 婧　潘 莹　王亚丽
陈 琛　金 玲　王金萍　张 敏　石为竣　严 芸

(共38人)

## 2001级新闻

李益林　陈莉莎　闵 翔　艾 勇　蔡正强　陈 进　陈 静　陈良军　邓 兵　冯朝林　冯 悦　付晓燕　顾 潇　韩 荔　胡红菊　黄育文
黄 珍　江 微　蒋乐进　敬丽娜　李 黎　李 力　李 莎　李 胜　廖宝祺　林志芳　刘慧娴　刘 俊　刘 燕　刘娅兰　鲁 红　鲁 静
骆宏望　骆 乐　马宇凤　潘绍冲　彭 禄　沙 倩　石瑞宁　唐艳侠　田 萌　万 晶　王 萌　王同心　魏笑琛　吴扬莉　肖俊杰　肖潘潘
谢振华　熊志敏　熊 薇　徐 颖　颜 芳　杨 磊　杨 曼　杨 旗　尹 蔚　游 娟　游丽华　袁有良　张红菊　张 俊　张 磊　张磊峰
张 凌　张 娜　张颖慧　张 蓓　张 潇　张 婧　张 瑜　周志琴　朱大尉　闫伟华　覃羿彬　张 磊　徐卓君　元 伟　胡晓龙　袁 菲

(共80人)

## 2001级新闻插班生

李 雪　俞皁艾　王 薇　邹 辉　邓院发　陈天喜　曹 巍　刘 炜　刘巧玲　罗文丽　彭 超　余 娜　贾 萌　黄尚斌　贾林伟　季 彬
魏 尚　佘振军　费 亮　阮兰芳　刘国杰　李晓燕　陈 鹏　杜 吟　戴 婷　周 婷

(共26人)

## 2001级广电

毕东平　曹晓敏　常 宝　陈 芬　陈 锋　陈 俊　程 轶　方洁莉　付 强　顾淼淼　郭文静　韩雅洁　何吟迪　胡 静　纪玉芳　匡志达
雷 茜　李 敏　李 宁　李 文　李晓瑞　李 哲　刘刚建　刘 杰　刘瑞婷　刘亚丽　吕 蕾　聂 娜　庞 兰　彭赟珊　彭 婕　石 磊
史传发　苏珊珊　谭 静　汤晶晶　田宗琦　王 宇　王珍珍　王 婷　王琦钰　王 旎　韦鹏雁　文 鲲　吴佳希　吴兴文　肖欢欢　熊 洁
徐玉娟　许明锋　杨 刚　杨 阳　姚 波　叶 璟　叶春晓　易菡露　尹家胜　于景浩　余 琛　曾 超　张 芳　张 娟　张 良　张 颖
周欣欣　朱俊杰　朱 佩　祝 勇　岑毅闻　殷 明　李 东　汪 强　鲁仪诗　章 凌　吴 茜　夏 云　戴 欣　胡 兰　韩 琳

(共79人)

## 2001级播音与主持

陈 芬　方洁莉　雷 茜　刘瑞婷　吕 蕾　聂 娜　庞 兰　彭 婕　谭 静　田宗琦　王琦钰　王 婷　易菡露　余 琛　曾 超　张 颖

岑毅闻　李　东

（共18人）

### 2001级广告

陈　波　范　旭　关　玲　郭琳莹　何灿荣　黄祺琦　姜云峰　姜　韬　李　品　廖兰兰　刘朝刚　刘茜茜　刘雯婷　陆　婧　聂灿文　邱　晓
沈　杨　史鲁浩　宋　玲　田　甜　王　丹　王凤仙　王　鹏　吴济海　夏添凉　徐　喆　杨　璠　杨鸿未　杨　雪　余　静　俞叶峰　周　曜
张司飞　暴　婕　胡　维　欧阳德文

(共36人)

### 2001级广告插班生

胡群智　邹晓明　董勇刚　李云峰　吴　凡　左　媛　江芳芳　闫红梅　刘灵洁

(共9人)

### 2002级新闻

刘海琳　张　韬　戴　琦　何　亮　张媛源　李秀芳　张　琪　汪　现　周新宇　陈　卉　王晶晶　王　慧　盛　甫　毛小溪　冯　欢　吴　渤
高晓岚　张　迪　王　芳　朱山花　罗　婷　侯　蕾　杨云平　罗　华　李肖璨　赫　爽　姜晓晓　兰佳佳　郑　爽　王晓玲　周林艳　余湛奕
柯黎明　燕松霞　李　丹　姚静然　孙　婧　夏晨晖　钟　静　杨　黎　陈婷婷　郑　丹　杨思远　郑华珍　何　花　赵丽娜　李　进　刘克登
黄　冲　杨涵舒　严　茜　沈　婳　杨　春　王　湛　郑传云　杨　暘　程　文　钱芙蓉　喻　锦　周　微　赵　颖　冯　剑　张淑君　李州筠
黄　敏　王　伟　朱小东　郑　昱　蔡　凤　曹春丽　温姬彦　王嘉亮　廖　晖　朱维佳　董　颖　占星星　黄妮娟　李　静　杨夏男

(共79人)

### 2002级新闻学插班生

赵梓雯　李　晋　刘　勇　熊传刚　龚娟玲　郑　娜　方　敏　田　嘉　祁明华　魏春玲　王淇萍　李雪梅　李永强　高艳萍　王　进　方　雨
张梦薇　肖　莉　杨景琴　涂爱爱　胡蕾蕾　常　燕　龙　飞

(共23人)

### 2002级广电

何　燕　谭菲菲　王广永　王白石　金红蕾　姜　锵　张　丽　邓喻静　徐　靖　卜　凡　何　思　罗联璧　陈博雷　何晓静　陈万颖　陈子栋
马斐然　吕　露　周宽玮　刘嗣晶　叶　纯　甄　军　李　琼　陈　艳　吴金明　王　月　刘冰岚　沈俊霖　江　凌　江　南　田　野　王丽媛
周湘瑜　谢建伟　崔　冕　陈　桢　周伟伟　郭　莉　陈　晶　刘思维　汪远志　姜　和　范　丽　杨金辉　李劼婧　任思言　贾广帅　刘婧婷

方红群　陈　臻　李　萍　曾　艳　肖　亮　潘亚萍　杨　赛　陈　阳　凌宏鸿　黄冰清　郭冬冬

(共59人)

### 2002级播音与主持

钟　玮　胡　凡　杨　眉　申　凡　王黎黎　张　爽　张　歆　熊樱子　陈　曦　王　婷　陈　薇　韩　梅　李　享　周　滦　万　力　邓　媛
田　野　韩　琳　陈天然　李侃侃　袁　仑　冷　黎

(共22人)

### 2002级广告

于婷婷　田青毅　王　红　孙旻昊　沈思镭　彭月平　赵　玮　徐瑞璟　路　阳　肖　颖　喻文春　于　迎　周　洁　吕　磊　林　颖　周南海
方　菲　付玉东　杨青子　任静雅　邵　伊　刘小溪　王　倩　高文洁　姚　鑫　李　懿　尚永宝　蔡　忱　张　秦　张　诺　万　蕊　韩振涛
杨　帆　陈　鄂　李慕春　张　健　危　娜　毕　昱　王　宇　暴　婕　胡　维

(共41人)

### 2002级广告班插班生

李海云　黄　毅　苏　平　彭付兴　鲁玲毅　符　合　谢伍瑛　吴汉涛　刘灵洁

(共9人)

### 2003级播音与主持

陈彦炜　钱　薇　吴瑾怡　程诗杰　王　媛　陈　玺　钟　央　白嗣新　江　夏　张　望　程晓萱　黄　婷　任　倩

(共13人)

### 2003级广告

严婷婷　黄　华　黄　昱　汤　殷　戴增辉　黄　娟　张卫凤　陈丹青　陈　维　周亚齐　韩　寒　胡燕飞　武珊珊　谢燕顺　杨　希　詹毕玲
丁崇军　佘吉琼　周　伟　吴冰蓉　裴　峰　杨小利　毕　杨　陆学宁　赵丽莹　龚　平　魏　媛　胡丽丽　程晓博　何红波　路惠岚　赵鸿雁
周红星　王黎珏　彭朝婷　张光千　陈保雄　谭丽梅　王煜恒　贾　梦　李晓光　孙　吉

(共42人)

### 2003级新闻传播类

李　璨　易正杰　徐　潇　谢婷婷　王　皙　毛　竹　张方方　黄　喆　刘淑芬　陈　姮　秦浩华　胡爽萍　喻　蕾　袁光锋　胡　雯　邱　越

赵佳颖　李　娜　张远珍　闻　莺　刘澍涛　陈雪莲　向国恺　吴　芸　刘　冰　石文钟　洪　炜　张莹莹　刘　鹏　应柏璐　肖　婷　付常春
王　雨　宋　帆　张　倩　万　虎　汪　丽　陈雅琴　吴　清　王雪晴　周冬冬　田耘稷　李　冰　王熙上　程建兰　董茂斌　孙　楠　朱智红
朱梓烨　沈菲静　刘小萍　姜芝树　周沛瑶　潘　敏　唐　明　彭小云　刘　霁　刘　哲　袁　黎　刘旭彬　宋　涵　胡　晓　周　钢　贺　佳
江　英　丁晓洁　臧　斌　李　婷　马　晔　唐　牛　陈　娟　殷　茹　马庆圆　王悦颖　张　莉　蒲莹芳　林　坤　丁亚菲　杨　扬　时　爽
吴晓蕾　冼淑明　徐　莹　魏　雯　喜　娥　王　迅　吴振明　简荣芳　吴洋洋　郑　宇　张　硕　杨天陶　陈智勇　石心竹　薛　松　周　锐
李子薇　张　煦　曾鹏飞　易　瑛　汪　贝　陈　灏　王　琪　仇芳芳　游雄昂　皮理礼　谢华兴　程晓萱　周俊尧　任天浩　龙　飞　朱　宇
李　刚　范晨鹏　李　婷　涂继前　刘艺璇　聂　盟　常　燕　刘希玲　郑　舒

（共121人）

## 2003级体育新闻

尹兆奇　邵　婷　芦　笛　伏　政　崔　骏　罗正波　杨　晨　游　涛　耿学涛　朱　晓　王菁华　杨　震　张　秦　卢梅松　徐　璜　陈　偲
周立波　杜鹏君　汪　林　孙伯昊　靳运东　唐兴亮　马　超　韦文勇　冯　昱　李昀松　聂　磊　刘亦舟　张　驰　余　果

（共30人）

## 2004级播音与主持

张　新　贾洋洋　裴　龙　何冠男　黄晓璐　张文娟　王　倩　邢知博　李　娜　吴　琼　刘伊婷　陈　琨　桑莱丝　罗　珊　张　璋　张　超
陈翌翙　李　倩　冯　千　张　佳　蔡琰琰　颜　寒　任　倩　陈　阳　高梦荷　王　漫　景　明

（共27人）

## 2004级广告

吴　敏　廖顺飞　杨　慧　鲁文杰　周　嫚　杨　凡　田金刚　涂姝婷　韩江雄　李　博　卢　楠　刘明威　郭　倩　周宇博　张　立　刘　艳
曾扬健　谢从友　陈英佳　吴志鹏　罗婷婷　黄进铭　李　珊　卢　灿　徐楠箫　陆洪波　陈　川　张淑芬　杨　昆　李　晨　潘泉仁　戴雅楠
范　涛　周　璐　周　琦　闫　琰　祝　福　何娅妮　张　桃　周志骐　蔡　静　周　淳　钱　川　黄道毅　曲涤凡　蔡斯琴　黄升龙　王　昀

（共48人）

## 2004级新闻传播

张　翼　陈　仪　刘　婵　张　遥　张　启　胡欣欣　王湘宁　王晓玉　游思行　李　丽　郑　姗　黄旭孟　何京岚　彭友友　李　瑶　成　希
李　澄　徐欣然　谢许瑒　何晓敏　陈　晨　范　蕾　段明明　陶大坤　左国兰　黄　念　李百灵　代希奎　蒋成凤　焦　雯　杜　静　周文杰
苏春梅　赵　进　汪玲玲　丁　璇　张华娟　张传智　李　君　张子欣　郑金芬　明　阳　孙　妮　李若冰　杨曼丽　郝广杰　蔡小玲　张　倩
朱佳曼　朱江波　马　爽　蔡　芸　王　洁　余维龙　李　嫚　李婉溢　周燕妮　付　强　王巧桥　张　莹　余　芊　张铭铭　汪　京　段　晨

周思帆　简　力　徐　岚　杨家坤　余方静　彭　环　邱　越　郭姗姗　朱凤洁　王昌文　周　玮　陈　瑜　程聚新　胡　静　陈骁航　朱　佳
李鹤琳　王光涛　严　念　王　霞　何树干　张瑞芳　明天娇　王　晶　刘杰宏　高　佩　刘淞源　刘　茜　赖　彦　孙　珂　童　琳　章美连
任世磊　马　瑛　陈　珺　胡明达　张　婷　刘　辉　曾　茜　李　欣　卫学军　刘德炳　何　鑫　漆青梦　成敏男　沈十全　朱婷婷　曾涛涛
李滨彬　马　莉　徐章龙　魏轶力　尹　力　马　露　汤　璐　李薇薇　史诗阳　王　漫　曾　方　陆　严　蔡淑汶　吴芳芳　关　蓓　高梦荷
武雪梅　杜　娟　孙　禹　张　涛　王江艳　聂　盟　郑　舒　常　燕　彭小微　章依婷　路　易　孙骞谦　鲍　帆　沈　娟　赵　宁　叶玲珍
钟侃清　邹　雪　庹　菱　陈冬宇　欧阳惠香

(共149人)

## 2005级播音与主持

刘　墨　赵园园　侯萧萧　郭蜜蜜　徐　林　李　卉　朱瑞君　韩逸迪　孙倩倩　高　洁　张　媛　燕　山　姚　赛　王　磊　徐　玮　吴　丹
马　倩　张　婕　王　卉　姚　琪　杨佳琪　李　瑶　禤旭英　杜　沁　叶倩倩　李　韵　方志向　孙安妮　乐梦夏　安　艺　刘向瑜　陈　阳
景　明　陈　铭　唐　鹏　邹诗玥　张　静　赵书影　孔维语　郝　晋　夏凌捷

(共41人)

## 2005级广告

袁　媛　黄　震　何　满　向剑峰　胡　丹　林乾甫　李云云　杨　可　周　婧　张庞军　丁　泉　高牧野　黄健源　唐　敏　何俊哲　肖　潇
付修刚　艾　希　刘怀丕　余闻洁　齐　红　王　婵　罗　璇　邓秋菊　薛荣泰　卢丽妤　黄　奎　蔡　雯　袁清平　唐　琼　王　宁　吴远定
谢　洋　李小勋　严瑾瑾　陈　勇　马　姿　孙　欣　王　娥　王伊妮　蔡斯琴　黄子易　陈　畅　李安琪　陈　星　黄升龙　王　昀　张婧瑶
陆欣欣

(共49人)

## 2005级新闻传播

杨　杰　陈铭泠　曹　玲　董　琦　赵晓悦　赵　涵　陶明霞　唐雪恋　程　琳　刘　伟　胡秋文　周懿文　翟旭钦　李世馨　冯中豪　刘艳君
洪子婧　郑莉民　蔡钰红　周　威　赵　梦　董雯华　林　旸　刘　昊　朱　超　万文婷　戴静文　朱柳笛　徐　辉　黄　倩　易凤鸣　李佳宝
李　萍　周　磊　马　超　罗　茜　施　诗　和冠欣　申　丽　黄　丹　彭凌梅　张静华　张　毅　王子乐　周小舒　路　瑶　李　楠　钱　倩
田睿潇　徐璇子　仇尹盈　付　蔷　郭文杰　周燕群　吕　雪　林迦勒　杨小粤　彭晓妍　王　然　翁嘉富　张　妍　肖媛媛　余　倩　徐　蓓
崔　权　孙　思　苏　佳　李新丽　余　娜　姜　瑞　程　瑶　吕苗莉　黄　钰　钟　锴　邵　姮　饶　瑶　张　洁　姚四方　宣金学　涂凌云
林欢欢　周　豫　姜　珂　郑　威　随雯茜　赵新星　陈若君　曾环环　陈海城　柯　婧　彭巧云　娄　晨　程　璐　李　欢　胡　茜　武英德
王思阳　王彩航　谭钦文　黄瀚霖　张　钊　刘元辰　蔡舒婧　徐　灿　麦　峰　汪亮亮　施　玮　杨　俊　李继远　郑艺凌　夏凌捷　唐　鹏
赵书影　郝　晋　谭晞沫　黄　蓓　庹　菱　陈冬宇　严则秀　闫　岩　杨　宇　王　雯　林平转　王　熙　王　艳　黄子易　曹慧琼　付　魁

赵望舒　吴　焌　林泓泽　陈氏秋桩

（共132人）

### 2005级新闻学网络传播方向

杨　杰　陶明霞　程　琳　胡秋文　翟旭钦　刘艳君　郑莉民　赵　梦　万文婷　戴静文　徐　辉　易凤鸣　申　丽　彭凌梅　王子乐　周小舒
周燕群　吕　雪　杨小粤　姜　珂　陈若君　曾环环　程　璐

（共23人）

### 2005级广告学

袁　媛　何　满　胡　丹　周　婧　张庞军　丁　泉　唐　敏　何俊哲　肖　潇　付修刚　艾　希　余闻洁　罗　璇　邓秋菊　薛荣泰　卢丽妤
蔡　雯　唐　琼　谢　洋　李小勋　严瑾瑾　陈　勇　马　姿　王　娥　王伊妮　蔡斯琴　黄子易　李安琪　陈　星　黄升龙　王　昀

（共31人）

### 2005级广告学广告设计方向

黄　震　向剑峰　林乾甫　李云云　杨　可　高牧野　黄健源　刘怀丕　齐　红　王　婵　黄　奎　袁清平　王　宁　吴远定　孙　欣　陈　畅

（共16人）

### 2006级播音与主持

李超霖　李明明　徐　文　杨丽莉　杨　怡　王　骁　刘婧婷　陈晓识　陈　晶　罗　熙　孙启歌　岳　跃　童曼丝　侯奕方　张星月　贾舒娅
廖仕祺　王　俊　巨　微　陈　维　刘　洋　余　敏　邵竞竹　李怡然　王歆雅　刘　昶　范缤月　曾奕菲

（共28人）

### 2006级新闻学

韩伯啸　杨　飏　常信超　白智君　周　波　陈晓建　李丹丹　袁　玥　王　娟　陈万如　史迎利　陈　芸　马　琳　李珊珊　李雪莹　吴天悦
许　新　李玖多　蒋　哲　王　俊　李承鹏　史凤玲　范　晔　唐小慧　徐诺娅　陈　帅　吴　丹　左　庆　陈　凡　王书章　程蒙蒙　汪　旭
彭永熬　罗方辉　杨心田　苗文静　卢思捷　尼　坚　洪之光

（共39人）

### 2006级广电

寇思远　俞　清　肖　晶　李　剑　张光子　洪欢庆　罗　乐　王云娜　靳玉娥　殷立柱　王海涛　王　冰　杨　宁　屈晓唯　夏　涵　杨　微

袁 喆　岳 媛　罗佳虎　程 淼　洪珊珊　陈班班　张伶俐　石 露　张 晖　王 轩　徐国庆　张双旺　裴 蕾　文小宇　李 嘉　叶晓真
胡嘉莹　王晓雨　刘 洲　王鹤翔　杨璐源　陈琪俊　张芷宾　刘 昕　李超颖　石 麦　梁辰枫　辜宇虹　孙珊瑚　赵望舒　唐 鹏

(共47人)

### 2006级新闻学网络传播方向

谭佩云　胡新智　刘芸曼　冉 宇　刘 佳　李 庆　陈夏芸　隋燕林　王 潇　袁承广　朱瑞兵　许丽芳　贾雨龙　闭 翔　聂东白　杨 娜
袁苏明　钟 频　陈 旭　徐 娜　孙华龙　秦 峰　黄 康　邓 瑶　闫国威　陈艳红　张 华　冯建叶　杨乐之　马 宁　李 娜　吴 焌

(共32人)

### 2006级广告学

官庆庆　施拟阳　李平俊　赵福超　陈卫新　程 程　陈敬冒　毕 纯　徐芳琳　曾晓宇　吴 辉　刘晓丹　扶 雳　曹 雪　周文婷　成厚谱
罗 奔　李 天　周晓璐　张业军　刘冰芬　莫艳枫　王 怡　张欣然　秦 莹　陈文华　孙晓雷　陈伟雄　张 奯（yǎn）

(共29人)

### 2006级广告学广告设计方向

贺 鹏　陈希芝　汤 慧　陈 宇　李 静　王 进　涂 盼　赵凯明　杨 甜　程紫薇　周 威　陈小娟　王诗景　樊 沙

(共14人)

### 2007级新闻学

李闻昕　徐 燧　申艳君　唐海燕　韦璐明　刘天小　杨 璐　朱毓璐　黄 豫　李彬玉　郭文清　王子超　罗 均　余懿春　钱佳媛　陈雯婷
周 怡　魏 扬　刘志毅　景 益　孙毛宁　胡佳轶　廖方舟　邓雨露　宋晓东　王 玉　黄本兴　符丹露　刘 贞　彭雪娜　郝 悦　汪 泉
高 欣　李 君　秦婷婷　曾 偲　周修媛　王晶晶　龚 亮　谢桎桎　晏 岚　王睿然　朱 丹　王 琳　刘 钊　马 磊　周 琦　谷 逸
李雨石　李淑妲　宋尚上　刘艳辉　赵阳阳　陈 鸽　孙若涵　刘少华　李 顺　康 珣　肖 垚　袁 博　付 凯　徐小龙　李佳朋　王 猛
刘高阳　段江山　赵 泉　黄金云　邓文强　刘牧歌　张俪泽　王烨明　孙 珂　孙 琦　王 清　肖 曼　洪之光　尼 坚　杨 洁　蒋梦莹
李雯洁

(共81人)

### 2007级广电

陆冬梅　顾 纯　罗芷君　陈 墨　冯梓筠　董兆禹　付 帧　马晓霖　蔡 琳　孙 群　邢雪娟　彭娅丹　陈 攀　金 丹　赵 欣　张珊妮
沈云芳　汤 玲　常 萌　涂佳彤　杨 娟　代婷婷　贺 佳　李 悦　雷雯雯　罗晓星　佘 杨　谢炜炜

(共28人)

**2007级新闻学网络传播方向**

莫思盟 孟玲玲 黄 海 姚 萌 汤文达 谭巧玲 洪正阳 刘玺辰 周瑞丰 袁 方 陈敏仪 赵晓娜 魏蓓蓓 李函洋 张 婉 沈 凤 廖妍宇 黄雨蒙 涂洋洋 郑 晓 黄丹莹 何 哲 崔雅婷 卢 桦 邵子洋 刘 昶 王冠男 何 华

(共28人)

**2007级广告**

刘 珊 陈永俊 陈 珊 王鲁南 李小青 王 超 陈 蕾 杨 梓 粟无畏 杨 涵 陈 冲 李 博 方 慧 谢 婷 卢茜虹 潘 菲 赵新娥 杨秋敏 刘 洋 胡 莎 杨慧婧 白晓晴 石 磊 王苏婷 关乐滔 陈泳天 魏 维 吕琳玮

(共28人)

**2007级广告学广告设计方向**

李文慧 黄逸凡 郝 影 易筱凡 倪 萍 吴艳斌 杜 玉 王 凯 李俊琳 周 清 徐 波 张梦洁 沈筱庆 李 慧 尹 纯

(共15人)

**2007级播音与主持**

谢莹莹 丁 怡 曾 妮 向 颖 陈雅君 胡 皓 丁 璨 邓 茜 谢 泓 彭晶晶 彭吴文 黄艺丰 郑思斯 蒋晓达 胡杨娜 董 海 韩 琳 邹颖婧 吴逸悠 宋 博 郭 珺 熊梦雪 彭 博 李可欣 李 优 李羚瑞

（共26人）

**2008级新闻**

程 萌 余 智 冯大鹏 吕昀蔓 郭小龙 李 青 段久惠 郭东岳 姚金楠 周 劲 周 颖 苗飞飞 刘 超 沈泳吟 王景兰 邓美丽 邹倩芸 韦 昊 潘 圆 董姝驿 陈 洋 刘诗旖 朱 婷 刘 星 陈业奇 肖思圆 高建荣 谌雅萌 陆秀贞 王爔旋 张北辰 葛晓夏 吴 晗 朱 泽 阮 晓 刘宇晨 李 璐 黄 晞 张 迪 肖文彬 陈 需 叶香玲 张 田 吴 杨 李书喆 陈彦廷 司 敏 田 恬 赵雯倩 骆 丹 何 亮 刘 哲 江雨然 王 田 杨梦溪 方维妮 李 鑫 赵梦如 谢 珺 李都萨 刘 涓 赵泽宇 陈 珺 吴雯绢 肖 垚 李雯洁 赵月若雪 孜莉瑚玛尔·亚森

(共68人)

**2008级广电**

鲍 迪 刀芳怡 钱明淯 叶姗娜 徐旌巾 刘静怡 陈慧婷 卫 萌 余 爽 陈 思 郭 靖 周昌之 张 欣 陈 琰 吴 双

(共15人)

## 2008级网络传播学

马 越　刘心笛　杨光明　许 敏　刘 洋　罗文嬿　宋 黎　忻苏昊　樊炳辛　蒋梦瑶　杨伟宁　郑佳丽　黄品璇　李玉娟　黄 莹　罗君琳
凌 苗　梁甜诗　杨维维　朱筱萱　赵鸿浩　邹仕乔　任明朝　华 滢　田 泽　胡玉婷　李 俐　祁梦真　李丹瑶　王惟一　李绍辉　张伟杰
苏 超　张嘉钊　潘柳娟　许 晓　包一楠　柔鲜古丽·艾买提

(共38人)

## 2008级广电

刘 欣　邵 斌　张 楚　晋艺菡　黄 婷　张芃芃　崔 璐　梅力旋　赖 威　高克睿　刘雪玲　徐 铨　洪 岚　李伟娟　王宣辉　叶先阔
袁 斌　李 丹　谢道喜　李 璐　鲍琰娟　黄仪灿　郭伟伟　彭 璐　刘巧玲　毛 潊　孙妮亚　高碧含　张 晴　阮冰琼　汤文艺　黄上国
余昊宇　李卓航　王 棣　胡 璐　炎 虹　樊增秋　秦 璇　邹肖晓　易卿柯　冀 洲

(共42人)

## 2008级播音与主持

周 墅　张家齐　朱 盈　吴旻昱　国泰盛　程安琪　邓洁琼　李 杨　王炜颖　王 佩　郝一玫　朱 懋　赵 霞　雷泽珩　张可儒　刘雅琛
刘一超　靳 秋　张开源　李 璐　李姝含　袁 泉　邹晓晶　高 沂　李可欣

(共25人)

## 2008级广告设计

侯 雨　林 东　龙 霆　吴强华　冯 聪　胡之岳　王 莹　陈 雄　池怡倩　曾 瑾　吴作敏　谢振成　汤旭磊　程 贺　周小龙　车 轶
陈 骁　陈思原　吕怡婷　刘 彧　朱丽亚

(共21人)

## 2009级播音与主持艺术

杨程晨　李 翔　饶苡榕　张梦硕　姚易彤　李 昊　李 琪　郑成彦　张培琳　陈一夫　郑思敏　毛鸣浩　刘 陈　吴步龄　靳 磊　石渥宇
汪雯佳　鄢 然　苑 伟　毛 云　尤乙同　董煜君　沈 聆　范雨阳　王怡琳　曹梦雅　吴 颖

(共27人)

## 2009级新闻学

王佳一　王哲洋　刘振华　牟文静　巨梦琪　梁 晨　黄 妍　刘婷婷　樊俊怡　吴倩菲　张 可　汤 晔　元国璋　何 丹　周东明　苗 卉
叶文宇　王晓兰　彭雨蒙　黄 萍　潘梓萌　付 乔　喻春燕　赵晓曦　周 强　王 俊　武晓琳　郭玥彤　徐霄桐　钟新星　王静怡　杨 岭

陈苏南　林春婷　苏希杰　何琛琛　彭　楠　王汉川　张晓璐　叶雨阳　楼赛玲　鲁吉慧　张旻偲　刘海华　王雅婧　王斯琪　董文丽　汪　隽
许丹旸　王　萱　陈一玮　屈博洋　江昊鹏　汪　艳　闫　然　许文苗　林诗婷　郝梦夷　张际昀　朱明霞　程　琛　夏　莹　瞿燚雯　沈梦怡
文　逸　吴　琪　张崇民　卜德龙　王可佳　王银超　梁珊珊　徐少申　文一帆　彭春红　刘　洋　王泽宇　曲　田　蔡逸枫　汪思梦　卜　睨
魏轶力　李绍龙　王　博　秦　政　王　朔　段文美玉　欧阳高兵

(共87人)

### 2009级广电

张钰媛　林宝妮　吴远航　王梦瑶　刘雪莹　王伊莉　周克宇　黄映丽　陈圣琦　熊维瑛　敬文姬　董意文　朱柳宇　邵相锋　陈　莹　熊　雯
袁雨萌　阮梅英　李琪琦

(共19人)

### 2009级网传

贾伟民　李亚琳　姚梦怡　王定聪　张　颖　邓冠英　孙爱菊　李偲涵　盛　兴　庞航宇　岳志颖　王　胤　黄永捷　刘　健　李　阳　严　瑾
蒋琼榕　许　仲　王钊东　张小雨　谢　越　雷梦华　杨　雯　陈凯翔　龚　灿　陈　雨　郑　炜　王　婉　刘　静　余思娜　任　铁　徐　煜
张旖旎　詹天成

(共34人)

### 2009级广告学

叶淑娴　袁之华　曾慧洁　田　露　朱　玥　侯周楚　王晓棠　王　越　何筱梅　薛海霞　杨　辉　关嘉伟　金　秋　张常悦　罗　丹　刘卓妍
谢瑜晴　徐吕羚　林美莹　张植鹏　何夏阳　李文婷　李小刚　奚　媛　张风帆　方园卉　曾玲玲　王浩博　陈　成　冉令邦　申紫方　高雅和
张　默

(共33人)

### 2009级广告设计

范　丽　沐从玉　张倩欣　杨肇勋　胡泳颐　陈锡晖　李梓滨　晏圣古　王文琳　赵康芸　唐小龙　祝　捷　吴子辉　蒋旻悦　徐珊珊　林振辉
洪鸿珊　杨　丹　王斐然　黄家乔　黎沛良　杨海淇　刘菡骊　罗亦斌　朱静蕊　梁晓允　翁　曦　张以暄　权耀瀚　朱丽亚

(共30人)

### 2010级播音与主持艺术

李雯凤　段昌伯　周　洁　王玉曦　周碧帆　曹羽茜　董育宏　孔钰钦　徐子惠　田　梦　朱思睿　胡达闻　苏静媛　赵　昭　刘由钦　赵雅轩

高一戈 何 淼 肖 苗 邹 晟 汪子怡 张亦旸 刘瑀钒 付博生

(共24人)

**2010级传播学**

韩若冰 周萌萌 陈怡蓓 陈莹梅 侯广宇 杨晓嫣 郝 哲 黄思学 刘罗那 方紫嫣 尤园园 庞雁升 律冰萦 徐 乔 余宛姗 谭 佩
夏 琪 申 帆 林雨柔 李晨琛 邱 实 成 升 方 圆 廖苑伶 程泽杭 葛政涵 鲁雪婷 刘合儒 宋文文 华梨嘉 李圆圆 潘丹凤
黄阳芷 徐 行 黄 云 景茜梓

(共36人)

**2010级广告学**

郝亚贤 周梦婷 万心怡 雷新宁 王晓武 孙梦辰 马茂胜 姚燕生 李颖茵 周浩然 陶 媛 郑 璐 周屏妍 毛晓敏 胡笑含 张贯健
陈 璐 梁颖玥 张水晶 毕丽欣 杨 娜 林凯雪 李 想 詹晶晶 李泽凯 罗桥凤 刘洪洋 雷 钊 林 瞳 蔡星卓 李 昭 黄梓豪
刘晓红 林梦萍 赖智华 赵玺君 倪思凯 肖程佳 王 璐 李金书 金继成 陈 静 林芊彤 邱雨奇 苗 勃 韦 广 卢 沁 王希晨
曹冉冉 范美玲 范庆晨 舒 晓 鲁旻静 李 柯 张婉玉 张诗雅 杨 洁 康奕宁 陈子程 李之江 陈凌贤

(共61人)

**2010级广告设计**

陈 长 黄思耘 谢惠芬 柴凡凯 黄橙紫 廖佳玉 周重阳 周佳阳 卫 荷 李 娜 曾全洪 廖佳如 刘雅崴 甘炜聪

(共14人)

**2010级新闻学**

董 源 费 凡 李 纤 巫仕彦 王朝阳 何秋劲 盖 群 王 雨 董雅婷 陈瑞德 徐歆芷 程 雯 刘 扬 黎金鑫 苏泰夫 张 辉
蔡荣徐 周圣尧 阮霁阳 张济科 李 洋 詹 佩 李可薇 谈艳琪 周珊珊 彭建超 苏梦奇 王诗堃 刘 铮 赵 静 刘 伟 宁 妍
范一帆 胡宏毅 查梦君 杨 玲 朱诗琦 魏 苓 郑安澜 王 喆 杜晓芳 邹 方 周艳梅 林绮晴 曹石松 刘 震 何利琎 陈虹静
严 宇 张雪彦 李 虎 秦 天 赵 一

(共53人)

**2010级广电**

吴思倩 关富强 张一楠 安志平 刘文韬 黄 达 左 威 纪执瑞 黄 煌 陈 迪 吕冠霖 张娇娇 曾 婷 余子扬 李名清 乔莹莹
张博珂 王磊萍 罗 鑫 薛 熙 钟善琦 吴扬扬 洪雅茹 高维范 李一丹 马悦儿 王 野 翟佳卉 岑 思 张媛媛 何尹屏 王思茂

杨妮娜　买文婷　冯　宇　艾　莘　杨泽亚　王丹丹

(共38人)

## 2011级播音与主持艺术

唐古拉　娄展卿　张湘皓　钟柏舟　李虹静　刘　璐　靳梦佳　夏晓澜　肖松堰　龙凌子　林　婧　董　郢　孙　莹　张誉千　肖　迪　陈　莹
胡诗懿　王桑田　林晓楠　耿书培　王　意　张雯昱　邓雅菲　王旭坤　陈昕怡　陈　曦　常筠依　李莎旻子

(共28人)

## 2011级新闻学

黄芷蘅　蒋俊群　盛梦露　丁雅丽　钟婧圆　陈　曦　廖晖剑　李　奥　魏　婷　孙　悦　钟子晨　徐瑷嘉　刘玲玲　李林翱　谢君怡　张　婷
李智仁　彭皓亮　赵伊蕾　孙庆玲　任　卓　袁颖龄　余　程　王康景　张露曦　常　宁　任　欢　翟　超　黄珊珊　涂　畅　刘瀚琳　张　丹
孙杨利　申俊涵　叶冬平　杨　帆　罗　昊　陈泳欣　杨梦晴　曾恺娣　叶　子　方　圆　肖依依　韦东琪　莫　然　敬奕步　汪诗韵　张　晨
唐　悦　周　丹　龚付光　马　露　罗　婷　王润天　傅超鸿　易芳贤　罗　玥　郭　琛

(共58人)

## 2011级广电

彭永成　唐　宇　赵　刚　丁　晨　王　彤　方天宇　曾　明　张雪君　刘思宇　文伊白　夏梦荻　王吉阳　李　青　李晗玥　王婧昕　刘　念
辜子闻　蔡家欣　刘亚丹　李卓恒　杨光宇　裴孙琦

(共22人)

## 2011级传播学

尹　婕　胡祝捷　梁　莉　郑星妍　黄　倩　付　俊　戈　园　易彬星　彭潺潺　周立恒　迟　迅　杨　璐　邢晓行　林　菡　曹洪帅　王姝阳
杨海鳞　张轩婷　刘佩娅　郭一晨　杨起慧　吕顶文　汪　璇　倪楷翔　林毓钧　菲　丝　黎玉琼　徐　贝　李　韵　霍昀昊　黄皓玮　方斯洁
黄诗玥　李睿子　杨建戈峰

(共35人)

## 2011级广告学

周凯伦　谢晓芹　刘梓茜　张雨纯　祝　宸　张秋荺　施旺才　李梦琦　陈晴虹　黄爱贞　孙慧丽　李云松　陈艳欣　任千千　毕文丽　孔川华
陶　芬　王　乐　刘雨馨　邢家熙　刘子豪　贺梦云　邓景夫　唐　逸　张　飘　徐　静　张林萍　张　沁　李　玥　高润喆　郭耀新　夏林霞
范　敏　沈　欣　王嘉惠　石　丽　刘虹妤　李　珊　刘勇锃　闫泽茹　张兢芮　倪铭君　郭宇婕　冯　源　王思琦　张震西　郭心如　朱丽娅

孙声辰　彭　弦　尹建春　张铭萱　杨　妙　余　羚　曹紫依　陈家耀　牟益桦　林　诺　蔡巧蓝　李国忠　林紫欣　刘　洋　邸　昊　唐瑞东
全飞雁　苏丽雅　侯彦丞　董心慈　齐　达

（共69人）

### 2011级广告设计

赵璐阳　刁宇翔　黄非凡　杨　梅　王　婕　李佳璇　刘　涵　赵　莹　林涛涛　赵　蕾　王凯伦　朱晗宇　陶如意　陈津津　张雪婷　连伟林
胡良钰　刘雪婵　卢念琪　蔡瑞琦　詹庭宇　孙文迪　权耀瀚

（共23人）

### 2012级播音与主持

秦佳仪　张　楠　冯歆南　王湾湾　徐　阳　何佳宜　周佳欣　吕思樾　付逸凡　杨玉昌　段可儿　文玉洁　赵安琪　邱雪霏　邱贻馨　田雪榕
赵　晨　徐　飏　翁萃那　王聪奇　齐　雯　鲁　念　何恩泽　刘君仪　邢晓宇　王　晨　靳梦佳

（共27人）

### 2012级传播学

丁美玲　徐静怡　王飞飞　胡绢然　晋方亮　陈美仙　胡道君　王潇雨　李阳雪　张彦勋　王玮健　罗洪锐　徐青青　李　莹　王媛媛　明　慧
王行健　李颖平　陈鑫磊　袁　昊　陈鸣杰　黄振洲　何进进　杨登媛　田芮嘉　胡　双　苏科瑜　李　莎　陈澈婷　朱晨颖　杨　金　涂秋萍
廖静英　周同同　赵　月　许　悦　程斯璨　韦诗琪　张　晗　冯　源　姜文琪　付丽双　向子涵　吴素云　吴文安　黄安农

（共46人）

### 2012级广告学

张东岳　高佳琦　胡粲梓　莫丽芳　张煜龙　奚钰格　叶　贝　李宣霖　陈　薇　刘　凡　黄岭险　周雨薇　刘倩茜　杨琳琳　刘晨菲　雷　杨
郭宇翔　陈子腾　郭善妮　方婉琪　徐勇辉　张艺凡　王佳昕　杨　帆　吴　颖　谭秉帅　劳钧仪　李　艳　汪　骏　阚雪颐　朱丽名　魏雨昕
李伦娥

（共33人）

### 2012级广告设计

周皖川　张雨濛　张玮珊　游佳榕　王羽佳　李佳桦　张　宸　王　玉　姚长杰　马瑞雪　汤嘉慧　吴　爽　李梦芊　杨点晰　郑显渡　王雨馨
钟苡勤　张百凯

（共18人）

## 2012级新闻学

吴嘉思　胡　鑫　蒋齐光　陈语歆　朱以欢　汤恬妤　许　瑞　彭　颖　林蔚彬　杨　旭　张　童　原　洋　马宁宁　王卓慧　马思文　敖　雪
刘惟真　谢　铌　及时雨　曹一琦　王宇澄　陈　翔　贺梓秋　熊文清　刘美琦　王雨萱　张璐奕　王　涵　韦衍行　郭静雨　刘馨玫　蒋　健
熊艳芳　姜　鹤　李翠娥　贾舟瀛　王书画　唐　一　杨子龙　栗　峰　黎星佩　赵慧君　邓　睿　毛振渝　胡贡荣　肖诗浩　王婷婷　沈宏宇
左翰嫡　邹昕宇　农宝朱　任俊锰　魏晓涵　黄英燕　翟　超

（共55人）

## 2012级广电

徐汉晴　吴玫婷　靳　怡　何安茹　周秋子　邓　羚　陈　静　宋雨南　张佳宁　杨文晶　甄丽辰　邱楚枫　明思含　伍秀燕　章新子　唐艺豪
江子君　王博文　周心慧　高　溪　邱信凯　方思颖　赵静妍　陈奕安　林婉萍　刘梓浩　谭雪玮　曾惟昊　杨钰贞　陈奕羽　宋　宇　杨云轲
陈木青　叶保良　齐子尧　常　晨　陈　莹　廖佩娟　邹文雪　施咏诗　邓元凯　李宜庭　郭赵一晗

（共43人）

## 2013级播音与主持艺术

王　晨　孙艾嘉　樊正清　容菁蔓　李晶晶　倪紫璇　黄　何　赵　赫　乔　晔　张笑烽　曾曙琴　柯佳丽　毛羽丰　胡静赟　李林子　吴婧雯
周　济　徐若华　胡拿云　李慧欣　贡致远　杨　溢　沈　阅　李聪颖　张盛楠　肖　晓

（共26人）

## 2013级新闻学

朱　江　祖　帅　纪晓雨　刘　哲　何诗源　张　一　李唐辉　黄靖芳　赵文慧　金玉蓉　刘雪滢　张　迪　胡彦然　林祎婧　莫壮逵　贾　麟
陈雨兵　张文轩　刘子靖　王晓晗　涂茜钰　翟　杨　王子为　周可涵　何信丽　熊婷婷　王紫贤　罗　文　温雅曼　黄智凌　纪祎楠　王青欣
申思婕　吴常姝　王卓慧　翟　超　杨张若然

（共37人）

## 2013级广电

王璐瑶　彭晓霞　关皓天　王庆雯　邹远生　周　菀　赵　聪　张亚新　陶　宇　黄　晋　何啊龙　陶金芳　赵壹晨　邹妮健　吴杨笛　刘　昊
周炜皓　胡启超　孙聪月　陆静雯　吴瑞鸿　施明琪　钱　婧　殷泽昊　刘晓彤　温　桐　丁华婧　王天予

（共28人）

**2013级传播学**

曹雅斌　曾雁冰　秦博昱　牟超超　刘承川　张稻元　虞滨赫　吕瑞天　王　萌　韩晓乔　温慧媛　黎成圆　林　喆　彭雨田　黄　云　王楚捷
张蔚涵　黄　浩　俞诗瑜　王　曦　林啸阳　万翩翩　喻方晓　徐林枫　王钰荧　张闻达　杜梓怡　刘　超　张灵芳　王　杨　熊玉巧　张恒宇
林娜婷　明田雨　李珊珊　刘　阳　成杰怡　王若玲

（共38人）

**2013级广告学**

汪一鸣　蒋子月　祝　熠　成　远　熊　勇　卢嘉睿　胡语桐　王丽亚　章濠麟　刘卉楠　王珏玺　杨春丽　王小龙　盛小林　宁　航　彭贵湘
游　鹏　贾凌霄　成　倩　杨伟彬　何安琪　罗　芮　李启明　吴　凡　闫　然　周　吉　向会周　江慧欣　唐　瑞　孙启嘉　梁旭妍　韩　彪
何彦萱　陈　珂　曾乐怡　杨清雅　李秀青　董心慈

（共38人）

**2013级广告设计**

曲荣璘　肖喻洁　曾文燕　金晓丹　徐娜娜　谢立彬　廖鑫铭　陆诗佳　马宇彬　李　惠　原羽至　邓冀凝　吴晓昱　白子琦　曾雪瑾　蔡雨昕
王　叶　柳　越　杨　露　杨　珂　高可为　龙宥齐　王霈林　邵蔚楠　莫清慧　陈莹莹　林钫蓉　程淑仪　余文静　陈毅玲　黄育坪　邓汉昕
黎明欣　丁　蓉　徐一丹　秦仲萱　张笑语　邱温佳

（共38人）

**2014级播音与主持**

刘泽华　崔庆伟　秦　骋　张　宁　梁慧娴　谢海盟　张丽婧　解桉栎　田佩雯　曲怡安　朱东仪　刘琬婧　马迪尔　谢璨璨　王子甲　刘伊朵
高嘉潞　杨蕊萌　刘正源　晏子冬　王　卓　左　琰　汪拯名

（共23人）

**2014级新闻学**

韩超越　陈赐悦　蔡　畅　韦楚乔　胡清影　靳海莲　胡青山　张　婧　黎诗韵　张惟乔　潘　琛　程智鑫　张　诚　戴　豪　朱晓君　温秋颖
谢雨彤　全幸雅　罗楚江　毕茗瑶　陈烜瑜　俞宏浩　王之旗　饶茗柯　史晨瑾　韩朋辉　黄邹文姣

（共27人）

**2014级广电**

刘笑仪　刘思源　张　准　方　向　张　思　江子锐　尚迪爽　潘桔钰　姜雅琪　韦敬文　李晓雨　周晶晶　蒋　洁　黄思晗　赵雨晨　李小鹏

刘马利　陈傲雪　董霁萱　范晓芳　刘一郎　袁　昊　殷美芳　王红红　钟　芮　景婷婷　田　园　李晓萱　叶诗琪　杨绍湫　冯梦雪　熊冠豪
章佳英　张家硕　郑向阳　吴柠彤　范世昌　苏毅斌　刘　蓉　边吟竹　高　翔　袁　麟　王天予　刘雨婷　邱钊钧　周炜皓

(共46人)

## 2014级传播学

吴小梦　桓秋瑜　姚　葵　谭　艳　李　璋　冯佳雯　孟凯俊　秦　爽　杜俊成　吴锦波　王明月　戴中珣　左回回　李芳洁　石小国　胡宁钰
岳瑾雯　邱　枫　李昭颖　邹芮伊　张正阳　刘惠芳　丁钰淋　杜凯歌　吴　硕　陈绍伟　郑国庆　黄艳兰　刘欣欣　邓雅楠　秦境阳　孙雨薇
李欣玮　赵英灼　范慧婷　赵晏荣　陈　鑫　申东昕　南　昕　丁园园　谢　茜　陶　炜　博丽卡

(共43人)

## 2014级广告学

倪苗晨　梁子豪　诸　玥　杨靖秋　张　宇　徐晨玥　张晓翠　汪子凌　温　洋　王　潋　刁慧琳　柯研如　刘静怡　杨哲文　杜永欣　王雨婷
赵婷婷　高宏珅　陆　淑　王炳彤　邓　苗　汪诗雨　张明珂　何嘉慧　李中琪　黄　清　安晓宇　陈志宏　郑陆茜　杨　鑫　吴　桐　罗曼舒
张婧怡　石丽丽　陈传玺

(共35人)

## 2014级广告设计

黄　央　朱丹琪　郝昱佳　陈侬悦　宋承桦　吴菲轶　杨　仪　麦玮涛　萧洁婷　唐　涛　杨思远　云梦霏　王海艳　车　颖　黄君瑞　王姝钰
张紫阳　赵荣基　甘卓佳

(共19人)

## 2015级播音与主持

陈滢钰　晋凡舒　李春剑　丁若愚　鲁晓天　董昕祎　舒　悦　涂玥伲　乐　章　徐文卿　黄心怡　张艺龄　于知江　陈　悦　任鑫琦　崔　玥
王一乐　刘吴瑷　陈乾奕　徐　婳　张宇晴　张　砾　周怡乐　曲　昊

(共24人)

## 2015级新闻传播类

卫明贺　李颖迪　韩　旭　乔　雅　付子嘉　常　文　胡芊夙　周诺荞　陈　爽　霍　坤　黄一宸　马慧玉　李正楷　江宏辉　黄嫣然　杨迅羽
叶富玉　彭晓风　董金茹　刘奕宁　李佳颖　任晓慧　方　蓉　江婧怡　张　童　吴　磊　余安妮　李梓琪　寇天舒　董　旭　程亚琅　刘虹荣
郑志浩　刘玥婧　林彦妍　陆景辰　杨丽琴　余　歆　李思融　林雅莉　高尚林　牛颖妍　徐嘉伟　郑　楠　罗雪丹　药　琦　时宏强　马宪丰

杨晓青　徐艺溦　曹　雪　宫宏宇　姚新宇　朱石露　孙小媛　王正珺　刘安妮　赵艳芳　刁文静　隋丹阳　朱胤瑞　万　璇　刘若穹　杜　瑜

邓明双　袁　丽　陈绮雯　李宜蒙　刘　琼　李欣雅　王润玙　吴亚男　蒋　妍　宋　爽　韦小婉　谭悦茗　张鸣鸾　杨博雅　包明鑫　段梦蓉

付思琪　苏嘉慧　郑家芳　谭　柔　林建宏　彭小琪　叶梓辰　李龙腾　李福妃　黄欣然　刘光江　戴晓瑜　张溢璨　张　慧　罗予欣　苗竹君

高灵珊　陈圣雅　任煜楠　桑珊珊　袁瑞婷　张　帆　张倩倩　冯珺怡　曹渊淙　朱倩倩　薛　军　黄雅楠　罗锐鸿　陆汉秋　何佳宁　张嘉婵

陈　爽　程思齐　孙雪松　孙　娅　刘嫣然　周心璇　王义才　李自如　李咏珍　胡军霞　区洁文　黄家露　刘　晶　梁愉靖　左丽珊　张俊杰

刘　桢　李沁柯　詹景茜　李昕阳　于雯旭　别海凤　胡天荀　龚康源　冯靖元　赵　茜　汪鸣卉　王　欣　江　黎　曹　泽　陈皓明　方　哲

邓　洁　张楚婕　张毓婧　聂丽平　杨慧延　伍丽嫦　姚莉娜　梁佩龄　孙若蜜　田王佳玥

（共154人）


## 2016级播音与主持

冉博文　刘甜甜　丁雨萌　付　钰　许江澜　赵静慧　衡姝颖　王泽宇　苑政杰　刘泽鸿　蒲一增　许庆之　王蕙华　姜成浩　乔晓亮　王霆威

张　琦　吴朔巨　谢昊星　李知远　刘山山　吴梦欣　童　瑶　李艺佳

（共24人）


## 2016级新闻传播类

卞子正　何佳恒　朱凌乐　龚梁柱　崔　磊　李文璇　翟雨晨　童学桢　谭　艺　李梦娜　魏　鑫　赵　政　戴安媛　徐静格　薛　阳　唐浩铖

李晓楠　李若兰　林礼云　陶安然　曾　敬　李碧玉　张　玉　赵义萱　易廷静　涂　民　王令瑶　王成鑫　王梦杰　夏珮珺　唐小晴　许　诺

刘武久　徐　畅　陈　浩　何海洋　邵一帆　孙　吉　邓港月　杨　蕊　邹璐临　王思博　木丽丽　张晓桓　安志伟　沈　羿　阚馨仪　王　韵

尚小碗　王靖怡　叶　芃　王浣尘　朱战缘　陈彦君　何粒永　王　曦　吕　浔　杨　苑　黄豆豆　覃　苗　张　敏　潘京叶　熊一然　诸黎阳

祝纯薇　江一帆　房璐雯　曹学燕　李晓武　邓春兰　王　芳　兰雨欣　王　旭　于林海　陈逸东　周佳惠　马　蓉　于　浩　崔　乐　刘　毅

英雅云　闻叶舟　汤英豪　温　静　夏华蔓　刘弋戈　王子慕　王程育　冯　瀹　高　远　王天舜　左午炀　徐智勇　刘凝霏　阿继凯　吴雨柔

曾　冰　黄　浩　周子怡　李佳锦　王嘉铭　张余芳　尹灵欣　梁晶晶　王思淇　郑　静　李佳玮　高　佩　王　鹤　戴弯弯　王书腾　邢乃文

韩晓燕　李晓暖　赵冀帆　蒋晓婧　孙欣蒙　袁文娟　田艺涵　朱宛君　葛慧杰　赵　盟　许琳斐　王雯清　洪靖雯　彭祎璇　陈子凡　李雨洺

汪浩然　邱江雪　林嘉盈　周宛锜　邹铭鑫　梁晓晴　施鸿彬　邢洪伟　利巧欣　陈明君　杨静仪　黄欣琳　梁咏琪　郑琬颐　龚康源　叶佳韵

张　可　齐铭心　操润森　谢觉慷　张学瑞　何嘉豪　申屠哲　陈子悦　鲁楚山　赵荟洋　张　锦　宋雅诗　刘晓冉　甘轲晗　刘瑞祺　姚珺蕾

丁夏敏　汤若琪　蔡沁妤　陈佳佳　赵　后　李玺碧　朱伯峻　文秀元　赵廷晧　朴智秀　欧阳丹枫

（共171人）


## 2017级播音与主持

盛于蓝　代翔宇　张倪侁　徐亦欣　龚可涵　张中鹏　王晴晴　肖　俏　周煜堃　于永钊　赵紫羽　周　祺　于　烨　王紫逸　程雨馨　苏汇智

潘汶奇　钱崇天　杜昱薇　石惟嘉　徐徐清馨

（共21人）

## 2017级新闻传播学类

苏笑语　蒋蒙洁　卢虹羽　程伟豪　罗欣瑜　陈紫嘉　毋艺欣　温有为　曹思恒　周　旭　夏文龙　闫　猛　杜诗榕　杨逸然　许雨洁　刘汉广
余文嘉　岳　昊　朱润华　张效广　王鸿鑫　张潇文　王凌云　孙　旭　王聪怡　钟　焯　宋元嫒　李天涯　宋兴娜　苗　雨　胡　洁　蔡江南
邓思翎　张晓雯　周芯如　陈意文　陈岱宣　李诗瑶　王雪纯　唐尧卿　曾文鹏　陈小薇　张晓蕾　杨鑫铭　余欣月　杜兰娟　常梦文　周子悦
程佳欣　王子琪　唐　宇　张丽霞　李秋水　王　颖　吴杰婷　肖　欣　杨兰玲　李欣玥　张心怡　孙新雅　赵　晨　张秋实　李冰洁　刘艺佳
汪姝伦　王榕萱　施慧茹　赖施妤　黄松格　郑芸儿　王欣仪　钟　懿　朱宝仪　陈晓晴　罗慧珊　李蕊莹　李庆康　李卓燃　贺旭欣　董慧玲
郑惠妹　张庆博　方涵宽　王紫宜　彭思慧　罗钰鸿　王晨阳　张国强　曹雅杰　宋金超　方静怡　杨华周　刘　炎　敖　可　杜清玉　王嘉乐
李志微　赵志忠　张　岚　王韫瑞　刘嘉颖　杨逸致　杨心亦　张颖钰　郑昕煜　兰美瑶　沈　越　范咏琪　李颖琳　钮湘云　黄彦珊　廖嘉宝
郭嘉铖　李苗苗　高云凡　王朝辉　马生虎　景琰钰　张　昭　莫仕伟　杨妍璐　张　颖　张浩东　谭翊晨　马家欣　柴方红　王静怡　黄　颖
季琨凯　王雅婷　郑皓文　唐西希　狄鹤仙　郑恒旭　孙杉杉　张思琦　杨嘉乐　徐萍萍　王伊文　张　娜　杨盛琳　朱茗芳　关萃瑜　高嘉鸿
霍芊莹　龚康源　赵　盟　欧阳凤儿　周杨瑞娟

（共149人）

## 2018级播音与主持

张文翰　魏嘉倪　吴辰昊　李思睿　吴梦迪　刘雨青　孙雨晨　曹　辰　王若彤　罗可玥　汪旻玥　楼洁芸　钟沂伶　李昊阳　黄　灿　孙立如
余周颖　徐子茜　王可佳　任智炜　陈滢颖　程　涛　王逸凡　赖彦祺　白杨君如　　AU YONG SU XIN

（共26人）

## 2018级新闻传播学类

徐　莹　杨　洋　冯　卓　田建萍　闫宇辰　练泳怡　崔若凡　魏紫钰　杨礼旗　郭　娟　俞梦雪　彭思聪　刘欣昊　黄雨心　沈阳熠　沙　莎
何雯婷　崔　畅　郭　涵　张　峰　陈以衡　曹　钰　徐可轶　王浩行　陈建佳　宁贝雷　彭星月　徐静茹　刘丽华　杨雨欣　黄心妍　张珈尔
李梦瑶　李娅晶　王嘉辰　韩意如　陈丹丹　高　爽　蔡翰融　张含琼　卢俊宇　王祥慧　郭心怡　张吴雪　何小萌　李修仁　王婉蓉　曾天懿
陈绪岚　谭钦云　吴柯沁　黎锦屏　薛镕江　吴舒霈　吴北星　谈瑾烨　刘思怡　周鸿鑫　甘伊冉　周　凯　曾静慧　袁　峥　谢雨村　简子奇
郭凯裕　江紫涵　顾建峰　李芷欣　赖映丽　吴佳儒　邹梦雅　熊容秸　苏纪慧　廖树荣　张星翼　黄喆铭　邓胜林　马泳琳　陈嘉淇　廖晓云
吴俊豪　林依蓝　秦博文　李睿天　徐雯婷　史方雅　杨　爽　钟　娴　张　雪　罗贤坤　冯苗苗　张正君　陈雅雯　文艺儒　余亨派　王依铭
刘玳菱　邹谌辰　胡君晓　张斐然　陈希文　胡佳成　林晓兰　王彦霖　蒋　梅　边　韵　孙瑜琳　刘子阳　王婷婷　张俊仪　卫晓菲　李龙逸
朱　婷　邱淑婷　彭歆玥　杨峻钦　黄雅琦　黄重重　丁紫燕　江岚澜　张儒越　郑耀弘　肖黛怡　刘宇宁　刘　雯　孙思楠　石修远　刘世元

黄欣怡　夏新越　徐思萌　李沅营　穆柔烨　孙寅峰　钟美萍　袁佳蓓　余梁怡　夏馨雨　白玉娜　颜　昊　折雅轩　吴燕坊　杨恺琳　孙芷荣　梁　琳　巫晓玲　颜晓歌　王雪梅　曾梦婷　王婧芝　江心雨　吕梦媛　常笑雨霏　宋雷怡倩　欧阳丽敏　TEH PEI XIN　ZHENG JASMINE　CHIEW JIA NING　JEONG AEJIN　LEE SANGCHUL　KERK YU ZEE　WONG ZI LIN　TAN YOU YI　LERET BONNIE　PARK SUNGHUN　LIM RONG HANG　TEE ZHI CHIN　MENG SOMERVILLE JAY　LIM WAN LONG　KIM YUBIN　GU DONGHAN　KIM KYUNGHEE　LIM YEE SHEAN　KIM GINA

(共174人)

## 2019级花名册

朱志晗　付秦轩　张艺贤　高煜棋　王殷洁　肖怡星　郭伊雯　宋星冉　刘　航　熊可馨　阮庭萱　史子慧　王铭慧　蔡沐真　康　真　林祉祎
张玮惟　傅滢滢　沈欣怡　张　鑫　薛丽莹　张添翼　王佳丽　吴雅婷　王　黎　张　然　吴瑀清　曹宇婧　王怡琳　陈　杰　林晓星　孙　宁
范雪雯　廖婧瑜　叶倩怡　张艺文　方　洪　张　洁　周　欣　汪文超　雷欣谣　王佳睿　房晓慧　彭　新　何抒蒙　吴　茜　何佳薪　周苗苗
王　鼎　韩洛斯　李　鑫　姚贞羽　傅洁珉　徐梦玲　罗芳萍　王昕彤　李云鹭　杨　璐　张博文　虢妍君　雷雅麟　涂文箐　沈　葳　王　博
王涵盈　许文翰　郑　宇　钟严康　徐展颜　李　麒　李　格　雷武瑶　赵　越　王　靖　廖智怡　董屹丘　吴　双　张童童　黄元泽　董　硕
柴亦铭　毛子玉　赵丹菱　罗　伊　韩东洋　唐泽源　马雨晖　金志涛　赵毅鹏　魏宇婷　蹇斯琪　荆宇涵　唐赛儿　尹诗羽　胡紫纯　余皓晴
张小倩　石震方　丁思宇　王芊蔚　赵　妍　刘贝贝　张锦仪　王　谦　孙　彤　董　欣　万梓健　祝子媛　白文静　谢菁菁　王旭彬　吕心雨
李　洋　丁树佳　龙小伟　何奕辰　李璐璐　白星月　夏贤沛　张子航　王　达　王千寻　丁　洁　王诗颖　庄永概　张奥然　董　舒　胡姜越
柳泽萌　孙嘉聪　王诗雨　马　宾　姬瑜佳　商　璐　孟星月　孙　奥　曹天宜　姚心怡　邱善灵　李傲雪　易灵睿　王梦恬　杜克成　舒泽茜
罗宜淳　梁雨珠　王　琼　左诗涵　国　然　孟越舟　崔红霞　倪雯婷　徐曼云　王子涵　徐卓恒　孙　晓　孙录丹　李天艺　裴　童　陈思远
陈禹颖　张　辽　罗宇涵　周敏静　杨梦涵　桂京奇　黄嘉申　周　敏　戴　芳　张宸豪　林琦桁　冯琬玲　尹舒薇　王梦瑶　何思洁　肖　遥
丁　卉　胡添翼　欧咏东　韦帝锋　赵雪婷　黎映萍　梁晓彤　庄　翰　王伊瑄　冯俊裕　吴颖彤　戴欣蓝　施燕临　胡佳瑶　王峻菁　温雨攸
林嘉琪　杨铃仪　区绮婷　黄焯楹　邓芷珊　庄秋霞　陈霆堃　李姝润　方茁然　邹　旭　王昊森　贾静晗　鲁思雨　熊思琪　刘人瑄　陈之琪
王凯悦　魏子云　熊家乐　任彦洁　梁瑄轩　杨弘德　陈沁妤　夏　雨　许雯峰　殷子涵　张婉馨　徐沁楠　蔡红骄　唐　洋　朱欣羽　唐嘉琪
李诗桦　张　莹　朱可妍　李　旸　王　然　李阳欣　乔　丹　沈晨辰　戴　琳　杨文漪　姓　名　王　黎　陈　杰　张　洁　汪文超　王佳睿
何佳薪　周苗苗　韩洛斯　傅洁珉　罗芳萍　王　博　郑　宇　徐展颜　王　靖　廖智怡　董屹丘　吴　双　黄元泽　董　硕　赵丹菱　韩东洋
金志涛　赵毅鹏　蹇斯琪　尹诗羽　余皓晴　丁思宇　刘贝贝　孙　彤　白文静　吕心雨　李璐璐　白星月　张子航　庄永概　孙嘉聪　孙　奥
姚心怡　邱善灵　舒泽茜　王子涵　周敏静　冯琬玲　尹舒薇　何思洁　施燕临　温雨攸　鲁思雨　刘人瑄　魏子云　张婉馨　徐沁楠　唐　洋
李诗桦　杨文漪　张　然　吴瑀清　王怡琳　范雪雯　张艺文　房晓慧　何抒蒙　姚贞羽　杨　璐　沈　葳　许文翰　钟严康　李　麒　李　格
雷武瑶　张童童　罗　伊　马雨晖　唐赛儿　胡紫纯　谢菁菁　丁树佳　龙小伟　夏贤沛　王千寻　丁　洁　张奥然　胡姜越　姬瑜佳　商　璐
曹天宜　李傲雪　王　琼　左诗涵　崔红霞　李天艺　陈思远　桂京奇　黄嘉申　周　敏　戴　芳　张宸豪　林琦桁　王梦瑶　肖　遥　丁　卉
赵雪婷　王凯悦　熊家乐　杨弘德　夏　雨　唐嘉琪　李阳欣　乔　丹　沈晨辰　戴　琳　曹宇婧　林晓星　孙　宁　廖婧瑜　方　洪　周　欣

王 鼎　李 鑫　王昕彤　李云鹭　涂文箐　柴亦铭　毛子玉　唐泽源　魏宇婷　荆宇涵　赵 妍　王 谦　万梓健　祝子媛　王旭彬　李 洋

何奕辰　王 达　董 舒　柳泽荫　马 宾　易灵睿　王梦恬　国 然　倪雯婷　徐卓恒　孙录丹　裴 童　陈禹颖　张 辽　杨梦涵　胡添翼

欧咏东　韦帝锋　黎映萍　梁晓彤　冯俊裕　吴颖彤　戴欣蓝　胡佳瑶　王峻菁　林嘉琪　杨铃仪　区绮婷　任彦洁　梁瑄轩　陈沁妤　许雯峰

殷子涵　蔡红骄　朱欣羽　张 莹　朱可妍　李 旸　王 然　李修任　叶倩怡　雷欣谣　彭 新　吴 茜　徐梦玲　张博文　虢妍君　雷雅麟

王涵盈　赵 越　张小倩　石震方　王芊蔚　张锦仪　董 欣　王诗颖　王诗雨　孟星月　杜克成　罗宜淳　梁雨珠　孟越舟　徐曼云　孙 晓

罗宇涵　庄 翰　王伊瑄　王昊森　贾静晗　熊思琪　陈之琪　朱志晗　付秦轩　张艺贤　高煜棋　王殷洁　肖怡星　郭伊雯　宋星冉　刘 航

熊可馨　阮庭萱　史子慧　王铭慧　蔡沐真　康 真　林祉祎　张玮惟　傅滢滢　沈欣怡　张 鑫　薛丽莹　张添翼　王佳丽　吴雅婷

WONG KANG JIA CHEN NOEL　YONG AI XIN　PRAJNALAY KHANTI　CHO SEOKHYEON　KAMINAGA MICHIKO　SEOW YI
QIN　LIU VITORIA XUE　TEE YI TENG　CHAI PEI YU　CHIN MUN QIN　KELVIN YONG KOK WIN　ONG HOR ZHEN　CHEW
XUE YIN　NG HUI YING　LEONG XIAO XUAN　WEE RU SHI　TONG WENG YIN　CHOI JIYEON　JOHN HO YONG HAN　TEO
DIK CHING　HE CEN JIA YU　HE WU LINA　TEH ZHI YING　KIM MINSEO　KOH CHARLEEN　WONG KANG JIA　CHEN
NOEL　MELANIE CHOW LIU TING　PRAJNALAY KHANTI　CHO SEOKHYEON　KAMINAGA MICHIKO　SEOW YI QIN　LIU
VITORIA XUE　TEE YI TENG　CHAI PEI YU　CHIN MUN QIN　KELVIN YONG KOK WIN　ONG HOR ZHEN　CHEW XUE YIN　NG
HUI YING　LEONG XIAO XUAN　WEE RU SHI　TONG WENG YIN　MELANIE CHOW LIU TING　CHOI JIYEON　JOHN HO YONG
HAN　TEO DIK CHING　HE CEN JIA YU　HE WU LINA TEH ZHI YING　KIM MINSEO　KOH CHARLEEN

（共517人）

## 2020级花名册

刘天贻　王 昕　袁 梦　刘鲁豫　陈鹏灿　肖 洁　罗柯楠　袁润一　张 杭　姜念琪　胡玉洁　应世豪　刘彦霖　张冰卉　马铭悦　张曦月

周思彤　吴雨珊　庾可寒　孙诗雨　吴家骏　顾发祥　王心怡　王杨春　李闻漪　黄伊欣　陈菲芃　朱 玥　刘斯璐　周伯远　杨辰玥　吴培元

张芷茵　杨乐雯　张德川　古诗岚　彭钰雯　董慧洁　黄佳璇　张惠敏　巫小珍　李 睿　陶思羽　黎 芸　陈秋楠　何飞丽　王 灿　吴 萌

叶晨阳　童文琦　张静怡　李梦雨　王嘉诚　王 硕　侯婧怡　崔贝勒　张家城　马萌涵　段若寒　王 婷　王一鸣　李果果　徐玉洁　包嘉安

陈泳竹　孟一尔　周育晴　张书涵　卢西奥　彭子涵　王佳卉　张耀文　吴可盈　李 欣　蔡雨琪　吴鑫雨　曾译萱　李奕暄　邹颖颖　洪 欣

陶看看　贺涵波　许童言　徐嘉璐　周 芸　黄雨佳　陈 宽　朱昱桥　刘 慧　蒙苑馨　杨 文　张思蓉　康一帆　刘 欣　鲁思佳　刘砚清

郭 凯　邓白露　熊碧珍　丰 瑶　沈梦如　杨银银　兰 茜　蔡雅茹　林慧孜　郑燕婷　李语嫣　孟阿敏　徐一冉　丁佳乐　任 悦　邢瑀琪

杨 洋　依诗涵　许艾伦　孙国郡　杨琪媛　李瑞兆　王舒雯　王雨霏　段盛林　杨 淳　唐青蔚　胡昊昱　麻闽娜　施 诺　丁芊昕　曹文钰

李沅羲　曹钰伟　杨一鸣　刘雅诗　陈枢菲　赵文瑄　周莲蓬　张宇硕　付靖博　徐翊菲　陈宇哲　周凤仪　郭文晖　崔 灿　徐君兰　王睿欣

罗雪晨　王玉华　庄小苗　张嘉越　张梓宁　卫 乐　金思睿　胡雪扬　刘 琪　周欣怡　潘希灵　徐薇葳　李鹿雅　罗 昊　仝嘉仪　牛允一

臧泽萱　高智琪　邢梦婕　王 悦　邓颖嘉　杜汶婧　江丽杰　江 澜　庄钰钰　谭焯帆　施绮琪　林昕宜　简炜杰　蔡思佳　关妮妮　林绮琪

梁颖恩　高小桥　关俊然　邓翠茵　吴卓雅　黄晓莹　陈欣仪　刘子绫　李晓彤　沙马兰琦　韩袁紫阳　KIM TED　TAN JOE VENNE　LAM

KHYE HONG　LIM JIE YI　LIAO QIU JESSICA　HUANG LUCIA　PENG QI YUE　WILLIAM LEE BOON ONN　CHIA AN QI CRYSTAL TEO SOO HWEE　LEWI KAI YEA　FANG XIN QING　SHIRLEY WONG XIN YING　LU JOU CHIN　ZHU JESSICA　NG YEE SAN　KIM MINJI　YONG CHEN　HAU HAN SUKHWI　LIU ZITAO

（共207人）

### 2021级传播学

张宇洁　李　梦　张皓翔　李　彤　王新瑶　陈云飞　刘潇艳　陈佳楹　朱小意　王佳睿　谷充华　侯彦汀　邹柏艺　许紫晗　刘秋妤　张西宸
刘舒瑾　雷　曦　李轶凡　李东昊　李星逍　金永成　宋　淼　周　璠　花乐乐　张若晗　王婧妍　向振宇　董佳惠　王梓玥　张书畅　刘舒妍
康思扬　罗宇轩　许舒涵　喻锦妍　简乐遥　曾依彤　罗传智　尤　颖　宋思苇　蒋晔珊　帅倩瑶　佘林桢　罗祎琛　王若宇　林欣铭　李铃澜
蔡子翔

（共49人）

### 2021级广告学

柳桂兰　招嘉浩　袁瑞擎　彭新星　牛彦蓁　尉馨元　马莹莹　王丙榕　童玮嘉　邓亦涵　程咏予　付雨菡　颜欣彤　舒子舟　姚佳宇　刘奕蕾
陈倩蕾　朱　奎　郭宇鹏　宋思成　王靖彤　梁　建　杨子妮　赵洋洋　黄浩然　苏睿遥　段　榕　李瑞涵　舒梦媛　裴　桐　刘章迪　陈欣可
廖阳欣　刘笑彤　陈舒颖　陈卓识　米逸飞　张开颜　崔诗扬　牟俊香　梁峻祥　周　兴　许铜文　赵艺峰　刘芳瑜　吕佩筠　林智颖　马乐儿
许静莹　冼珈晴　莫嘉琰　乔康乃馨

（共52人）

### 2021级广播电视学

高智琪　张洪禹　程梓轩　杨　茗　陈星宇　王润楠　郑　好　汪心悦　杨铃婧　李　畅　高　玥　肖子茂　杨芊早　贾新阳　王颖菡　俞　航
罗晓萌　郭　扬　高子轩　杨旖欣　刘娅薇　谭美玲　杨楚璇　祝丹妮　马冀颖　孔令文　黄颖雯　李佳晨　贺子叶　叶童童　董宣孜　梁　彤
宋一诺　黄柯霏　施梓欣　袁茵怡　黄美玲　卢惟诺　王子兰　谢海悠　KIM YUBIN

（共41人）

### 2021级播音与主持艺术

牛卓然　夏丹亚　梁嘉琦　李汶泽　朱泉润　王亦嘉　周俊杰　甘乐祎　李欣然　魏钰洋　张鸿鹤　张晨露　王梓楠　左宏瑀　李思睿　钟宇扬
税子懿　唐子焱　赵若筠　侯婧羽

（共20人）

## 2021级新闻传播学类

HO HIE LAN　SANDRA JANE TEY SIN YEE　CHEW JIA YING　TAN YI YING　YAP YING HUAN　FURUKAWA MIKA　CHEN IRIS　TAN RU YEN　CHIN ZHI XUAN　JIANG LIJUNG　LEE ZI YEN

（共11人）

## 2021级新闻学

徐　憬　吴居晓　陈思萌　曾　茜　杨林娜　张雪晴　杨安卓　黄泓博　张佳媛　李　桐　黄正良　聂雨茉　韩一铭　胡晓晓　关雯心　张乐芊
杨　欣　陈德清　马玥姝　汪馨媛　徐璟茗　黄子楷　李欣然　杜奕辰　孙雨彤　范子溪　刘意林　刘育蓉　孟毓晓　杨思仪　胡晓晗　林柱斌
黄佳宜　金芷妍　江焯熙　叶华夏　刁乐瑶　方梓妍　李泽屹　尹雨佳　鲁天舒　骆昱如　卢灿秋　张嘉楠　陈怡莹

（共45人）

## 2022级播音与主持艺术

刘毓林　宋　歌　孟　桧　彭紫晨　曾伊可　孙源苑　王玥琊　马源嵘　杨媛媛　杨子琪　王　灿　景弈菲　田润泽　叶熙桐　陈嘉雯　江雨尧
周雨澄　黄子纯　史卓灵　原蕊楠　陈思雨　赵昱乔　褚汶鑫

（共23人）

## 2022级新闻传播学类

张　畅　钟　晨　柴力萌　孙嘉悦　于　涵　杜泽凯　沈泽同　彭思源　杨子怡　韦懿轩　赵　倩　李佳彦　屈沫含　邹家玉　黄　玥　何　睿
贾舒然　孙乙心　闫晨曦　孙宇昂　党彦芝　刘蓓蓓　石佳玮　王　茜　陈　攀　赵　涵　王天阔　胡鹏飞　姚汶含　郭俊岩　彭　旭　黄紫怡
李雪琳　戴成冰　应宁怡　钱一苇　周子钰　张一涛　徐冰冰　刁煜玮　邹锦颜　赵梦雪　王馨苇　姜思羽　鲁　畅　章笑敏　陈睿婷　周江烨
向昕然　吴洋洋　朱颖娜　赵正芳　黄浈桢　唐兴宁　郭中丹　孙同怀　李怡然　刘家齐　王家乐　刘轩赫　厉　娜　谭易扬　杨依霖　张轩赫
王格格　张尤然　夏方芳　唐家钰　刘艺博　李雨轩　杨茹涵　吴方奕　吴钰枫　黎　霞　梁筱珩　云泽华　邓乐怡　杨晨萌　尤杨洋　向斯琦
李景清　杨馨怡　袁文艺　陈蕊蕊　余继伟　徐　征　范鑫雨　李依珊　郑　卓　王子豪　刘若男　张　卓　柳素雯　卢安宜　张力凯　马心桥
禾　苗　周静怡　何　晗　张凝子　童嘉妮　曾博文　王冰语　钟雨庭　陈　琦　龚煜煊　李　昕　王　浩　鲁　鑫　叶梦芹　徐雨萌　汪语涵
孟茗瑶　王怡颖　刘玉婷　高国妍　程宇达　张雨欣　汪沁霏　郭梓铮　黄薇薇　陶林瑞　赖孟铷　刘祎涵　李文涵　彭天明　汪文慧　管诗雨
单佳琳　杜慧怡　吴雅雯　岳　双　覃伊蕊　王舒瑶　宋宛凌　邱子睿　成玮泽　赵天可　邓熙涵　薛静迪　贺逸超　胡艺轩　麦芷晴　谭文希
陈律雅　何源源　苏晓雨　黄则鸣　彭婉铃　曾　溦　陈　乐　廖丹华　周心怡　李延珺　王梓馨　黄玥萱　贺昕怡　达嘉文　李佳昳　徐佳钰
唐澜芯　周俊西　潘雅芳　陈晓庆　吴征阳　瞿王烨　谢亦菲　胡晨冉　陈嘉颖　傅小玲　谭萌萌　YAN ARIAN　THON WINHEE　BON YI SHENG　BING LI

（共175人）

**2023级花名册**

| | | | | | | | | | | | | | | | |
|---|---|---|---|---|---|---|---|---|---|---|---|---|---|---|---|
| 吴泓烨 | 刘子睿 | 邱子桐 | 卢欣瑶 | 张睿琪 | 李令仪 | 刘馨潞 | 白笑嫣 | 赵凤云 | 董晓辰 | 黄尚宇 | 黄慧怡 | 张芷璇 | 金怡含 | 吕亦雯 | 刘子硕 |
| 俞乐怡 | 张瀚文 | 项馨婵 | 周知悦 | 王梦雨 | 许书楠 | 陈希 | 张雅丽 | 闫文晴 | 唐姝曼 | 王子希 | 陈思樟 | 陈艺婷 | 王梓馨 | 梁碧璇 | 陈宇诗 |
| 邓皓妍 | 刘沛彤 | 张心怡 | 周琦 | 陈妃煊 | 李佳 | 张译心 | 苏丹阳 | 王乐乐 | 郭曼琳 | 程嘉怡 | 张子晗 | 傅瑶 | 张可欣 | 付瑞 | 姚嘉琦 |
| 洪昕雨 | 徐佳 | 常闰博 | 宋金阳 | 刘美言 | 董美琪 | 郭苏蓉 | 言昔航 | 黄嘉欣 | 谈泽溪 | 唐安琪 | 李宇轩 | 贺烨 | 龙凤 | 刘曦丹 | 陈雁 |
| 陈家明 | 孙梓晨 | 邓绍源 | 曹雪 | 沈双贤 | 陈佳乐 | 张博远 | 朱子珍 | 叶炘睿 | 和思颖 | 许愿 | 王雪凡 | 琚娜拉 | 宋宏伟 | 郭芷岑 | 邹嘉颖 |
| 周澜 | 陈楚怡 | 汪文婕 | 李佩熹 | 董文杰 | 高若一 | 吴杏雨 | 徐靖豫 | 李晶荣 | 安静怡 | 别小彤 | 纪珍妮 | 秦瑾 | 陈莹莹 | 张安辰 | 方淼淼 |
| 邓诗雨 | 黄可莹 | 韦小可 | 邢天韵 | 刘生傲 | 郭钰文 | 朱雪芳 | 刘钰君 | 蔡佳艺 | 陈韵如 | 徐语帆 | 王灿灿 | 熊欣悦 | 林思意 | 冯金月 | 王虔维 |
| 林辰铉 | 张癸雯 | 余婷燕 | 汪康桥 | 王瑞 | 周守来 | 程佳伦 | 郑硕 | 杨贝贝 | 符晓彬 | 许蕊晴 | 张嘉静 | 刘蓓蓓 | 叶雨蒙 | 杨佳雨 | 王媚一 |
| 刘浩楠 | 任玉婷 | 凌帅航 | 王悦翔 | 王梦荷 | 杨隆宇 | 龚郑豪 | 李思宇 | 刘衍希 | 卢彦西 | 余晨卉 | 张紫妍 | 南彤霏 | 魏佳慧 | 王心怡 | 胡梦涵 |
| 丛妍伶 | 苏新喜 | 杨紫淼 | 孔祥羽 | 贺晨曦 | 陈钊涵 | 吴嘉怡 | 汪烨 | 汪诗雯 | 程榆婷 | 于佳彤 | 赵美娜 | 冯顾惠 | 黎泳彤 | 黄嘉怡 | 林斯羽 |
| 何汶靖 | 陶彦晓知 | 欧阳子熠 | THEINT THEINT HTWE | | | YAP RACHEL XIN EE | | | TEE WEN SHUANG | | LIM YI ROU | | TOYA AMI | | |

(共168人)

**1986级新闻学硕士**

张晓东

(共1人)

**1987级新闻学硕士**

张海华

(共1人)

**1988级新闻学硕士**

缪晖 韩松 刘梅 黄文彬 平川 邱江波 刘惠文

(共7人)

**1989级新闻学硕士**

单波 马续凤 魏方 石秋萍 袁晓京 李昌平 闫东亚 王辉 梁凤鸣 熊萍 章金全 薛晓红 李建民

(共13人)

**1990级新闻学硕士**

夏倩芳　刘　众　齐　平　杨兴龙　王立新

（共5人）

**1991级新闻学硕士**

曾小华　马　庆　王慧敏　赵　明　罗文胜

（共5人）

**1992级新闻学硕士**

田桂军　王继强　吴定海　韩少俊　毕　竟　腾　礼　何骁军　李思坤　张　凌

（共9人）

**1993级新闻学硕士**

张　毅　李公军　吴　曼　毛家武　蔡从云　翟长福　姜歆远　李建平　彭　鸣　周艳秋　张建平　张　松　刘剑君　叶红玲

（共14人）

**1994级新闻学硕士**

谢湖伟　苏　伟　廖声武　施爱春　胡新桥　左　彦　谭建伟　魏曙光　孔祥福　刘兰珍　冯郁青

（共11人）

**1995级新闻学硕士**

徐　梅　张志军　朱永华　王　萍　谢孝周　岳麓山　习少颖　崔朝阳　彭晓红　叶晓滨

（共10人）

**1996级新闻学硕士**

张　勇　陆　敏　唐迎春　王文利　姬军正　徐艳琼　李　楠　向清凯

（共8人）

**1997级新闻学硕士**

杨　嫚　李小曼　程　明　纪　莉　肖　珺　李　妍　熊　磊　李　莉　谭　果　罗　飞　丁洪亮　李　红　叶晓华　谢述群　祝惠春　魏轶群　黄　智　朱中奇　樊晓国　刘文瑾　廖国红　肖　意　振　利　欧阳立波

（共24人）

**1998级新闻学硕士**

司景新 侯晓艳 张 卓 周丽玲 敬 华 贺浪莎 毛晓梅 周晓红 涂 艳 马 达 王 文 唐 华 闵正文 刘智勇 刘 珍 易 非 唐海江

（共17人）

**1999级新闻学硕士**

翟 晶 葛 丰 何翠云 杜胜祥 陈新玲 卢 波 李 会 陈 凯 杨艳珊 李 钦 郭志强 李 琴 孙 健 上官虹 邓伟进 赵智敏 熊 焰 张艳红 彭 松 张发林 胡润峰 吴玉兰 刘静慧 贾玉敏 胡 瑛 冉 华 阮 卫 刘艺琴 谢雅维 郭传菁

（共30人）

**2000级博士**

夏倩芳 强月新

（共2人）

**2000级硕士**

戴 佳 郭文明 张永德 李 成 刘国强 黄厚珍 蔡 静 汪 露 邹 莹 祝兴平 宋崇义 徐 琼 沈 倩 戴益民 熊 辉 王信川 赵 莉 刘 刚 熊 英 高英雄 徐敬宏 吕晓霞 郑一卉 刘 学 雷 敏 郭志法 黄 进 田春华 甘丽华 沈赟昀 吴 慧 黄勇贤 张小燕 张潇潇 徐庭娅 贺玉荣 刘 颖 林 怡 徐 锋 张永恒 唐 哲 韦 琳 龚雪辉 吴蕾蕾 龚轶白 吴 闯 汪碧芬 钟 利 杨欣欣 肖 楠 张毓雄 阎大荣 王 强 李登清 金 风 唐卫彬 吕大雄 谭亲璐 习 风 朱华乔 赵洪松 吴华清 姜 平 李韦华 晏 俊 张 超 韩少林 张效慧 陈 新 李 华 梁晓丽 刘 芳 章 俊 王红刚 林 平 唐佳希 廖秉宜 梅超华 陈 欢

（共79人）

**2001级博士**

司景新 张海明 刘建明 黄 智 廖声武 罗 兵

（共6人）

**2001级硕士**

王友文 罗序文 杨晓刚 杜永利 刘宏宇 覃 辉 田 文 余 靖 陈 磊 唐 敏 吴 琪 曾晓蕾 龙 潭 邓 敏 龚 怡 詹 涓 朱亚勤 毕 芳 龙 蕾 何 源 徐蕾莹 欧阳询 杨 喆 刘向东 刘星莹 李瑞芬 熊晓煜 陈 刚 宋 兵 刘太阳 吴献举 陈治家 潘 咏 郭健斌 张 泓 郭小平 花 展 李慧彬 胡华涛 陈健强 张 勤 蒋晓娜 闫 静 国秋华 姚 珺 陈 玲 张晓静 吴洪霞

张 屏　曾 茜　佘慧萍　杨慧霞　郭 钦　曾 轶　肖 华　王静飞　张瑞红　刘 敏　张力力　毛丽俊　杨 蒉　周 菁　李 杨　李 华
夏冬梅　李 琳　周 娟　凌 菁　许 静　杨 丹　胡亚平　周 松　钱广贵　余晓莉　刘 瑶　从 明　李 毅　戴 维　刘前红　范小青
韩千群　陈 璐　欧 磊　陈 浩　董国栋　卢安宁　桂世河　陈 军　李名亮　陈 浩　胡黎明　莫梅锋　王 艺　彭 彪　赵 毅　罗雁飞
柏 杨　易莉华　黄 丹　杨 璐　宋 丽　尹 洁　梁晓莹　文 亚　夏 曦　张 萍　李 琦　张艳艳

（共108人）

## 2002级博士

陆 阳　侯文军　纪 莉　王朝阳　肖 珺　胡新桥　叶晓滨　叶晓华　刘汉俊　吕尚彬　罗 飞　葛 丰

（共12人）

## 2002级硕士

卫夙瑾　吴长亮　曹 茸　魏敏扬　郭韶明　宋庚一　邓 茜　陈俊妮　周 灏　易 静　沈刘红　程少华　肖 遥　洪堃伟　刘 娜　陈亦琳
彭潇潇　张海英　文远竹　袁薇佳　刘 佩　张媛媛　朱 宇　李纬娜　闫 品　金 霞　李怀苍　王玉英　曹丽虹　滕晓华　王俊健　张昌旭
傅雪婴　周慧琛　梅国胜　游 勇　徐 伟　涂卫宁　韩 晓　孟 宁　祁国钧　马东伟　熊 燕　赵 东　彭素娥　阎建光　梅 龙　伊圣涛
温 军　代 晓　张全旺　王荣环　刘丹栋　温仲慧　高进录　赵丹梅　赵 利　何振红　白云婷　刘忠魁　胡 松　王小海　夏 静　朱怡岚
梅明丽　陈 刚　傅 海　卓芝琴　罗媛群　蔡鹏举　谭 芳　陶 庆　孙丽丽　陈 睿　孙 晶　王 玥　杨思文　陈敏利　司峥鸣　张晓菲
尹 瑛　曾晓阳　谢 良　王 芳　冯 桔　李 昌　陈文举　张瑜烨　陈红艳　丁 汀　卢 娟　陈 静　邢彦辉　刘 颖　李倩倩　苏 华
柳金旗　李贵洪　张 俊　余 榕　刘林德　曹玉月　刘艳子　陈 青　马二伟　门书均　汪 潇　熊 蕾　张翠玲　安晓燕　万木春　王 莹
徐俊霞　聂 祎　蒋亦斌　陈 蓉　胡西伟　孙 健　钱 正　谢 靓　徐熙一　黄清源　张嵩浩　李 宏　朱 莉　李 箐　张 玲　吴志明
吕国先　佘世红　鲍 静　徐鹏遥　刘 勇　王 娟　刘 琴　孙续华　陈 斌　陈琳琳　鲁 华　王 琦　温琼娟　姚 尧　代秀娟　胡 耀
何小军　刘潆檑　冯中美　唐 亮　黄 峥　刘雪颖　李卓辉　张 萍　董 凛　马薇薇　法 提　欧阳云玲

（共156人）

## 2003级博士

刘柯兰　苏 伟　靳翠萍　陈峻俊　余 霞　徐小立　夏冠英　谢湖伟　平 川　刘静慧　包国强　夏 琼　刘 学　柯 泽　郑一卉　罗 雯
周 平　谢立文　冉 华　张 卓　侯晓艳　周 劲　曾兰平　程 明　陈祁岩　龚轶白　李小曼　吴俐萍　姚 曦　黄玉波　周翠芳　章 俊
刘兰珍　吴 闯　詹绪武　谢雅维

（共36人）

## 2003级硕士

李兢兢　屠晶靓　罗 磊　王 欣　程 曦　夏 青　岳 璐　苏新力　姚 琴　张 玉　曾庆香　代婷婷　吴永奎　张真真　李国政　李月红

| | | | | | | | | | | | | | | | |
|---|---|---|---|---|---|---|---|---|---|---|---|---|---|---|---|
| 程盼盼 | 刘莉 | 李光焱 | 肖娟 | 唐婷 | 李锦云 | 汪明香 | 江卉 | 张峥 | 朱磊 | 刘一男 | 周海斌 | 彭薇 | 王冰 | 罗慧 | 徐丹丹 |
| 彭莉 | 罗小艳 | 陈健 | 王雪莲 | 张洪超 | 刘飞 | 白兰 | 孙汀娟 | 徐霆 | 寇非 | 许丹丹 | 吴镝鸣 | 冯其器 | 张慧玲 | 李家骡 | 乔国栋 |
| 张秀娟 | 周鹏飞 | 卢先兵 | 李薇 | 吕洲科 | 刘晓阳 | 李誉赐 | 杨文娟 | 江彦 | 黄荆 | 杨林 | 易锦媛 | 周彩虹 | 刘娟 | 刘丽彬 | 陈娟 |
| 秦靓 | 马翠霞 | 杨逍 | 屠酥 | 黄莺 | 王婕 | 李楠 | 陈涛 | 汪洁 | 李程 | 江萌 | 万萍 | 黄晓军 | 叶志卫 | 陈科 | 孙勇 |
| 李晓红 | 郑艺 | 李艳 | 高亮 | 宋丽娟 | 陈雪 | 朱子韫 | 胡小洁 | 普进 | 杨奇维 | 丁青青 | 路俊卫 | 王莉 | 肖凡 | 郑杨 | 姜燕 |
| 胡黎明 | 陶长春 | 严文静 | 李薇 | 李洋 | 刘琴 | 杨春华 | 张晓静 | 郝黎 | 丁韵 | 张田田 | 王倩 | 李杨 | 岳改玲 | 王泉 | 李斐飞 |
| 李海英 | 陈博 | 李明 | 黄龙 | 肖江平 | 潘常青 | 马汇莹 | 姜玮 | 冯李玥 | 薛梅 | 马晓歆 | 张红池 | 李红 | 王盈 | 张若瑶 | 陆碧玉 |
| 刘唯 | 唐真龙 | 张颖洁 | 张瓅尹 | 曹稆 | 李理 | 吕蓁 | 易晓辉 | 廖慧珺 | 李文洁 | 朱丰俊 | 于小川 | 邓皎 | 俞莉敏 | 谭文若 | 严海英 |
| 周林燕 | 曹璐 | 邓敏 | 段绍芳 | 戴淑进 | 汪喜清 | 刘甜甜 | 杨兆清 | 熊慧 | 胡瑛 | 王志永 | 温彩云 | 窦光华 | 何光芹 | 魏正聪 | 伍颖华 |
| 雷曼 | 汪正慧 | 邹兵 | 荣晓曼 | 尹良润 | 涂燕平 | 谢颖 | 黄拯 | 杨庆晶 | 李真 | 张莉 | 秦丽萍 | 盖源源 | 钟敏 | 周煜 | 何军 |
| 唐玥蘅 | 林曦 | 张亮 | 黎明 | 刘润峰 | 林楠 | 吴志勇 | 郑新刚 | 马黎明 | 李颖 | 杨漾 | 龚丽辉 | 杨曼 | 郭伟 | 胡晨辉 | 蔡晓莉 |
| 蒋小娟 | 张文 | 张靓 | 姚欣 | 许玲 | 艾莉莎 | 郭习松 | 邹纯 | 陈鹏 | 廖蓓 | 龚佩 | 李梅竹 | 吕玲 | 徐长安 | 王井 | 何晶娇 |
| 余燕 | 肖诗荣 | 周瑞华 | 宋念华 | 刘丽华 | 叶晶 | 王晓晖 | 万丽 | 钟瑛 | 余姗姗 | 骆敏 | 杨丹 | 周向阳 | 陈彧 | 宋利彩 | 陈惠 |
| 陈小莉 | 罗君临 | | | | | | | | | | | | | | |

(共226人)

## 2004级博士

| | | | | | | | | | | | | | | | |
|---|---|---|---|---|---|---|---|---|---|---|---|---|---|---|---|
| 郭小平 | 王芳 | 付晓静 | 张发林 | 刘国强 | 司峥鸣 | 刘兢 | 侯迎忠 | 吴玉兰 | 徐永新 | 吕兵 | 朱清河 | 卢昌宁 | 刘洪 | 袁艳 | 王金礼 |
| 张明 | 魏先努 | 陈刚 | 魏轶群 | 陈健强 | 张晓静 | 习少颖 | 徐琼 | 彭彪 | 梁晓莹 | 王勇 | 张艳红 | 宋立 | 徐敬宏 | 余晓莉 | 陈浩 |
| 周丽玲 | 刘梅 | 张江南 | 高运锋 | 李淑芳 | 桂世河 | 卢安宁 | 谢丹 | 彭垒 | 谷萍 | 王晓华 | 张艳红 | 张琪 | 岳健能 | | |

(共46人)

## 2004级硕士

| | | | | | | | | | | | | | | | |
|---|---|---|---|---|---|---|---|---|---|---|---|---|---|---|---|
| 黄莹 | 付鑫鑫 | 张薇 | 冯华慧 | 陈善雷 | 张帆 | 孙玉峰 | 顾晓芳 | 孙晓素 | 杨洁 | 吕迎蔚 | 聂亮 | 崔琴 | 吴晓倩 | 吴跃 | 张利旭 |
| 李晓云 | 翁亮子 | 李仕权 | 张欢 | 齐薇薇 | 刘晓莉 | 王一三 | 陈忠辉 | 张蓉 | 李媛 | 史江民 | 傅夏苇 | 孙德君 | 刘少华 | 胡秀娥 | 吴丹 |
| 柯文俊 | 翟颖楠 | 黄蔚 | 周江 | 张鲜堂 | 任志峰 | 孙海峰 | 梁国栋 | 薛紫晶 | 姜鹏 | 刘献忠 | 邢晓利 | 赵淼 | 高简 | 高文堂 | 周柏伊 |
| 张建凤 | 李菁菁 | 徐丹 | 沈岚 | 李敏 | 张樱 | 方苏 | 周婷 | 陈蕾 | 阎晓愚 | 梅芳 | 智慧 | 易清 | 黄美华 | 黄敏 | 柯进 |
| 周素萍 | 屈慧君 | 廖杰华 | 王璐 | 石淼 | 李璇 | 丁庆芳 | 张帆 | 周红梅 | 杜安娜 | 黄爱芳 | 张晨 | 陈琳 | 吴清桦 | 王莹 | 王超群 |
| 汤雨潇 | 张晓莹 | 徐海丽 | 赵委委 | 刘志华 | 李为奇 | 张淑萍 | 王欣明 | 王璐 | 张莉 | 田磊 | 吕少峰 | 江军 | 李媛媛 | 李迎春 | 祝娉娉 |
| 向秀 | 罗琳 | 刘琼 | 吕洁 | 周晓红 | 王芳 | 杨雅琼 | 苏海涛 | 杜俊鸿 | 莫茜 | 王蕾 | 李琳 | 徐永怡 | 王星星 | 殷琦 | 时晓霞 |

汪　磊　王润珏　陈晓燕　秦晓明　左晶晶　赵雪琼　杨婷婷　刘　艳　朱婷婷　余　岚　韩淑芳　徐　颖　徐　柳　王建清　赵小溪　刘中礼
吴　朋　魏　兰　张　琦　慕秀飞　赵　莹　牛天翔　刘　宁　刘艳蓉　吴　谦　吴　红　曹　咏　姚莉萍　阮修星　王亚锦　田巴宁　姜　倩
汤　怡　邓　阳　李　楠　沈　荣　兰　莎　喻广智　郑雅虹　雷艳芬　曾玉梅　陈音音　陈晶晶　宋咏梅　白　海　王新锋　涂义飞　黄秀珍
陈善宝　王薪丹　袁　艺　陈旭红　李茗怡　余大锐　范小冬　原永涛　付怡微　易东平　邓　蕾　杨鸿硕　唐　丹　蔡宏华　李志丹　胡　馥
袁　媛　吴　菁　阮璋琼　陈　然　洪　潜　傅宗婧　李　彬　杨　敏　蒋晓宇　贺碧霄　吴　玮　谢　薇　杨　明　权修镇　周李欢欢
龙妍洁妮

（共192人）

**2005级博士：**

李时新　陈媛媛　张　鑫　李书藏　王　琼　岳　璐　李明文　阎建光　陈剑文　梅　龙　冯其器　余伟利　王　丽　崔　艳　王　冰　傅　海
贾广惠　王爱伟　丁苗苗　崔　萍　赵　莉　魏漫江　熊　慧　聂　祎　许　玲　钟　馨　马文丽　张田田　聂静虹　曹　刚　廖秉宜　徐卫华
黄迎新　汪　潇　莫梅锋　熊　蕾　孙　晶　李霄鹍　甘丽华　李　杜　胡华涛　于小川　梅明丽　鲁　硕　邓　庄　陈潇潇　肖　涌　于凌波
骆　莉　张春朗　庄向阳　吴定海　黄彦龙　周　胜　段淳林　唐佳希　易绍华　李　妍

（共58人）

**2005级硕士：**

张鸿飞　付双双　谭泽锋　陈世华　杨　蕾　杨　帆　李　力　李志华　张礼慧　刘慧娴　朱　琨　余　琴　田玲玲　汪　冰　谢　平　曲瑞雪
万　晶　吴扬莉　张　芳　张　蓓　张磊峰　李　琳　蔡亚林　叶　翩　赵丽娟　张　涛　董清婧　唐红杰　陈凤莉　刘元聪　王少南　田　华
黄　瑶　谢　慧　黄　嵩　徐卓君　闫伟华　方　丽　杨　磊　崔　群　薛　丽　邓媛媛　周艳春　李　静　元　伟　钟爱星　汪　莹　毕东平
杨　曼　伍修琼　马　岚　段雅丽　张　燕　毛志远　钟　良　李　珑　彭雅惠　胡　晓　付　玲　谢红梅　方　茜　贺洁星　杨　英　王名伦
朱　怡　杨柳青　郑　捷　赵栋梁　龚　玲　虎保薇　杨文婷　蒋蓓蓓　胡群智　上官婷　牛童童　李　莎　李金玲　李　莎　刘艳霞　刘　琪
陈　欣　陈圣莉　阎兴化　周　俊　胡　楠　谢怡静　王　雯　闫　双　李　晴　李　哲　康莹莹　徐　颖　陈　芬　杨　阳　李晓瑞　蒋乐进
杨　雪　何灿荣　吴　俊　马　杰　覃妮娜　林显俊　许　丹　赵　倩　夏　静　孙　莉　彭广兴　胡　琴　吴泽健　汪志刚　刘　俊　钟　蓓
李春燕　陈　艳　张德会　罗　桢　赵帝勇　肖红娟　罗延龄　卿上西　张含冰　陈　扬　张雅珠　许潇丹　郭万盛　邹　一　孙云龙　靳绘娜
袁其斌　刘　颖　袁　媛　张默伦　代　莉　黄钰琴　陈　娟　吴　昊　饶浩芸　刘　念　谢红焰　李　晓　程东明　黄　鹏　卢　璐　王珍珍
黎　卉　李　颖　陈　娴　柳候萌　居洪广　彭赟珊　刘　玲　王　鹏　白云珊　朱俊杰　朱凌燕　韩晓东　李　丹　覃　洁　王　潇　邓世开
李　东　韩　媛　梅泽亮　杨承莹　商超余　关　玲　曹牧星　沈爱君　曾　莹　颜　芳　周　磊　鲁　红　裴　琴　刘　雯　聂玉婷　张　惠
刘　飞　胡佩利　张　芬　蒋剑波　胡达恩　孟　卓　喻　铜　张　涛　龙彩霞　韩　捷　李　雯　姜姝姝　刘　凡　张　晶　曹晓敏　赵雪梅
叶海亚　卡仁石　严　林　钱明芳　刘　伟　夏文津　彭月萍　张筱帆　吴　娜　戚晓宁　罗翔宇　冯　林　马学林　彭克锋　赵奉军　王　刚
汪奇兵　汪玉玲　雷璐荣　张　莱　李良军　周　洁　王乃考　邓玉娟　陈　勇　张仕哲　黄　莉　王凌飞　孙启虎　音　坤　于永宏　彭　艳

景国成　张素华　南长全　罗文华　仵军智　朱琳　张洁　李丹　刘洲　熊敏　章黎　张宏树　刘铭　戴蔚　陈杏娟　孙玮
谢诗敏　徐俊丽　余蓉　阳艳群　李海琳　FATHI KHALID

(共246人)

**2006级博士:**

马薇薇　成凯　吴晓倩　向淑君　刘旻　方苏　黄雅堃　张萱　陈德年　倪庆华　罗慧　王俊荣　李家国　余建清　王春芳　胡正强
张明新　屠晶靓　张青　张颖　王君玲　李箐　汤怡　连水兴　陈旭红　陈斌　沈蔚　周煜　许静　胡西伟　章浩　林楠
刘艺琴　熊伟　李加莉　但海剑　杨喆　胡瑛　尹良润　钱广贵　张燕　陶喜红　国秋华　殷琦　曹海涛　于卫国　史江民　叶海
杜民　张昌旭　张劲　袁民　杜鹃　苏加斯　尼桑哈

(共55人)

**2006级硕士:**

汪强　吴奇凌　陈俊　万黎君　李相成　姜晓晓　李国平　喻锦　章爱华　潘晓明　吴多　权辉蓉　吴志龙　张宁　周新宇　郑昱
刘丹　陈婷婷　汤捷　张丕万　陈守超　冯瑄　王銮锋　李倩　车璇　林慧婕　何青枚　侯蕾　陈博雷　罗华　杨正莲　刘薇
刘婧婷　吴金明　黎迪　芦何秋　余飞　熊盛甫　刘学蔚　张丽　王剑平　刘琼　赵卓　胡今天　宁斌峰　侯耀清　杨诗琪　艾剑锋
宋薇　郑丹　王湛　潘黎　杨涵舒　杨眉　严茜　王月　叶纯　景义新　王菲　吴琼　于涛　李艳　许方健　张大伟
马荣慧　成熔兴　杨晓路　龚皓　龙凌娟　谭超华　黎秋玲　刘玲　李玲　陈晓琼　晁力凡　刘青　熊炜　廖玲　张安洁　郑琛琛
石为竣　邹文平　张光杰　曾菡　任东海　马玉佳　张月盈　冯华　王凌飞　吴颢　张颖　喻晓　郭莉　李宁　徐蕾　涂小芳
陈晨　朱晓雨　安婷　罗伟　成晰曦　李哲　谢丽　陈阳　谭菲菲　申凡　张瑾　李蒙　邓文辉　王嘉　黄敏　龚恩泽
毕昱　马婧　刘江月　陈俊春　殷刚英　方腾　李佳　张琛　郭璐　刘思维　谢建伟　罗婷　于婷婷　周洁　陈旎　杨夏艳
赵随　龚新琼　李薇　杨赛　景国云　王恬　徐雅平　骆莹　陈娟　田波　邓喻静　何慧琼　张梅贞　邱祥　龚险峰　陶然
尚婧　刘明秀　陈耕　腾小西　田薇薇　高磊　胡颖琪　曾娟娟　余慧　高文洁　杜婧　尚珂珂　李小芳　张晶　宁勺乐　汪露蓉
严严　吴晓丹　杨英瑜　蒋偲　郭沁　包慧　朱维佳　黄志华　郭婧　高凤燕　戴琦　黄焱　冯博　杨璠　汪英　黄晶
代亮　谢伍瑛　庞清辉　方菲　张秦　余元锋　张琪　喻琦　张金钢　黄海　文思源　田鑫　赵景　王志勇　吴伟伟　张骞
张蕾蕾　李佩佩　郑恒婷　张贾嘉　王亚辉　陈振凯　杨绪军　杨兰　胡蓉　徐春英　李佩佩　占琴　肖珊　陈蕾　张莹　傅蓉
杨安妮　周萍　江环　成怡　郝建国　王秋　杨燕　刘雪琴　陈利　葛英琼　沈春娥　蔡怡春　何蔚　杨敏丽　邹华华　孙传宝
徐海芳　杨丽　王珪

(共227人)

**2007级博士:**

夏涤平　杜永利　杨丹　周素珍　路俊卫　于淼　刘晗　燕玉海　梁建增　文婷　陈亚旭　黄晓军　罗宜虹　尹瑛　李洋　庄曦

岳改玲　严利华　曾玉梅　石　研　刘潆檑　姜　帆　刘　芳　罗新星　徐　彦　周　娟　余诗龙　文　芳　郭习松　邢　婉　耿　蕊　朱　亚

刘　琴　王润珏　文　九　张学标　杨忠阳　陈　昕　黄月琴　陆海鹰　杨洪新　秦　贻　冯小红　胡昌支　狄链孔　陈　磊　戴　硕　白剑峰

王江华　任志峰　韩少俊　石秋萍　寇　非　刘向东　骆　青　卢　川　郝向宏　张光辉　赵亚辉　赵双阁　常志鹏　叶海亚

（共62人）

## 2007级硕士：

李　懿　陈　雯　赵　晨　陈　诚　曹　磊　刘　榴　祁　亮　许　旷　雷　俊　赫　爽　覃　露　俞　炯　李文卉　张　莺　刘　兴　喜　娥

秦小辉　蒋茜悦　田园子　杨天陶　魏　莱　王　竞　应柏璐　吴　芸　汤　洁　魏　雯　李书龙　马　丽　杨春娇　荣　婷　邹玲华　陈雪莲

万　婧　魏　尚　陆　艺　王　艳　陈智勇　漆　菲　闫小莉　吕　莎　毕玲玲　李　群　陈　燕　王橙澄　张　虎　黄春宇　刘永晓　吴广定

彭　颖　程　群　张志龙　邹文静　吕　星　张雨燕　刘莉薇　万　慧　肖晓峰　翟晓洁　邬红波　凌关胜　张留营　马春皎　陈　珂　张贻苒

朱梓烨　杜鹏君　杨　震　马庆圆　李子薇　吴　琼　于　艳　詹杏芳　李宗菊　闫　虹　毛德胜　牛丽燕　李　婧　张　胜　薛闻喆　禹　亮

刘　丹　李　迁　简承渊　程玉婷　梁晓艳　李旻杰　段　磊　靳军标　靳军伟　王　春　赵建基　何　斌　张玉萍　金　源　赵红梅　刘吉桦

刘霁元　刘　英　肖　军　辜建华　王　迅　饶　饶　王　懿　王　蓓　陈　鹏　梅　超　张　雯　姜云峰　赵　璐　刘　琼　杨宁宁　申柳娜

余　晖　王　允　秦雪冰　杨　娟　罗　青　程思思　皮理礼　喻　丰　李泽玲　车蒙娜　袁雪青　郑　璐　姜　甦　陈　硕　刘　念　孟　滔

熊　俊　游笑春　邓凌云　彭一苇　周冬冬　吴江龙　连　瑛　施　鹏　丁　艳　孙庆伟　郎杨琴　习　浏　刘　勇　杜红吉　时　爽　万　颖

干　君　胡琼之　董少伟　朱智红　郑　璇　孙　溪　陈　妮　周　密　黄　华　张　艳　代松阳　文　婷　龚　晨　史　果　石文钟　臧　斌

刘　梅　谭　论　钱　金　徐　莹　付海燕　吴小康　鲁明月　王　璐　李娇艳　吴世文　金　雷　张　莲　李庆青　杨学用　黄珂莹　郭豫丹

彭　君　肖文娟　刘　茜　王文宁　罗志彬　邓　爽　梁　夏　张　敏　闫　岩　吴洋洋　吴瑾怡　周亚齐　闻　莺　石心竹　唐　牛　王　媛

周　钢　陈　娟　刘淑芬　汪　贝　毕　杨　胡燕飞　李　婷　詹毕玲　任恬恬　袁文霞　侯琳良　陶　珺　王　倩　张冉亮　金在玉　邓金龙

王　慧　兰璐希　司念伟　罗　璇　陈　陶　姜　杨　熊仁明　刘砚明　张慧娟　刘文莉　葛玮华　罗新宇　杜　海　张芳红　李　健　雷　鸣

孙亚萍　王凤仙　易崇英　成毅涛　刘　浩　武　猛　丁敏玲　田　俐　赵米振　祝传鹏　欧爱萍

（共235人）

## 2008级博士：

王雪莲　陈小娟　杨　珍　王　洁　严　茜　刘建新　孙丽丽　罗小东　梁　锋　张丕万　陈敏利　黄　斐　严　慧　郭淑娟　李　明　吴　恒

黄清源　吴　颢　刘　震　丁　洁　王丽红　寇紫遐　汪正慧　柳庆勇　代婷婷　杨　雪　王晓江　李霄鹏　何谨然　余丽蓉　门书均　罗书俊

季为民　刘圣红　余冠仕　易菡露　朱　佩　娄垂新　李　勇　孙　敏　赵　凡　郑　瑜　董海涛　胡春铮　邓茂生　师　静　姜　鹏　钱燕妮

陶长春　甘永平　聂远征　曹　茸　曾庆香　段　知　亢　平　屈慧君　陈逸翔　陈　璐　徐耀强　张辉德　陆　敏　谈浩渊　阮成功　那　迪

卡莎丽亚

（共65人）

**2008级硕士**

陈灏　关绮薇　麻莎莎　黄　平　江　夏　于囡囡　李　思　张仙凤　张　丽　袁　芳　方红群　赵　蕾　符　静　张婧婧　王　翔　殷　尹
王志伟　吴林珂　夏　亮　刘晓丽　王　敏　陶思思　王恺凝　张　勤　薛　莲　孙　思　傅　倩　尹　莉　夏　珺　王　洁　尚　聪　邵　菲
李　娜　沈文慧　丁艺婕　孙　妮　李　婷　彭　环　张　丽　赵远远　刘　婵　鹿　青　江海燕　史诗阳　朱文成　邱　越　陈卓琬　谢银波
王艳秀　王会丰　沈　静　徐齐鹏　余增辉　周　楠　司文博　潘　超　汪亢亢　安　琪　冯　倩　崔宁宁　李　婉　张艳利　潘　黎　熊　园
叶培雪　丁乐平　罗　勇　朱晓佳　赵　欢　黄　菁　刘纯怡　王　婕　张　婷　王冠一　张　遥　李鹤琳　周燕妮　李　蓓　康　虞　罗　芳
梁宇峰　古耀远　李炳伟　胡东梅　成敏男　谭春艳　万少飞　孙　丽　陈　实　李薇薇　李云峰　叶　慧　潘　威　王　冲　潘文轩　苏　颖
陈　丽　李　苒　贾红涛　王　婧　陈　琨　马　露　熊　慧　万　聚　尹　力　温姬彦　青秀娟　何　苗　陈　婷　徐欣然　方　慧　包　晓
魏　琳　王晓光　汤　殷　彭浩浩　李　博　朱江波　陈　杨　吴创溪　王希鹏　邓　媛　李燕妮　梁　桦　王彦林　张瑞洁　甘　毅　崔向东
张灿灿　宋曾艳　任芳芳　赵　岳　罗志超　黄　奇　李静芝　张　驰　贺　程　梅晓春　谢　燕　田　东　冯　强　王红伟　赵丽霞　吴建才
杨晓雷　宋　鹏　肖秀丽　韩晓璨　成之莹　徐瑞民　李星昊　崔江涛　李菲菲　孙雪娇　何漫漫　王新静　陈予燕　李旭东　杨　亮　姜　磊
陈　翠　满　达　丁璐燕　陈锦华　缪　媛　冯　晨　陈小红　宋　薇　宗　林　刘于思　周睿鸣　贾洋洋　余　芊　王巧桥　李　倩　孙　珂
涂姝婷　卢　灿　何娅妮　戴雅楠　邢知博　王　倩　胡　静　赵晓娜　潘月圆　董鑫明　何积苓　克里木　夏永辉　刘　姬　罗　凯　薛晓峰
崔　静　刘光明宝　YOO SEOHYUN LEE JAE EUN

(共196人)

**2009级博士**

张梅兰　邢彦辉　李秋菊　魏　旭　马　原　郑中原　简承渊　吴　宁　姚　坦　张璨尹　陈　科　凌　菁　芦何秋　王　莉　杨思文　王超群
刘宏宇　吴世文　胡琼之　朱剑虹　黄洪珍　孙　黎　彭赟珊　阎晓愚　张　萍　魏正聪　张　莉　董雪飞　李中秋　车蒙娜　陈　薇　黎　明
夏　琳　刘学蔚　赵　欣　佘文斌　刘晓黎　王虹光　李　彦　余晓阳　于婷婷　熊　燃　文远竹　王　巍　向　熹　南长森　窦锋昌　李　东
尚明洲　段功伟　王　勇　张　晗　莫智勇　李晓红　刘　俊　戴忠泗　周建青　佘世红　吴　红　刘　倩　丁　宁　EL OUAZZANI AMINA
JU MIN UK

(共63人)

**2009级硕士**

宋方方　马文萍　寇云鹏　郭　涛　崔力文　袁于飞　吴晚林　陈　巍　周　健　李　斯　涂曼子　李彦臻　刘虹媛　艾思思　柳思思　罗　鑫
林晶晶　张　钊　付　霖　郭文杰　肖　南　孟晓光　曹思婧　冯雷亮　武　淳　闵馨锐　万仁辉　颜春晖　付璨然　刘新全　蒲慧敏　鲍文婷
陈壮壮　刘　丽　邵蓝洁　邱　雨　黄文娟　唐　茵　郝思远　王　静　冯　琨　刘冉冉　周　凯　刘　阳　赵　艳　张　延　牛春雷　杨　华
刘颖超　张　林　吕苗莉　杨艺蓓　肖　潇　刘　洋　刘志月　刘雯菀　张明蕾　薛小庆　刘　偲　周　瑾　黄子易　田睿潇　李　楠　王志勇
郭蜜蜜　简　力　宋沛文　王　嫱　袁恋淑　王　俊　冯可佳　蔡世雯　彭文轩　王　岚　胡雅琴　李　睿　李紫微　胡　睿　苏　醒　蒋静雯

武 叶　苏好好　喻伟民　陈 杰　马晓媛　张 楠　陈 铭　王 敏　孙 禹　潘天国　孙诗倩　徐兴东　梅 培　卢 楠　查小兰　姚 琼
周倜然　李 贝　田 宓　杨文丽　彭 幸　管 理　王春梅　肖云颖　崔 凯　韩 雪　肖旭芳　贾静梅　王秀兵　牛晋阳　刘 萍　曾 丽
周 芳　李琰培　谢惠娟　杨述娴　马 静　周 翔　陈 璨　李琳琳　汪行东　齐素静　文 静　刘婧艾　杨 明　严梓瑜　罗祎辰　孙威威
郭 凯　付丽娜　姜兆兰　王群艳　周钰涵　郑 萌　李 丹　王新帅　谭淑娴　王 琛　赵美玲　赵子梵　余 燕　贺亦君　庞 君　刘 莉
高 冲　马 丹　付兴民　李思明　杨 燕　黄 慧　彭 茜　陈 莎　王湘心　李 莉　任理华　雷 霞　王珪珍　刘耀辉　白凤利　夏凌捷
杜 沁　马 超　饶 瑶　卢丽妤　邓秋菊　蔡舒婧　黄 奎　黄健源　罗 璇　彭晓妍　杨 杰　申 丽　姚 赛　燕 山　王 磊　徐 林
李 韵　付 蔷　周 豫　柴如瑾　高欣雨　邓 倩　刘 娜　刘晶晶　王 帅　邵红星　陈佳荣　张 锋　吴向业　吴 飞　凌墨威　陈 嘉
苏 潘　谢颖明　李 艳　黄 颖　李 强　肖敏琦　徐一葭　王 蓉　金 岩　潘华萍　余 佳　袁 侃　秦兴梅　彭腾龙　池欢欢　高维霓
陈 玥　蔡 芸　骆燕玲　朱海波　胡明达　谢许场　罗 珊　姚丽娜　吴博夫　刘小舟　冯 娟　吴雪云　赵玉涛　郭俊锋　潘 艳　卢宗旺
王成涛　邹 宏　吴海燕　张社宁　程思源　杨 柳　刘 牧　李艳艳　张 红　李春丰　龚迎炜　潘 曼　刘 莹　姜孜颖　吕 露　娜 仁
王昱晔　何世杰　陈 曦　BE THI MAI HANH　MOHAMED EL HASSEN AHMED

（共245人）

## 2010级博士：

魏 尚　金 璐　夏 青　翁亮子　王声平　胡衬春　姜 欣　李海昌　周 榕　张钢花　胡海南　周 敏　王彦林　贺 程　谭文若　姚劲松
刘吉桦　陈 蕾　桑莱丝　李保存　姜 波　刘艳娥　吴奇凌　王 洁　杨庆晶　张利平　乔同舟　王 锐　何鹄志　赵 寰　王 旸　曾 伟
林 翔　仇 玲　王一岚　张 晨　周呈思　郝 磊　蔺玉红　李 品　王 冲　王 珏　王伏虎　万速成　何 江　艾 岚　汪 青　刘 敏
高丽华　蔡 静　张勤耘　周建亮　雷 霏　聂 莉　蔡鹏举　冯宇飞　谢伍瑛　徐振祥　吴文瀚　凌惠惠　高鹏铭

（共61人）

## 2010级硕士：

高 朋　张 文　方 磊　刘倪虹　罗晓庆　吴超凡　李 婷　胡新智　刘 郇　柯 锐　王 雨　张婷婷　张文丽　钟馨如　王丹艺　卢玲玲
叶 凡　付静宜　肖 黎　段思平　肖 芳　宋雅君　吴 婧　常运佳　曾 芳　雷 云　周 凡　王婧婧　李丽琼　李晓梦　陶木子　张世昌
赵鹏飞　汪 婵　陈漫清　徐轩袁　方明华　董光耀　毕玉婷　朱伟伟　李梦瑶　孙艳茹　杜 萌　韩苗苗　韩 帅　武宝贵　徐新星　杨肖宁
张 瑜　范红玉　甘 莉　闵 瑞　涂 晟　钟 林　温 利　张 磊　陈 苓　蒋 臻　梁 宁　杜 婕　潘 播　宋 扬　魏晓洁　何 阳
黄 艺　刘莲莲　屈晓妍　龚 莹　王 娟　李丹丹　袁 玥　文小宇　廖 婧　金 婷　吴 璨　付昊苏　崔 权　贾琳琳　陈 姮　王 群
毛元妮　卢思捷　邓作祚　张 盼　吴 铭　范 晔　黎翩翩　吴 丹　肖 潇　熊争妍　刘冰洁　张燕萍　李 艳　朱 泓　陈瑜嘉　童 颖
王 珑　张 星　陈斌华　胡 博　吕慧怡　徐 蔚　扶 雾　胡丹丹　刘冰芬　周文婷　张欣然　王 璇　张 佳　李倩岚　熊 晨　吴洪莉
刘婧婷　胡 然　黄路漫　赵天然　李 莎　王 玲　黄 康　贾媛芳　闫国威　秦 峰　郭志刚　容 薇　夏 奕　祝 洋　胡诗琪　曹科明
胡 芬　张妍妍　赵 茜　刘 晓　邓翠平　吕 洋　滕林林　崔卓宇　王小雪　张 喆　周德军　陈丽如　宋 倩　胡哲衡　蔡晶晶　王玉娟

陈莹　龚晨　宋小晶　潘彤　靳洋　张福秀　王倩　张瑜　陈璇　杨兼　谭雯　赵力　徐乐　项鹏　范璇　许瑶

黎紫薇　余娇　张子健　王向辉　武汉珍　张小雨　赵梦星　李若诗　王萌　彭永刚　吴严　刘学增　矫晓虹　赵文雯　刘芳　汪静

周娉瑶　邓巧宁　胡大喜　何花　陈璐　魏岭　刘逸婷　刘梦涵　杨柳　李雯琼　朱霜　杨艳霞　冉敏　盛小艳　梁爽爽　张星月

李珊珊　陈芸　刘芸曼　陈琪俊　聂东白　梁茵琪　刘晓丹　高雅　徐芳琳　罗熙　杨乐之　邓瑶　闭翔　曾晓宇　官庆庆　谢斓烨

张瑜洋　朱佳妮　曹博林　刘鑫　潘冰　张玖丽　陈旭　马瓅　杨幸芳　栾真　于薇　盛达　谢佩芸　杨惟名　谭德磊　邵华

汪雯　李志雄　陈曦　葛根塔娜

（共228人）

## 2011级博士：

唐佳梅　卢晓华　龙念　田园子　张宏莹　李钧德　赵平喜　陈铭　马庆　陈航　管成云　王艳　陈朝晖　熊英　李昌　刘淑华

冯强　袁勇　吴洪斌　申勇　焦德武　褚金勇　高超　李志雄　吴俊　邓倩　姜伟　白嗣新　盘石军　黄毛毛　张帆　刘艳子

谭辉煌　宋若涛　邓超明　叶欣　唐玥衡　秦雪冰　邹盛根　何清新　王逊　赵伟　陈玥　张瑜烨　周宇豪　于凤静　宋正

GILLANI SYED AWAIS HAS

（共48人）

## 2011级硕士：

谭钦文　蔡策　赵苟　童曼丝　李怡然　彭琴　刘锐　田桂娇　张赛男　孙佳　杨仪　李蕾　韦宏　宋森然　杨一帆　严航

黄思思　朱月月　张凤娇　郑茜　林楠　宋晓东　邹春霞　余婷婷　蔡倩　陈雪莲　李亚琦　刘欣雅　陈诗甜　李君　代琪　段念青

宋丽平　范琼　范付纸　李巧　鞠顿　刘瑞　胡筱　丁倩　郭冲　赖星　饶恒　张慧　罗娇　贾艳杰　温江桦　冯军福

徐荣荣　周样样　李曼英　张文中　尚瑾　林忆夏　吴迪　朱雨蒙　莫玫瑰　陈晓彤　樊美玲　王迪　胡佳轶　易筱凡　李淑姮　陈雯婷

杨璐　韦璐明　刘贞　刘艳辉　谢吉　王超　屈慧　时潇锐　曹佳黎　孟丽娟　张瑜月　喻王彪　边缘　周修媛　王艳春　阎凌

陈韦　姚瑶　宋佳　王超　王璐　胡莎　叶子兰　李卓　丁宁　宋博　熊颜　谢婷　李璇　陈莹　罗晓雨　何煦

陈玮　黄豫　杨鑫　肖剑波　崔婕妤　康宁　石克尧　陈剑锋　赵曼　徐晗　邹欣宏　吴茜茜　朱林萃　梅苏筠　许志勇　杜思

夏婷　燕语　罗雯　胡玉婷　罗坤　杨虹　刘美　董宾　王莹　李雨　王金雪　张帆　陈珊　黄文思　张晓阳　姚鹏

夏莹　罗祎　邓莹　雷鹏程　胡冰冰　谢庆　金晶　陈立伟　李萌　郑汝可　邵永振　吴占勇　吴逸悠　罗晓星　胡杨娜　熊梦雪

朱丹　赵新娥　余子涵　郭彪　付帧　黄雨蒙　张梦洁　高洺　祁天　梁璐　杨少同　刘雯　张启山　刘玺辰　左宗诚　卓宗清

张亮　孙志博　刘海锋　夏熊飞　唐淼　张翀　魏笑琛　张姝婧　张超　康艳　李安哲　王虎　卢雪梅　陈小聪　林敏　徐昊山

朱玲　吴婧靓　张晨子　赵丽君　张强　刘闵文　刘学　王放　余鹏　杨开源　杨升　范文谦　张馨文　张余　蔡孟妍　黄梦田

吴亚祺　林露虹　孙桂东　李明轩　李梦迪　陈玉洁　侯麟娟　邢晓宇　肖文倩　樊佩　赵旭东　李卓群　张朝鹏　许亚薇　曹晨　郑晓蔚

毛佳韵　张释文　贺琼　李小光　薛丹　倪萍　王玉　袁方　王晶晶　魏扬　杨莹　徐文俊　JUVIS TAN CHIN HUI　WANG

ZHIYANG

（共222人）

**2012级博士：**

王书章 梁钊丰 林 翔 佘 杨 朱祖熠 苏宏杨 李 洁 刘高阳 邓 为 王茂亮 谢 念 刘莲莲 李宇峰 覃 进 景天成 姜诗斌
吴鼎铭 龚芳敏 陈博威 李 文 高一萍 彭 松 李 杉 赵乐乐 张 婷 李 凯 刘文杰 张鸣民 颜景毅 马二伟 王红缨 曾 琼
迟 强 徐莉莉 张晓静 韩文静 姜可雨 曹 艳 蔡卫平 杨志开 辛文娟 陆 瀚 李 轲 徐福山 杨金瑞 祝兴平 程小玲 张 柱
邵 娟 刘 潇 温 震 周中斌 杨同庆 侯 毅 李 倩

（共55人）

**2012级硕士：**

于 阳 赵玉芳 刘晓蕙 吴俊捷 吴 双 刘 桔 李 露 姚 芸 赵 玲 徐荷清 郭 璐 贾小军 仲芳芳 张彦彦 张 乔 李 解
肖 琴 汪乐萍 楚 娟 付晓晓 郑会燕 林 莉 魏文秀 邹倩芸 王 佩 李 鑫 秦凯兰 朱 懋 邓洁琼 陈 洋 杨 望 赵 楠
李 默 孙宇心 周 玮 张东雁 谢欢欢 乔红兵 王 涵 冯 蔚 罗忠政 沈 蓉 孙 珊 谢 礼 田 戈 杨智杰 李天君 苗大壮
欧宇斌 戥焕兵 匡 艾 江 山 邱成瑜 童 琳 李志东 黄 芸 刘 真 毛颖新 杨凌星 鄢舒文 汪 泉 任晶希 肖 潇 叶 静
张 晨 夏明名 徐 畅 黄 瑁 刘 箫 林卢心 胡朝渌 高晓芳 李亚萍 周曼婷 杨 昭 何诗恒 吴 翠 刘 露 赵戎墨 杨依依
刘月红 杨郡媚 邓亚丽 窦瑞晴 古桂婷 徐 旻 褚劲松 秦嘉敏 罗雪珂 杨小凤 张蜀君 邓 雯 赖 涵 陈梦霖 朱艳华 孙海新
龙晓丹 刘加会 方 静 张 静 洪 燕 徐新媛 叶 倩 乔泆飞 胡晶晶 王娅飞 范 苑 曾益民 陶 琳 付一枫 陈小敏 于建红
尹晓光 宋照龙 乔瑾璞 杨彩霞 范小洁 范洪岩 张盼盼 张姗姗 刘淑姣 肖 铮 张良慧 杨晓燕 胡程远 顾雨霏 王雨濛 刘 欣
尧 遥 秦 璇 谢道喜 刘 彧 张家齐 卫 萌 陈 思 黄上国 冀 洲 冯大鹏 卢增锴 邓成章 刘俊俊 安焱家 程晓璇 姚荣华
周良玖 石 磊 梁 延 贺 旖 罗 路 汪 菁 丁淑娇 张伊妮 杨小燕 黄 珺 管君秋 金洁珺 滕 菲 李 爽 宋小星 麻赵盼
熊英子 陈 琛 陈安俊 芦姗姗 强 男 李 超 茹梦捷 蔡艺斐 张 薇 何 淼 胡 伟 彭 雪 魏 欢 熊 逸 王 婧 井春冉
冯孟娇 程玉涵 杨林静 熊 迎 卢 薇 白 冰 王 靓 何 明 欧阳晶 李晓姝 周镇铹 李 珺 易睿瑶 严 丹 刘 霈 孙 菲
刘 鹏 吕昀蔓 晋艺菡 刘巧玲 田 恬 邹仕乔 朱 婷 程 贺 马 越 薛 萌 林利红 朱 昉 梁 婷 汪海涛 王一超 何 杰
朱晓艳 鲜于灵芝 ISHENGOMA HONORATUS JOSEPH

（共211人）

**2013级博士：**

唐佳梅 刘欣雅 徐立军 张永恒 王丹艺 袁 满 陈花明 徐 锋 李文冰 田小波 黄 钦 王 敏 郭 辉 王少南 朱 丹 林 颖
李倩岚 章羽红 王凤仙 熊芳芳 李 镓 王 润 戴淑进 秦祖智 许欢欢 姜 涛 韩淑芳 蔡立媛 欧 霞 戴山山 柴颂华 王 佳

王　媛　李孝祥　刘玺辰　万　丽

（共36人）

**2013级硕士：**

郑佳丽　向　筱　邹　玮　刘雅琛　刘　重　魏文娟　陈仲喜　隋　丽　杞　姝　欧维维　刘　希　李铭皓　康梦婷　赵晓曦　乔　倩　方慕冰
庄家梁　张腾方　吕　蕾　杨冰柯　王晓晔　杨杪苗　刘　锐　刘新可　刘　钊　谢为建　汪振兴　金　涛　林思文　蒋枝宏　张怡婷　彭雨蒙
鄢　然　王静怡　王可佳　叶文宇　张丽君　黄妙妙　马海娇　翁一洲　罗　丹　张楚楚　徐　珺　樊俊怡　杨洁琼　彭铁鑫　陈世立　王伶俐
余慧君　尚大原　刘冠伦　董文丽　袁志茵　徐　玮　蒋秋雨　谭　谦　王　蕾　徐婷婷　毛　鑫　毕泉娇　杨　菲　陈思慧　陈安繁　江　媛
董　薇　刘春城　徐梦瑶　田　朋　杜晴晴　许　丹　陈沛然　梁芳芳　李晶晶　时再林　王　斌　谷慧慧　唐小玲　张曦予　刘　骏　李　楠
丁　月　宋明玉　曹琬晨　潘梓萌　祝　捷　薛海霞　何筱梅　陈一夫　李　翔　王梦瑶　张钰媛　张培琳　沈亚圆　陈　雨　李　阳　汪　艳
王　婉　冉令邦　晏圣古　方园卉　梅　洁　周　蕊　肖海闽　王　悦　张冬阳　张　雯　任　重　刘艺聪　吕　哲　林　斌　梅　辅　魏文芳
朱若愚　陈　川　余晓文　王　旭　林丹凤　王兴华　彭　戈　魏艳文　车勇成　蒋　蓉　彭文洁　范　银　姚　兰　汤晓月　杨　星　张可儒
聂玲玲　奉青玲　罗　砚　陈国庆　王英达　邱　玲　鄢志勇　朱翔翼　肖群萍　李娥眉　曹艾瑜　余安安　邱栎艺　刘俊伶　熊　锋　李苇薇
余　咪　李致宽　李思康　张佳瑜　石渥宇　王　熙　李　思　陈　缘　邹　菲　冯　倩　姜　楠　叶　雯　汪　亚　邵洋洋　杜紫芸　欧阳琦
王姗姗　温煦光　卢　晨　张　艳　邓　莉　邹梦凡　王立娴　黄勇浩　王文琳　张常悦　许文苗　钟新星　龚　灿　金　秋　毛　云　林诗婷
郑　炜　袁雨萌　张　瑨　李沙沙　兰　芳　李桂霞　岳　跃　章晋萌　曹小妹　李　鑫　任　煜　曲　彬　秦　岭　周晓焕　周　雯　张　隽
李如胜　王劲松　黄　文　陈文博　郑　青　NGUYEN BAHUNG　NGUYEN THI THANH TUYEN　LAINGONIRINA FRANCIA CALVINE

（共200人）

**2014级博士：**

徐　迪　张勇军　何　地　王　娟　田忠卿　贠翔悦　陈　波　李小光　李振中　贾　军　杨逐原　姚　鹏　黄丽媛　周立春　陈瑜嘉　权　玺
晋艺菡　李斐飞　简予繁　冯济海　田佩静　李　强　袁志坚　支英珉　陈志鹏　石国胜　黄伟迪　李　婧　许同文　张　蓓　郑忠明　戴　滨
吕　瀚　张凯华　曾振华　刘丽华　杨　嘉　李　静　阮　毅　李春玲　陈国昌　曹　瑜

（共42人）

**2014级硕士：**

罗瑞垚　代慧敏　邹　方　宁叶子　樊　月　刘居星　章元元　张　洋　张梦雨　程小燕　张笑晨　袁斯来　华文文　郑　慧　刘　铮　詹　佩
许　可　禹　露　王琪媛　陈　涛　杜瑞雪　贺婷婷　李　莉　董　宇　徐　楠　徐晶晶　李　欣　聂梦笛　丁世杰　黄云曼　石依敏　范　婷
陆亚男　罗桥凤　刘由钦　杨泽亚　黄思学　成　升　方紫嫣　孔钰钦　杨　娜　卢世博　曾　龙　徐　精　朱若谷　解雯超　邱加州　张　鹏
胡　娜　马　刚　张　军　陈　萍　李　默　李晨琛　李　程　李　璐　邵士博　黄　煌　尉靖苒　杨　颀　杨　烨　邱经天　郭玥彤　杨　静

黄丽娟　赵　然　靳　磊　王冠禹　张梦硕　张鑫卉　尹丽娜　秦　亚　王玉佳　骆　丹　李孟宇　付　苇　李　凤　马　骁　周夏宇　吴　丹

朱雪琦　解晨枫　童　瑶　焦夏飞　杨应宜　陈　敏　王　野　舒丽萍　戴雪娟　杨　瑞　关俊荣　诸冰羽　潘章帅　肖　畅　尹　伟　徐少申

吴梦梦　曹　菲　王雨婷　陈新宇　陈　静　林　瞳　李　娜　周浩然　张延坤　李抟南　谢灵子　马宇丹　黎巧贤　陈思凯　吕奋进　叶　军

张　锋　莫　浪　李　杨　刘晓林　黎　敏　邹达豪　江　珊　黄　峻　汪子怡　王思茂　阮婧斐　高　雅　李浩然　姚　琳　邱　越　李　柯

夏世琦　王俊俊　赵梓涵　周逸青　李晓雪　赵　耀　王　凯　孙亚云　王瑞成　吴文静　张　爽　郝珺曼　杨雪萍　孟　薇　俞佳慧　郑园园

童徐伟　高　超　宁函夏　夏　瑞　魏璋倩　桓　薇　肖春丽　钟　娅　姜天骐　姜娜敏　杨晨依　宋昱莹　周易晖　何加贝　洪雅茹　李雯凤

李金书　周梦婷　杨霖怀　左　威　段昌伯　邱雨奇　夏　琪　侯广宇　王晓武　杨　琳　向春利　胡成志　彭雨昕　王法文　王玉芳　陈　狄

杨丽莉　刘　畅　游　佳　王　雷　刘康亮　沈昭君　毛慧娟　张　雪　陈　文　马桂滨　宋　梦　胡恬波　沈进虎　徐　日　王秀玲　罗奇志

王俊杰　朱　磊　王亚飞　周泰行　曹志军　赵本凯　皇甫旭梅　陈余丹诺　鄢彭汉青　努尔比亚木·阿不都热西提　LINDA LESTARI　DIOUF

ALIOUNE BADARA SEGA NAR RAFET

（共204人）

**2015级博士**

窦瑞晴　陈　星　林　莉　杨　雪　邓　敏　夏忠敏　龚新琼　原永涛　吴占勇　熊　鹰　奚路阳　王继周　李　鹏　蔡泽希　任思国　盛　谊

霍　敏　袁志坚　曾娅洁　余　榕　李　京　许　光　任洪涛　谢博闻　袁　侃　王　雪　王斌斌　彭云峰　刘奕夫　李政敏　韩为政　陈天依

刘　锐　熊　敏　刘润峰　周亚齐　李瑞仙　白旭晨

（共38人）

**2015级硕士**

李润阳　何逸明　刘　亮　余　雄　毛文彦　刘　斌　于泽夫　白阳南　徐位毅　李　频　陈　设　邓景夫　裴顺礼　贺　波　陈俊源　姜　韬

胡　跃　常筠依　罗　丹　马　露　夏子杰　谢晓芹　雷龚鸣　张诗宇　黄橙紫　温　婧　户庐霞　李佳雯　杨梦晴　秦子茜　吴　迪　苗　莉

张梦云　魏志赟　吴泽华　陈晓莉　徐　恬　闫泽茹　杨　娟　刘梓茜　陶如意　韩　洋　姜泰阳　廖玉玲　陈昕怡　李珂欣　贺梦云　李秀玲

石　丽　宋任智　郭慧玲　吴　青　黄羽茜　王云飞　蔡家欣　余乔丹　张蔚林　王　欣　方　圆　董　慧　尉靖苒　杨　烨　靳　晨　黄　煌

刘瑀钒　黄莉瑶　杨　顿　张亦旸　廖濛萌　王子尧　代小佩　童　美　何云欢　邓淑文　吴　思　李慧敏　吴　倩　鲍蔚萌　黄轶群　杨　悦

卢星余　赵璐阳　黄文砚　王大庆　魏　澜　郑逢燕　宁馨怡　陈咏欣　孙杨利　张誉千　钟婧圆　施承毅　朱晗宇　耿书培　杨　璐　黄爱贞

李　青　刘　璐　肖　迪　陈子婵　刘瑞琳　肖宏昊　陈官钧　李　媛　徐晓宇　林振中　邓昌平　魏新华　徐　井　左腾木　连子铖　闫　丹

张　静　康宇坤　张　丹　辜　丽　卢子怡　张春园　邓　涵　王一伦　付姗姗　熊　欢　余　艺　张露曦　刘闪闪　常　宁　潘方媛　李　黎

王文超　匡　吟　马　楠　吴上媛　韩　爽　刘涓溪　肖淙文　荆雪萍　杜　雪　邬伟楠　张　明　李　俊　端丽林　刘　潇　沈艺敏　于宜冉

黄　琪　张　思　聂宗杰　李梦琦　何菁菁　吕顶文　肖　双　宋　奇　张宋丹　曾　玉　钱　程　陈鹏程　黄艺丰　王子君　曹春丽　孙逸安

杨家起　秦天贶　林　婧　黄　颖　陈唐文　武　丹　沈　洋　戚　彩　胡建波　李　业　叶　青　姜倩文　黄穗绮琳　刘畅马跃

DO THI THAM SHULPINA DARIA INTIKHAB AHMAD ALSEITOV BAUYRZHAN KWITONDA JEAN CLAUDE KIANI ATAULLAH TANAMAL MINCHE KAMRAN SADDIQUE SYED FAKHAR IMAM PURBA ROSDIANA ALSHARIF EGLAL MOHAMMED ABDULLAH AL-SHARIF TAREQ MOHAMMED ABDULLAH

（共186人）

### 2016级博士

孙宇心 何兴煌 戴劲松 陆扶民 程 磊 曹 珊 胡剑南 王 思 张 婵 刘 骏 周 磊 殷 云 戴 骋 王 昆 蔡木子 陈万怀 刘又嘉 马 玥 王冠一 黄 荣 丁敏玲 秦 晴 赵红勋 刘 婷 王 飞 陈 俊 段永杰 万 萍 叶春丽 吴柯达 吕 铠 钟 娅 郑新刚 张梅贞 罗雁飞 战令琦 侯 雨 乌日罕 DALEEN AL IBRAHIM TRAN SON TUNG PHILLIPS ADRIENNE SCHANAI

（共41人）

### 2016级硕士

常筠依 王 玥 刘诗萌 程 玥 赵兰涛 赵颖颖 叶 琼 余嘉欣 李曼霞 张志丹 悦连城 唐 宇 王晗阳 章静怡 凌 昱 李阳雪 刘馨玫 沈宏宇 左翰嫡 李 硕 刘惟真 时吟雪 张景南 胡颖娟 朱天泽 高 瓴 周 敏 张琳悦 罗 景 浦玲丽 杨雪子 孙 璐 李新新 吴婧怡 王楚慧 何续亮 陈诗琪 田梦雪 李 聪 何 怡 刘秋怡 王晓婉 陈璐璐 李露露 张红梅 刘 鑫 伍子超 王冠宇 张 琪 张皖疆 何 芳 周夏萍 许孝媛 徐莉程 周 敏 侯彤童 贾碧筱 李泽华 王 竞 王博文 王佳昕 张艺凡 邱贻馨 杨云轲 邹文雪 王潇雨 徐青青 袁思睿 万 力 万襄甜 孙海燕 赵俐苇 何籽颖 赵欣玢 闫佳美 邹文佳 李晓菲 肖罗娜 何玉影 刘 怡 张学慧 聂 迪 刘 禹 岳虹妃 王 桐 卢俊雅 游 欢 赵石榴 兰 雪 何进进 周佳玥 戴辛夷 王旭坤 方志向 吴 楠 郭 恒 雷佩琦 王婉贞 何嘉仪 甘炜聪 刘雪琪 郝秀奇 张一蔓 彩 琴 张学敏 白菊花 雪 笛 郑佳卉 杨 琳 吴 蕾 陈 璐 吴梦婧 陈格格 郑格非 刘 敏 陈晓宇 邓艺雅 石 婷 易 凡 余晓倩 高 阳 梁 骥 林 砾 段 豆 陈 伟 宋汉涛 李昭鸿 许筱珂 陆晓璇 闵 津 张诗茹 李 烨 杨克双 蔡雨歌 汪梦丽 周 璇 于惠琳 张 童 张煜格 全鹏飞 薛 乐 宋晓旭 潘 攀 李 绚 杨 涛 高 程 李 磊 葛 琳 刘 涛 胡敬薇 操 彦 王 辉 汪霞菲 凌 晨 魏广琦 郭 淳 安 迪 李子阳 王嘉宝 张千里 杨甜甜 魏广月 吴语晨 李岩峰 黄嘉琪 杨君立 易念晨 冀亚楠 胡秋月 徐佳乐 马晓婧 黄欣悦 鲁 念 杨 金 赵 月 郑作龙 万禹杉 易舒冉 尤海佳 李哲帅 孙 悦 司马泓靖 欧阳方星 郭赵一晗 马喆美来图 RUBAB TEHSEEN TABASSUM NAZIA ISMAILOV ASKAR RUBIO FERNANDEZ PALOMA MARIA TARABRINA VASILISSA STARTSEVA ANTONINA AL MUGHALLES ANFAAL ABDO SAEED BUKHARI PRIH LAI EDMUND WAI MAN AHMED SUHAIB MAKHAMBETOV KAIRAT SUPALERTMONGKOLCHAI NUTWAREE MINEYEV TIMUR

（共198人）

### 2017级博士

张 洋 刘 亚 严 航 欧 健 龚升平 贾梦梦 张一真 包亚兄 宋红岩 孙卓君 黄一木 赵佩华 成 升 岳 琳 黄鸿业 王 卿

张　斌　周红莉　张　磊　周旭东　雷少杰　魏飞菲　涂博文　邓良柳　李　娜　傅琳雅　刘建勋　沈君菡　赵静宜　龚　兵　周夏宇

锡林高娃　NOMAN MUHAMMAD　SOYLU MELTEM

（共34人）

### 2017级硕士

张　宇　陈璐瑶　许　丽　董紫薇　郭安丽　陈雨兵　王青欣　王紫贤　何信丽　胡彦然　林祎婧　吕佳月　李玉蝶　刘子琨　赵昶竹　张　驰

姜玢竹　雷　童　逯亚奇　邱若谦　韩佳良　杨　芊　江晓庆　梅雨竹　肖紫薇　代义佳　王　帆　彭思思　何屹然　王一士　黄克瑶　王雨琪

李婷婷　孙旭丹　程　琳　田　苗　廖航凌　杨家懿　张晓敏　刘鸿钰　张　犁　任凯伦　黄靖婷　常玲玲　任文姣　李　烨　魏晓阳　丁　一

龙若华　章姚莉　潘　宁　王欢欢　陈　政　鞠增平　梁　潇　钱　程　张晓璇　胡语桐　罗　芮　李聪颖　殷泽昊　张亚新　刘　阳　秦博昱

汪一鸣　吴婧雯　曾文燕　龙宥齐　宁　航　曹聪颖　何渊硕　杨晨欣　姚　瑶　陈冰琰　吴天月　贺哲野　李　萌　许晓珍　陈淑晶　符彦姝

杜忆竹　徐仁翠　张　格　张雨杉　秦文琰　何羽潇　陈静惟　董振楠　余亚西　邱雄媛　於鑫益　洪　瀛　熊婷婷　张蔚涵　董正浩　屈迪邦

杨　锟　林律圻　韩晓璐　林真苓　雷丹丹　袁瑾然　于　晴　陈景云　陈　坤　吴　可　胡丽丽　任培楷　杨　雪　张茜园　高星宇　梅　佳

邓琳子　杨冀彦　程　茜　周易辰　陆小雅　徐菲菲　汪玉田　高　晓　方亚东　张玉涵　吴帮国　许逸琳　杨晓龙　王　昕　李茹玉　拜　婧

陈　昊　陈　曦　刘巧红　何文君　曾小雅　魏杰杰　郑菲阳　陈　山　马亚芳　王佳音　翁路垚　徐　济　周艺珩　章东东　李　云　李瑞丹

金奇慧　姜佳妮　陈有为　唐旭东　黄子迅　苏明明　陈凯莉　曾晓晨　沈　阅　孙聪月　周　吉　成　倩　何诗源　柯佳丽　李晶晶　李梦恬

彭雨田　孙艾嘉　熊玉巧　职　虹　刘佳欢　蓝欣桐　陈佩瑶　陈　卓　罗　森　周辰寰　李泭若　芦嘉树　黎继勇　朱熙运　金子昆　李臻昊

白健伟　朱丽娟　侯方隅　肖佳欣　王婷婷　索娜央金　田兰冰林　杨张若然　李海尔罕娜　MULIA MARDI　KALIEVA ANARGUL

CHILANOVA FARIZA　PARVEZ MD RANA　MANANDHAR RAJ　TYNYBEK DIDAR　SHASHIKIAN MANE STANISLAVOVA

DIANA　BONEVA ELENA ILIEVA　DAY WINTER JIMI NATHANIEL　MYOUNG MINJOO　O DONNELL ELLIOT JOHN

（共197人）

### 2018级博士

孙志鹏　梁湘毅　张　权　赵玉桥　徐明涛　陈　娟　邱　立　武宇飞　耿书培　谢精忠　熊　昊　李华伟　班志斌　屈中治　孙　棋　王立亚

刘娅婷　何玉影　贺　怡　王燕灵　肖　迪　邓　云　姚　俊　邱　铭　何晶娇　闫修彦　林　川　AL SHARIF EGLAL MOHAMMED

ABDULLAH

（共28人）

### 2018级硕士

黄志敏　徐子棋　孙诗雨　田佩雯　潘　琛　王亚妮　解晴晴　赵义凡　刘　静　王　琦　郑子聪　宋扬帆　王一迪　刘　畅　陈　诺　史一彤

刘　想　李朝霞　刘　洋　姜雅琪　徐瑾瑜　熊绮韵　肖珈阳　金　晶　胡文韬　伍馨云　秦明睿　于　点　付诗琦　刘子瑜　肖梦旋　聂欣悦

陈斯洁　孙　晴　谭　艳　王红红　杜永欣　郝昱佳　刘佳敏　汪诗雨　杨　鑫　赵荣基　赵婷婷　高嘉潞　南　昕　汪拯名　王明月　谢　茜
岳瑾雯　毕铭瑶　胡青山　谢海盟　陈佳雨　李昱典　胡雅纯　汤　恋　陈雅琪　柴　舟　胡　阳　曹华威　翁　祺　任禹衡　罗　跃　于晓雪
张莉燕　杨雨阁　黄若罂　王曼玉　赵紫琰　贾梦珂　王　玥　殷成飞　王君然　张　卓　胡　杨　方　向　梁慧娴　胡　蓉　龙　飞　张倩玥
陈傲雪　黄思晗　吴梓添　董霁萱　李小鹏　姜仪如　丁一玮　张博文　李亚南　宗晓丹　李　姗　董旻佳　朱瑞君　孟　睿　曾紫琪　杨　成
郭　丹　丁艺璇　张赛赛　李　薰　曹羽茜　王孝武　李　彦　廖　洁　谭　洁　黎小晶　贾卉庭　黄君瑞　邵蔚楠　李秋林　王欣悦　陈鑫琦
唐　晴　戴　豪　邬远生　潘　望　段鑫萍　付东晗　谢刘缘　徐轩颖　张婉玉　薛　静　曹贝宜　赵　洁　余甜甜　邵　倩　李玉涵　刘　科
黎铠垚　黄　羽　李嫣然　章　赟　秦　璐　方书文　杨　妍　汪　勇　黄继晨　庄　园　张济民　熊昊天　杨　洁　伍芳莹　李康乐　何雯雯
蒋易辰　周辰垚　胡慧瑶　张　寻　师　薇　胡　杰　徐鑫柔　余　蕾　解　盼　李　轩　张乐凡　李梦珠　余　捷　艾婷婷　陈　琪　何智炜
李婧源　许　乐　朱东仪　黄　清　李垣桥　郑国庆　余佩璇　刘　浩　张若璇　何品慧　霍美君　冯颖妍　谢梦霞　葛宪麟　朝冉冉　郭梦愚
刘　阳　常夏雨　孙雪源　许文东　朱单利　唐　曼　胡　锦　刘诗韵　金天娇　卢思露　黄邹文姣　杨智康男　ADITYA FAHMI NURWAHID
BIZHANOVA ZHIBEK　MAHAR UN NISA　MUSUMECI GIORGIA　BERIDZE LONDA　IHADULLAH　RASOOL MAHAM

（共195人）

**2019级博士：**

孔钰钦　陈　雪　窦佳乐　周夏萍　彭思思　刘瑀钒　韩存齐　刘志斌　黄健源　李雅岚　余冠臻　王　竞　李小芳　李　鑫　王潇雨　胡涳涳
白　瑜　商超余　赵　宇　郭晓谡　何江移　柏茹慧　王嘉奇　程　阳　叶　琼

（共25人）

**2019级硕士：**

时　榴　湛超越　张　玮　魏翠翠　王宵静　葛　帆　李沁柯　李龙腾　张　涵　李和风　毛汶真　高雪桐　李文瑄　吴星漫　郭崧维　李　鑫
肖媛媛　刘煜洲　杨　泽　胡曼君　苏鹤洋　刘书婷　王　雯　杜纪晓　张亚星　谢雪婷　伍欣莎　姚金铭　周雨晨　王　珉　冯铭钰　寇　俊
许琳惠　纵金锦　王　怡　罗一凡　王志轩　叶　帅　姚和雨　李　娜　蒋　妍　孙　娅　余　歆　苗竹君　李春剑　胡军霞　晋凡舒　詹景茜
桑珊珊　顾梦然　时宏强　韦小婉　吴亚男　陈　爽　李昕阳　王润玙　乔　雅　张紫微　徐兰格　龙雨馨　张　蒙　易可欣　时　萌　程筠瑶
侯芯昀　王　齐　陈星豫　武采雯　温秀妍　唐一鑫　张　岩　刘沛芬　郭苏南　杜莉华　董馨雨　黄志伟　郭文婧　贺　璐　乔　楠　刘玉菡
滕　珊　陈　薇　张佳莉　赵雅婷　邹希豪　杨子超　薛宁馨　徐　明　张饮露　唐　浙　林芝清　左　琰　曲怡安　李小琴　徐晶晶　王宜玄
张莹彧　郑润甜　刘姿园　陈爱梅　张培蕾　李子纯　陈丽华　周堃璐　舒　悦　贺兵丽　谭祖贤　廖孚嘉　蔡晓冬　黄　鉴　杜　瑜　兰雅倩
刘晓文　顾　蝶　刘嫣然　杨　溯　王志强　康雅婷　张佳宇　曹　放　陈美汐　蔡琪琦　李慧婷　陶梦菲　彭　佳　廖　渊　桂伟钦　李泽坤
苗　坷　陈小鱼　朱　远　冯丹妮　王亚萌　潘静瑶　罗希阳　张　强　祁　欣　陈思羽　孙　靓　娄瑞晨　张丛婧　陈婧之　陆汉秋　乐　章
朱佳逸　寇懿芳　李毅斌　宋俊佳　余梦莎　张　芮　刘　正　王朝阳　刘钰锟　王　超　阿斯汗　尹思源　包浩宇　谢宛容　虎若男　周明璇
刘　莎　童　谣　黄　杨　刘鹤翔　王如意　赵泓阳　潘忆雯　曹烨炜　董君亚　陈　鹏　孟赛男　汤光磊　张静怡　孙晶琦　赵宇纯　唐诗韵

黄怡帆　林佳婧　施晓彤　沈祺航　李梦　茆汉兵　冯倩　肖田田　刘静怡　杜书　许海潮　刘纯　李明倩　张越　胡思　周红岸
曹露　钱允碟　马冯君　熊瑛　罗雪珊　叶傲霜　罗杨极　邱艳淇　付钰青　马梦珠　田王佳玥　泽登旺姆　帕拉沙提·哈哈尔曼
PUSHKAREVA ALINA　REHMAN HABIB UR　TANVEER SUMMIYA　ZHIGALOVA SVETLANA　OORZHAK ANZHELIKA
KOVYLA EKATERINA　ZHAIDAROVA ELVIRA　DALIEH PATIENCE HANDFUL　SANT VERONICA　NUWAGIRA BARBARA
RAMONONO　NAOMI LIBUSENG VILAKATI　LOJIEN OSAMA MOHAMEDALMUSTAFA　ALTAYEB CHEN VIKKIE

（共220人）

### 2020级博士

智慧　胡大海　尹鹤　黄馨　芦笛　仝泽宇　张蔚涵　黄泽文　高为　于风　李晨　徐仁翠　杜忆竹　罗威　任文姣　郭斌
张蒙　吴昊霖　林祎婧　SHASHIKIAN MANE

（共20人）

### 2020级硕士

邹文雪　张毓婧　任鑫琦　陈裕华　黄文斌　文爽　游佳颖　刘沛恺　仝椹梓　张帆　孙雅然　鲍泽文　李天伦　肖子航　郑倩　王涵
闵睿　张慧慧　李青杨　李智佳　尹悦　王子浩　刘冠琪　刘文娟　唐诗　盛慧雅　范栩铜　董梦媛　张璐璐　卢孟洁　王子妤　许心枚
张浩哲　马悦晨　胡文琦　吴恺帆　刘莹莹　李雨　潘玲华　姚蓉　金旻　何昕晔　朱轶斐　辛蓝霄　晁兴斌　单嘉伟　刘丹丹　潘村秋
杨淑丽　曹学燕　苑政杰　高佩　兰雨欣　杨蕊　赵冀帆　黄豆豆　张琦　郑静　李艺佳　于林海　王霆威　房雯璐　陈晓彤　杨小雅
梁珈绮　何梦婷　蔡淑婷　陈灵涵　李行芩　钱娇　刘鑫　沈杰欣　张杰　陈春　尹琳鑫　宋雅诗　胡煜雯　潘源　李晓武　汤若琪
米谭颖　何嘉豪　楊静仪　陈慧琦　杨叶霖　潘晓茹　边斯文　顾杰钰　胡楠楠　刘晓冉　冉笑雨　王孟幸　熊一丞　吕澄欣　陈嵘伟　曾舒迪
李林静　田恬　刘紫雯　王鑫彤　方芳　黄子芮　程姝琪　吴欣宇　袁润泽　刘兴宇　王江霖　曹天予　涂娅　吕思佳　胡雪梅　刘李航
陈思凡　廖琳　周勇杰　曾敬　江一帆　蒋晓婧　雷雨阳　李文璇　高远　李佳锦　闻叶舟　章慧茹　高丽婕　贺林艳　刘雨微　闫雯萱
仲玥　柳春连　常昕　何晨铭　王芮琳　何思源　刘紫玄　刘宗宁　周奕君　谭志敏　周思宇　魏雄　赵雨霏　韦钰　罗雅俊　王心蕊
李俊敏　李雪雁　曼得丽　徐晓笛　欧阳诗林　USMAN MUHAMMAD　CORLYN BRIAN　IBRAHIM NAZIA　MEVSHAIA MARIIA
HUSSAIN ABRAR　SALEEM SAHAR　PAWAN　LOGINOVA SOFIA

（共157人）

### 2021级硕博

李晓楠　胡阳　周芳　王琦　李业　闫姝静　孙霞　袁冬琪　邢知博　肖珈阳　可天浩　聂晶晶　雪笛　汪柳　潘宁　王灏
倪康　赵义凡　李孟名　余诗扬　周雨秋　闫倩玮　岑星宇　仲昱洁　杜诗榕　李秋水　钟焯　徐姝玥　郑恒旭　何漫　夏毓　汪麟威
李怡佳　曾悦　吴玮琦　闫晓栋　张筝　张静　程一若　向蓓蓓　刘诗雨　李芙蓉　段志文　汪洋　陈梓瑶　白畅　邓雪瑶　翁丽

吉音　刘琴　常静宜　卢涵文　徐晓妍　余岱杉　徐冠群　徐艺萌　张唯依　李澳　丁凤蕾　林赛赛　贺一飞　黄枫怡　刘嘉颖　宋金超

王嘉乐　赵颖洁　苏汇智　肖欣　许雨洁　曹思恒　谭砚文　汪姝伦　李诗瑶　宋飞颐　杨雨凌　常乐　谢来我　罗艺　田甜　姚芷娟

陈超　韩佳良　黄煜　游婧　莫珂睿　刘炎　李冰洁　李志微　张琪云　冼佩佩　孙旭　陈小薇　潘汶奇　陈雪　楼云昊　张学瑞

王柏仁　周芯如　翁碧蕙　高钰　刘文婧　张羽　黄凡珂　吴浩甜　吴佳桐　吴峥　张子贤　曾仪婷　刘思豪　柯英文　李雅琦　石周洲

王玺　孟树　包绮　张奕玟　蔡斯　马安琪　史博洋　李倩　蔡雨凡　张雨渲　张德平　王莹　罗依璐　易扬　赵轶卿　钟禾

张佳玮　范雅雯　张艳秋　余婉婷　夏旭　朱虹璋　张坤然　罗筱嘉　吴雅楠　张露丹　李卓燃　李蕊莹　肖俏　张庆博　张心怡　狄鹤仙

范咏琪　苗雨　汪佳玮　温有为　张子恒　王颖　张丽霞　何心怡　陈晨　武子媚　程赛　陈名艺　孙琬祎　熊浩　冯磊　田浩男

黎妮　吴霞　马丹宁　甘辛　杨洺　马悦　陈嘉旻　王欣怡　周杨瑞娟　ANSONG BERNARD　ABDUNABIEV MUKHAMMAD

AL YEASIN ARAFAT　TARIQ IQRA　ISSAL REZEQ ALI YAGHI　RAHMATILLAH DWI PUTRI　KANUTI JULIANA JOHN

YURKIEWITZ ADAM JOSHUA　CHAPPE LOUISE VERONIQUE

(共178人)

### 2022级研究生

王宵静　胡青山　唐轶　单佳豪　刘沛彤　李康跃　张琰　张佳　程筠瑶　黄夏歆　王玥敏　邓丰丰　延怡冉　朱文澜　李龙腾　田珺

王芷青　吴佳儒　孙雨晨　钟娴　李芷欣　吴欣宇　杨礼旗　陈婷　毛婉怡　徐浩淼　闫宇辰　阳露　杨绍杭　史雅桢　李陶陶　王雪梅

乐梦菲　刘帆　肖靖琪　戴玉芳　邢靖函　崔希　宋欣竺　张晓姚　郭松直　刘双双　代翔宇　陈甜甜　张悦　夏文龙　王宇倩　邓万钰

王雨佳　吴雨含　赵玉曼　杜乂旻　王心悦　李思睿　李天昊　太艺憬　孔雅萱　潘晨蕊　张静璐　疏童　唐广蔚　黄皓宇　殷琪蒙　王冬卉

盛铭　杨树明　魏林　孙丽萍　靳一丹　师捷　肖柏华　张晨欣　黄雅琦　吴怡霖　王尔宜　冯苗苗　曾天懿　李岚宇　陈怡　陈嘉淇

卢熙民　王彦霖　李姝虹　杨万淑　赖荟羽　吴起　赵晓岚　何煦　徐一凡　王浩行　刘颖　杨倩　石若瑜　陈柔卉　李梓君　高嘉鸿

刘玳菱　王嘉欣　陈建敏　古浚荣　张涵　胡君晓　赖玥滢　马欣欣　符歆玥　詹悦　肖沣芮　赖华姣　王若雪　郭月　易志奇　许淑亚

李菲玲　马静　雷越　熊怡君　曹楚洺　刘闽湘　骆雲　田希霞　王雨菲　黄雨心　吴云赫　吉雨涵　常歆玥　李想　吴淼淼　张正君

邹梦雅　李昊阳　朱虹颖　楼洁芸　崔畅　邹雨欣　张婧祺　卢妍　简子奇　黄喆铭　付思琪　周凯　牛凝　王昭馨　臧潇　郭心怡

平凯丽　袁峥　邓思琪　汪旻玥　谢雨村　谭钦云　高爽　廖晓云　王婧芝　江心雨　王丹蕊　马雅雯　常笑雨霏　杨洋江澜

JOSHI URENDRA

(共159人)

### 2023级研究生

臧志　彭俊杰　周文豪　金一凡　杨小雅　宋思茹　张丽萍　刘正阳　罗丹　孙嘉蔚　罗一凡　张驰　孙立如　曹辰　赖彦祺　毋家宝

徐惠婷　李云鹭　梁瑄轩　刘昊　陈倩　罗宜淳　雷雅麟　肖怡星　张婉馨　王小月　李若溪　欧慧晶　代鹏　仲阳　熊家乐　杜克成

谢菁菁　马世雯　林书棋　李怡峰　曾子良　金　欢　尚昕怡　李龙逸　黄靖涵　李子薇　柳泽荫　倪雯婷　杨梦涵　朱可妍　刘人瑄　柴亦铭

陈沁妤　王　然　张译文　薛镕江　王思雨　王曦仪　张　雨　李阳欣　丁　卉　李欣然　钟美萍　杨梓怡　敖　宇　赵颖颖　林婧璇　高雨琪

都文涛　徐展颜　赵丹菱　任彦洁　王　忆　罗怡然　杨颖林　马芙蓉　谷明珊　黄嘉凝　容东霞　郑顺顺　李诗桦　陈雪珂　邓宝康　梅　婷

戴可欣　王殷洁　刘　越　舒亚玲　俞盈盈　鲁昕怡　钱正寒　崔红霞　赵子俊　张怡君　杨书训　刘子柠　丁雨婷　孙婧蕴　杨粟予　黄　雪

李　谡　陈思远　乔　丹　罗　伊　丁树佳　杨　璐　王凯悦　潘筱楠　晏子彧　陈静怡　王梦恬　黄嘉申　吴欣愚　莫　牧　朱诗桐　张慧沛

林小煊　王睿涵　张晓静　张宗程　罗子娟　杨　彤　杨琪丹　李潇雅　沈欣怡　毛子玉　蹇斯琪　张子航　白星月　冯馨田　王若冰　杨佳雯

张作佳　李玉凡　程心怡　白诗雨　刁肇捷　滕依然　吴何昕　王梦杰　董　敏　田桐萱　陈静怡　余　甜　陈　娟　夏旭颖　杨　露　刘颖颖

韦小草　阿棋拉　程姝文　彭正雨　罗嘉诺　何泽晨　林若藍　尤翰源　蓝　兰　赖心楣　羅嘉雯　马艺菲　欧阳沛妮　买依尔·热合木江

（共158人）

## 1984级武大班

张水清　张纪衷　洪高平　郭　敬　聂若男　陈　援　高帜萍　叶俊光　范宇航　陈克西　吴义伦　姚继林　邹　斌　李世斌　李三献　黄新心

肖兆平　王小霖　杨家学　邝兆琪　梁建龙　广伯成　王圣立　许　琳　宋建国　宁红武　王　萍　王利民　潘文军　韩　东　卢生兵　李祚庆

许　蔚　刘　平　彭哲林　熊振宇　朱灿和　宁本俊　江　霞　郑启柏　陈金生　陈双梅　欧阳常林

（共43人）

## 1985级艺术摄影专业

黄继发　代建新　徐海南　兰　青　戴习礼　陈小平　霍永添　王　刚　李克强　朱立志　陈　胡　黄　胜　杨芳耀　段心民　汪山渊　朱甄军

陈荣胜　朱瑞波　张安立　康　燕　严跃新　周寿益　余运生　李家琪　刘　虎　魏丁宁　何永源　谢国安　吴　萍　杨宗黄　蔺相民　李文斌

朱建辉　汪培康　陈华坤　潘非寒　付春波　李晓曼　古先敏　江　霞　马　力　任毅华　孙　伟　王卫和　姚一龙　张明久　罗锦辉　王自远

王宏声　郭玉辛　银道绿　叶庆先　张晓军　夏　超　向贵元　成晓鸣　郭小武　刘洪元　刘汉文　傅　平　甘　林　吴运福　李　岩　陈明河

付晓波　李朝春　宋华久　温广跃　汪　传　郝勤建　肖　彤　晏绍安　孙　勇　龚万幸

（共74人）

## 1985级武大班

易干良　张路丁　王小虎　赵利平　夏志元　刘衡华　刘学峰　郭郴芳　滕　刚　黄　涛　池德玉　何　杰　刘世倩　谢利红　胡　波　肖建国

冯振亮　任静芳　刘道龙　高满天　桂兆旺　杨玉虎　王毅明　赵惠珍　霍林林　吕云秋　陈其武　李宏英　石　平　刘义饶　张元盛　李建平

姚　健　王雨萌　黄风海　邵小华　钟建军　李明钧　陈　斌　卢海林　王芬芳　陈玉惠　官会平　赵　雨　周建华

（共45人）

## 1985级洪湖班

陈慧　曾令炎　危任波　熊光　万玲　陈明惠　张远景　张登松　马伏秀　颜永发　杨克虎　王洪波　吕志玉　卢圣武　曾祥彪　王绪文
高述辉　刘琼　马坤英　杨家清　涂阳雄　涂水平　宋志明　郝文秀　刘继光　程世锦　慧红　覃明　杨玲　张训举　白雁　邓天清
邱仁喜　段光霞　王生桐　周宏斌　张先文　汪文祥　杜子煊　何功胜　刘三桂　李成华　倪安平　袁勤英　肖方贤　肖方栋　张章林　王永苍
朱俊　胡广华　沈翠章　艾诞富　陈曙光　万永常　王惠红　覃修龙　赵启明　许森平　李卫平

（共59人）

## 1985级大冶班

刘惠玲　石晓玲　汪洪　成红　陆裕君　冯光莲　石红英　金兰　纪大勇　刘文　冯光汉　朱其柏　徐正良　夏放鸣　邹敦强　王泳生
胡国兴　刘金明　夏祖民　孙时珍　程良强　周家洪　朱勇　詹富池　李昌平　马先良　李建雄　陈时文　吕鉴木　陈金元　刘恒咏　汤银成
黄东如　吕龙　曹树坤　许卫　陈干驰　曹向阳　冯继平　胡志国　刘建圆　黄志坚　查俊华　肖龙　程冶广　袁政禄　周光义　杜龙林
汪召宏　黄汉清　汪宣河

（共51人）

## 1986级武大班

陈菊桂　何春化　宋强　陆宝山　张传广　马先俊　赵军　任润山　王凤岐　谢宗岚　郑小萍　董伙波　石刚　高秉勋　孙秋涓　韩水均
史苏勤　陶照龙　王保才　靳光凤　张书勤　张爱萍　薛再新　严显华　毛霞　揭叔平　潘一鸣　亢琦　孟岩琴　张岩松　杨年伟　邹新建
董丑娃　张忠　洪俊杰　张秀涟　赵曙　米川　高传强　刘志民　邱波　华宴亮　元文绪　黄长安　朱惠玲　陶世隆　陈荣浩　侯玉喜
夏爱民　董晓春　叶军　李克龙　徐新金　韩立平　罗述安　艾树林　郜俊峰　王玉春　龚伦才

（共59人）

## 1987级武大班

刘合奇　肖宏伟　杨人元　乐庆明　邓小东　张森林　张增峰　刘智　林勇　艾树林　党俊平　何瑞华　张丽君　罗述安　李和平　李剑钊
余兰　郭桂喜　张兴辉　龚德建　李雪侠　候伯光　杜觉非　吴光志　李光琪　何文超　周惠生　李漫玲　唐照国　李无畏　黄勇　朱正移
向林　费莉　吕丹　张灿川　张世元　封苏南　朱天真　张培军　阎宏勋　陈捷　张军　武建敏　朱玉川　刘红　马永红　包玉梅
张贵山　郭振满　耿鲁杰　陆金华　王明磊　梅江　康天荣　杨建章　张玉柱　孙长静　张兴卉　刘宇昂　许月清　余子荣　刘明德　刘耀平
魏玉清　李仁洁

（共66人）

## 1987级艺术摄影班

罗丽　阮班新　王新章　刘章　马天润　郭涛　余俊峰　张学东　周旭清　张丹　田赤　柯美适　易继红　谈晓勇　罗玲　刘小宁

樊华荣　阮胜利　付　崴　黄倩琛　刘红波　尹　刚　李绍珍　何丽萍　高凤霞　范泽宏　李祥高

（共27人）

### 1988级煤炭班

王东伟　苏辉锋　付江涛　孙春晓　宋阳辉　张全军　邵剑明　李广春　李红梅　蔡曙光　翟纯明　吴振福　芦振平　高　力　王成标　陈广泽
陈凡春　郭银太　郭润喜　何世平　陆　昱　刘　飞　俞齐瑞　刘建华　揭晓玲　田若冰　纪　宏　谢永淮　刘凤英　张新民　王爱平　刘虎威
江　峰　傅崇才　万惠泉　翟双玉　周建光　陈　晶　刘　征　隋　杰　郑昌猷　王　冬　李光林　夏越敏　杨德忠　陈　骥　舒渊田　张冬莲
张劲松　刘绍栋　覃百昌　刘　芳　袁　飞　冯少林　李　诚　周永生　俞太银　赵从振　汪智利　刘广军　王大同　彭文胜　张连柱　许　荣
郝　智　冯帅杰　张庆一　谭光富　王超英　李　强　米　峰　漆　文　王　澎　程　莉　佃丰翠　刘恕宽　刘　强　齐　兵　伍　华　傅仰军

（共80人）

### 1988级广电班

张砚平　李　蓉　刘代发　李卫运　杨家清　张　超　赵争鸣　孔祥学　刘咏梅　万　筠　郭杰俊　廖蔚贵　孙　缓　汪以新　何志刚　卢发松
胡　蓉　张志勇　李珞珍　邓树坚　李　琼　章李华　田祚超　王晟红　谢大权　叶向虹　张绍辉　王光荣　苏济川　易行柏　陈　辉　罗清平
陈红成　陈剑洪　吴　伟　杜方文　姚　莉　李瑞卿　王建平　王　晖　何荆州　熊　飞　胡　君　吴　丰　张颖汉　邓忠辉　徐宏良　周列克
乔　松　刘　红　郑　红　姚天峰　邹代斌　雷　群　沈向阳　方玲莉　郭刚清　黄　敏　程军林　沈亦斌　彭宏玖　王庆平　余汉江　王昌栋
袁　媛　李民众　刘　璋　祁中山　王北光　许　硕　金礼山　于　洪　成忠长　袁　冶　杨　勇　万志祥　周雪慧　刘荣颜　蔡小君　张　轶
黄　丽　赵令武　蒋爱兵　谢文安　胡昌杰　代巧玲　张安学　蔡中兴　万大建　舒　平　杨玉莹　吴四海　李　军　刘东北　张俊峰　程光频
刘破浪　石红玲　佘卫民　冯　勇　袁　芳　王　军　赵一丁　杨　菲　刘文艺　谈朝兵　盛　兵　胡晓峰　刘兴武　熊　庆　毛俊豫　文　君
姜　梅　曾　明　祁　霞　李晚霞　王　霞　吴　强　余善霖　陈锦霞　陈修海　雷全胜　王庆国　陈　舟　陈大喜　何建新　徐　静　万云超
罗立铭　王久云　魏　玲

（共131人）

### 1988级艺术摄影班

熊　熙　苏明新　陈新宇　王正明　胡海滨　唐　建　路维佳　蓝晓君　王卫民　周海生　赵树明　梅师元　戴　浩　温　泉　郑建军　魏伟智
曾　科　海　洋　赵付军　张　锋　吴志广　焦　胜　李小明　谭　毅　程　平　谈　锋　戴晓筠　韩丽萍　娄乐敏　王　敏　李铁洪　章爱文
明　添　张先良　朱超英　高宝燕　褚　毅　王五一　孙　海　王黎征　李亚东　李　鹏　江　炼　袁　健　张志成　张建军　余　勇　聂　舰
陈里阳　朱　斌　韩建业　龙国伟　区　阳　闻新成　迟胜武　孟炜炜　孙小敏　王　琼　刘锡清　思建春　朱立坚　胡致平　方　琪　张重光
向红霞　徐　鸣　李家岭　罗本辉　杨明辉　陈　琰　廖昭同　刘　谦　秦保利　戴　蔚　李　炜　李建军　刘天卫　潘良明　熊　祥　刘洪洋
白秉海　赵亚洲　谢东升　王安平　余秉政　于兴万　谭凯明　潘汉章　付晓东　陈海燕　孔　艺　李建军　耿建平　袁怀德　熊柯琴　武　皓

申恩泉　尹宝泉　马志军　范　晶　齐　勇　赵　青　陈　鹏　张　蒙　周宝杉　周　展　邹四清　李　强　张　源　梁炳伸　魏建平　张　炎
秦红宇　彭向东　崔　俊　黄大强　吴陈文　冯长安　郁　剑　郑小刚　贾玉川　王　辉　韩国梁　谢　虹　许建华　刘晨辉　宋长平　张武福
陈海春　钟　鸣　李　顼　汪　洋　张　宪　刘　懿　李云发　彭　勇　王　斌　孟　林　吴国如　胡伟光　肖　松　周必云　曾朝晖　曹　红
彭　雯　刘　辉　王　平　李忠庆　刘　洪　王成钢　龙志钢　夏寿华　王亚军　强超美　胡国庆　黄　俊　陈建湘　潘国华　姚　伟　周汉斌
张荣坤　陈兆华　王　强　邓伟诚　沈孟秋　夏　阳　郭　灿　李良能　李冬显　张洪涛　薛良全　谢力生　李　莎　谭　霞　余宏辉　程洪立
胡汉甫　李　平　刘致秋　任德新　胡　晓　闵一帆　雷　雨　赵　刚　代莉莉　公　明　柯　剑　赵衍安　丁　凡　施　平　侯会昌　王坚东
李焕新　朱　咏　孙红松　张立华　余　玲　黄　辉　高维民　李　刚　王　文　岑泓湛　赵　伟　刘　智　宋秀龙　杨明生　刘水清　乔金诺
熊江华　李　宁　李　亚

(共211人)

### 1989级艺术摄影班

杨　涛　李歌群　金　强　马　飚　邹春德　王庆军　莫勇涛　王恩华　张　媛　李红军　凌　红　王智明　龙　涛　周　锐　邝德刚　陈宝明
常　凯　袁国庆　董　韧　罗俊森　朱林辉　张朝成　何安夏　刘　英　李　强　崔　涛　古　鹏　王世雄　万红杰　钱天明　朱新明　葛　华
李洁军　吴寿华　王蓁蓁　刘可耕　黄建业　孙志军　伊胜杰　杜剑峰　董　军　张义良　许云华　郭建良　胡维兵　俞　劲　詹小明　吴　庆
柏　青　毛小蓓　曹保峰　刘鲁豫　王　辉　罗　玲　刘志敏　赵文武　徐大伟　赵　忠　吴晓春　田先光　马小龙　牛　伟　刘　杰　葛　鑫
刘　辉　沈少雄　张百谦　李　斌　黄亚陵　付洁清　张琪琪　何高国　李　虹　李　洋　高　歌　吴建龙　郑世云　焦　莉　乔有生　成少海
张力平　郑　伟　蓝　波　曹静谷　肖建民　刘　捷　李　淙　段代谊　吴　庆　杨　弦

(共90人)

### 1989级武大班

胡文尚　涂文胜　朱汉忠　陈法宏　何海涵　王　伟　段善梅　张　斌　熊　雷　胡　建　尚　炜　张　健　张　珞　李后相

(共14人)

### 1989级仙桃班

刘爱兵　胡天炎　郭自强　荣爱国　肖　武　李远山　戴松鹰　刘兆雄　张　燕　唐　涛　刘　卫　郭中孝　周烈焰　岳良训　代兰兰　胡早祥
杨春仙　李春光　张振华　孔　亮　王洪建　胡铁弹　戴诗谓　李孝安　杨建强　张传彪　郭玉玲　肖　康　王　颖　吴利锋　郭庆荣　徐　军
向建平　胡慧敏　邓海彬　隗团芳　郑堂银　张　宁　严　勇　黄先斌　余延海　胡玉珊　金志明　李其志　姜　红　刘　兵　刘立新　杨元贵
徐合斌　王文军　刘洪流　吴海燕　李良梅　李建鹏　李明贵　祖　敏　艾昌旗　殷先良　廖国平　王克珑　李孝东　付德平　易辉军　赵德姣
胡广华　肖　平　邹定升　王孝先　杨心冰　胡会茫　代荣芳　杨蓓芳　孙晓洁　曾令虎　冯常姣　孙文军　胡广华　王明才

(共78人)

**1990级摄影班**

王岳君　郑君明　剑唐辉　袁玉安　喻辉　王春景　赵红石　虞珊琦　郑聪　张洛英　周而侃　杨青　沈斌　仇红建　王恩东
黄文　刘英　刘星灿　王恩华　项颉　田民　谭晓晖　钟鹏驰　肖云集　付浩清　李巍　徐震宏　庄艳军　赵迅　许勇　胡祥胜
金智善　邹春常　皮丁丁　崔波　宁小兵　陈晓钟　常建东　罗亚奇　王红　杨忠敏　余生吉　刘玉生　李森林　王建国　王宏　卢明
颜天智　郝平　赵明杰　邹文　雷建钢　陈杰　廖红滨　王军　何娟　刘跃义　王仲若　王洪钢　王伟　肖华　邱新建　魏文忠
岳强　李太兴　张金妮　李长亮　李艾琳　周国语　王继发　黄建华　宋镇江　杨杰　黄东旭　杨孝伟　尚力　尹德泉

（共78人）

**1990级新闻学专业函授大专班**

胡世权　杨德新　余友珊　万围莲　彭家来　戴敦明　陈燕梅　谢锦花　黄红英　韩秋梅　胡定淼　薛懿　崔海波　李彦君　尹德泉　陈斌
贾平翔　王学成　陈昭应　胡英发　刘芳　王业志　易建国　夏和贵　李继国　倪保国　刘波　董绍珍　彭延安　刘红苏　阮双庆　陈鹏程
周媛媛　胡锡文　艾兴华　刘昀玮　严继卫　霍晓虹　许海喜　韩丽霞　肖万利　张桂华　戴宙红　张文胜　尚永刚　程秋菊　刘浩　邓文英
周立新　阮龚　王德洲　张文芳　刘长曦　胡红敏　吴卫东　周胜　刘巧玲　胡丽萍　石振兴　王昌华　刘昌绵　顾仕勇　徐绪坤　刘晓娟
徐绪忠　高小苹　杨蓓芬　方应清　董绍刚　王珍熊　文娟　陈芳　江美英　杨申保　林胡雷　崔红耀　李晓莉　李良荣　陈巧　熊新咏
吴向红　刘志红　姜焕斌　胡文桥　吴恒菊　耿纪刚　张军　杨光　余美英　叶少波　徐绪亮　闵家禄　黄宏希　吴健斌　陈贤平　张晋洲
徐德文　罗绍平　王芳

（共99人）

**1992级广播电视（新闻写作、广电）专业业余大专班**

罗丽　阮班新　王新章　刘章　马天润　郭涛　余俊峰　张学东　周旭清　张丹　田赤　柯美适　易继红　谈晓勇　罗玲　刘小宁
樊华荣　阮胜利　付崴　黄倩琛　刘红波　尹刚　李绍珍　何丽萍　高凤霞　范泽宏　李祥高

（共27人）

**1993级新闻学专业业余大专**

何俊丽　郭文姣　刘定清　孙华　田光荣　严文胜　丁卫华　黄小燕　陈碧荣　郭卫红　杨长荣　胡翠兰　郭军　孙春雨　蔡文　许靖
习海峰　李力　邹竞荣　潘云桂　袁文忠　洪淑珍　梁燕　黎燕　詹建军　黄杰　李静　冯丽

（共28人）

**1994级新闻学专业业余大专**

李龟　段志光　肖洲　金建明　宁平　宋永健　殷国楚　肖雄帅　王卫光　张辉　杨健　姜元平　钟炜　谭立枢　周运乾　徐勤

钱 华 陈柱梁 胡庆红 肖思林 胡立华 唐绪文 黄首记 刘惠南 廖玉冰

（共25人）

## 1994级广告学专业业余大专

李劲松 刘学刚 陶 莉 胡永胜 余一兵 熊文涛 张 燕 惠雪明 周尹翠 李 平 乔 伟 唐 红 袁 薪 陈波平 席晓勇 陈军红
石艾容 陈 新 杨艳红 龚冬梅 余 丹 王 英 夏喜训 陈非寒 涂 艳 徐 进 刘 琼 汪 珊

（共28人）

## 1995级各类成人高等学校专升本函授三年制新闻学专业

孙 蕾 徐晓路 徐冬芬 金文兵 陆 舰 卓铁军 王二龙 鲁 军 刘 薇 冯 涛 曹 波 王 静 陈利群 柯 猛 柯广来 郭志华
孙丽娟 胡 诚 张 瑾 李 斐 刘华阳 林宏义 任永学 杨 明 夏 叶 徐 萍 尚 炜 魏屹然 张 斌 贺 毅 何青松 姚德圣
汤 伟 林 涛 刘 滔 袁 琳 柴 毅 许超美 汪 明 潘红柳 潘 浔 陈 浩 余利群 黄方红 陈红斌 雷 杰 黄 静 姚 莉
胡天焱 靖春元 高 君 桂 芋 王鄂生 丁颖黎 云章剑

（共55人）

## 1996级各类成人高等学校专升本函授三年制广告艺术专业

熊 军 周 恒 詹晓涛 万 涛 张京健 丁 强 宋秀丹 邓 霏 刘恒勇 李 炜 何小川 胡丛笑 李慧敏 艾东兰 赵 俊 李 力
唐 佳 李 艺 陈 丽 周哲明 付 骏 鲁 燕 李丛霞 李丽芳 钱 荣 吴桂菊 陈晓云 胡 靖 叶帮红 赵 磊 杨俊峰 肖李峰
李豫江 汪 洋 毛建华 张 强 郎 兵 杨桂兵 李精兵 汪纪东 周件瑾 张春香 谭汉钧 焦斯佳 周文军

（共45人）

## 1996级各类成人高等学校大专学历函授二年制艺术摄影专业

张 霞 张 思 吴晓晖 李 兰 孟 松 陈向伟 徐万涛 罗凯星 高 卉 王 凌 沈 昀 徐 忠 何 滔 吴 瑕 袁华玢 刘翠萍
雷 莹 彭瑰娟 刘 康 高加库 何武宏 刘 联 曾 彬 王小丽 沈 辉 段晓华 苏 晨 秦雨桦 万由军 黄建军 杨 钢 董 帅
刘大家 陈玉彬 胡永祥 朱小亮 艾珊梅

（共37人）

## 1996级广告艺术专业新–1996yz45班夜大专科

熊 军 周 恒 詹晓涛 万 涛 张京键 丁 强 宋秀丹 邓 霏 刘恒勇 李 炜 何小川 胡丛笑 李慧敏 艾东兰

（共14人）

**1996级艺术摄影专业新-1996tz47班脱产专科**

段晓华　苏　晨　穆　曼　胡　靖　泰雨桦　刘大家　陈玉彬　杨　钢　董　帅　胡永祥　朱小亮　黄建军　万由军　肖　军　张　霞　张　偲
吴晓晖　李　兰　孟　松　陈向伟　徐万涛　罗凯星　高　卉　王　凌　沈　昀　徐　忠　何　滔　吴瑕　袁华珍

(共29人)

**1996级新闻学专业函授专科起点本科**

任丽娜　刘红柳　梅　军　田　旭　彭莉莉　何　俊　付　平　周　琦　孙爱兵　何　边　熊　颖　胡文杰　刘万友　张　璟　凌继龙　尹协成
刘凯南　刘卫东　陈世营　徐建华　聂红梅　万爱萍　陈　婕　陈红梅　柴正学　罗晓莉　应传伟　辜晓晖　叶　乐　曾赤梅　张光来　代巧玲
卢小萱　李　莉　李玉林　陈汉华　王华芬　郑　玲　倪群鸣　彭燕妮　汪晓山　曾祥龙　唐晓琳　刘荣艳　张云宽　刘　静　孙伟成　程燕华
苏厚雄　陈　凌　张美珍　王传亚　孙　红　吴贤芬　张劲松　朱丽亚　马志刚　朱　敏　丁　颖　黎　云　章　剑　袁　玲　李　波　鄢祖海
林江洁　刘　欢　李　蔚　储明辉　余建华　吴敬文　夏宏伟　佟卫民

(共72人)

**1997级艺术摄影专业脱产大专**

杨　辉　谢　风　张　俊　方海英　李卓利　刘桂红　史建文　高　勇　殷湘玉　胡全召　夏　明　陈　顺　高汪阳　吴　凡　万青松　杨　华
李　军　李慧文　柳　耘　陶　然　刘州平　刘大家　王胜利　胡世秀　唐　军　杨　帆　林继文　冯　训　江　来　谢小勇　余　钢　郑　静
文　波　叶　青　尹勤兵　王　慧　李　军　孙东东　秦爱民　王　蕾　刘蔚丹　程　娟　王　刚　戴轶群　李　阳　陈　希　刘　飞　程　娟
王　刚　项　靖　孙钢城　陆仲飞　黄立恒　常　兵　涂　泓　张喜平　郑　鹏　邵臻延　周清萍　姜剑涛　赵　哲　梁　强　徐春龙　梁　枫
汪　海　郭　斌　黄　胜　张胜友　董立志　廖　峰　李忠诚　邱孝威　王宏斌　胡艺平　王卫华　邓　刚　叶云优　汪　林　李英涛　孙志强
李志勇　金光永　庞瑞和　顾迎新　朱远祥　黄　铁　徐金龙　李　德

(共88人)

**1997级艺术摄影专业脱产专科新-1997tz63班**

林继文　冯　训　江　来　谢小勇　余　钢　郑　静　文　波　叶　青　尹勤兵　王　慧　李　军　孙东东　秦爱民　王　蕾　刘蔚丹　孟　欣
史建文　高　勇　殷湘玉　胡全召　夏　明　陈　顺　高汪阳　吴　凡　万青松　杨　华　李　军　曾勇波　王　艳　黄开友　罗巧云　肖　琴
唐　军　杨　帆　戴轶群　李　阳　陈　希　刘　飞　何　宁　程　序　李英涛　王　刚　程　娟

(共43人)

**1997级艺术摄影专业夜大专科电-1997yz61班**

郭　斌　黄　胜　张胜友　董立志　廖　峰　李忠诚　邱孝威　王宏斌　胡艺平　李志勇　金光永　庞瑞和　顾迎新　朱远祥　孙钢城　张　俊

陆仲飞　黄立恒　常　兵　涂　泓　张喜平　郑　鹏　邵臻廷　周清萍　姜剑涛　赵　哲　梁　强　徐春龙　梁　枫　李士平

(共30人)

**1997级新闻学专业业余专升本**

邢彦辉　郭俊华　张　晓　杨　丽　郑末枝　石　磊　汪　洋　陈艳苓　周爱芬　梁巧玲　林　红　李　刚　陈志义　彭　琨　陈莹珏　王双全
孙　愚　万后德　赵　勇　李光伟　巫惠瑶　周晓蓉　金志群　鲁　兵　陈　兰　江　虹　何硒华　李梦嘉　朱凯芝　彭　历　刘承波　周自涛
陈建文　张　葵　荣　琳　沈　威　董　丽　朱亦文　黄红波　李志雄　王　群　代一民　蔡　军　盛　蔚　王建军　赵美芳　夏碧霞　魏　琳
梁　杰　王建玲　田　野　张翌群　王　玮　罗俊勇　张　蕾　陈改文　董　喆　罗晓燕　张汉华　曹　军　周　霞　高丽君

(共62人)

**1998级新闻学专业专升本**

卢　杨　王会芳　蒋　嵘　熊万华　蔡　敏　尹　浩　林　净　高　琴　杨秀娟　胡　艺　程　媛　余　泛　胡克红　李　真　傅　凡　夏攀虎
姜　蕾　宋　丽　李晚霞　吴汉平　王　璟　朱　虹　杨　敏　鲁　军　马永红　徐　荣　蔡汉珞　朱　辉　董明杰　刘伟胜　方　修　武熊珲
吴　广　田　悦　万远驰　倪振华　陈　菁　王　凯　庄毅敏　周　力　赵　琴　毛　莎　高剑江　熊　风　杨涛侯　桥　梅　熊文蕙　欧阳梅
王涛光　张勤华　李　晨　黄必成　高　距　何　隽　肖　鹏　刘　琼　毛冷蕊　许妮娜　李跃峰　万　筠　徐衡之　彭晓红　刘晓林　刘　炼
夏舟波　王　伟　张　旑　黄厚珍　丁　俊　李　志　秦鸿雁　韩千群　王　程　毛宁波　程桂萍　何　君　熊进玉　姚　珺　刘州平　程先春
赵　琦　蔡　迅　阮　波

(共83人)

**1999级新闻学专业函授专科**

孙力维　何光锡　艾　莉　侯永平　王晶晶　陈德刚　钟　俊　韩　青　王华阳　张　斌　刘克乾　刘绪力　邵云斌　万　辉　陈　丹　刘　力
安维强　曹　萍　张志强　彭　珑

(共20人)

**1999级新闻学专业函授专升本**

刘　波　陈华妮　杨丽萍　柯　轶　黄　剑　肖　黎　严　俊　李文芳　张　峻　杨　弘　陶　岚　熊　磊　程　浩　胡丹丹　刘　莉　陈　凡
李　华　戴志辉　廖　新　孙继业　徐朝霞　张德耀　李　楠　杨艳华　郑　超　赵礼娟　胡艳丽　熊　雷　姚　欣　章仁忠　朱小亮　丁　莉
胡　薇　魏　兰　彭　艳　唐雯娟　黄颖清　邓　涛　杨　帆　解　军　李爱民　黎劲松　王　斌　吴　凡　李　娜　陈艳荣　刘　娟　付良雄
胡春艳　韩　花　陈　航　张　舸　毕　可　石大晖　段建男　何艳忠　谢　晶　陈　希　邹　岩　涂　涓　应　蓉　董晓文　胡　丽　金　芳
张小莉　吴　静　张　艳　陈传斌　曹佳音　廖士华　何　宁　杨真春　胡景琼　吕　芳　程　文　徐　芳　张　濛　柯　红　朱　舒　冯　伟

张嘉帆　李　兵　黎志勇　万红梅　朱永胜　孙　媛　罗　琼　徐耀武　毛　丹　刘　燕　黎潇宇　雷永一　李雷岚　刘代发　石定雄　石　怿

舒　洪　黄宝珍　彭　丹　林　翔　谢　伟　周　荧　宋文秀　严　炜　王文生　孙　伟　刘　萍　徐晓娟　彭　越　程　燕　王　萍　高　卿

杨利宏　王　勇　叶　飞　张　芳　程菁亮　李　军　胡　兵　刘红琴　翁蹲竹　陆艳军　徐　忠　阎大军　张小燕　吴　冰　魏　敏　周　骏

易　蓉　朱业梅　居洪波　游爱莲　罗　玲　李　菁　陈　丹　胡丽华　操映峰　张　军　黄　瑛　陆　晓　詹振宇　刘　斌　郭　荣　李　丹

赵裕华　韩　玲　王洪波　刘　镍　王　海　曹霞

（共150人）

## 1999级新闻学专业业余高升专

何光银　艾　莉　侯永平　王晶晶　陈德刚　钟　俊　韩　青　王华阳　张　斌　刘克乾　刘绪力　邵云斌　万　辉　陈　丹　许明霞　邓佳妮

（共16人）

## 1999级艺术摄影专业业余高升专

刘　霞　昌才斌　罗　钢　赵　明　杨　华　孙　鸣　陶　军　柯昌文　张汉川　李　耀　何连军　余　兵　左　琳　孙柏林　吴新华　伍春珍

喻　星　阮成华　宁轶光　余　翔　郑　略　刘　祥　汪　月　顾明训　袁明辉　孙　淼　杨　莹　王小平　李　明　顾　涛　谭　艳　朱正茂

胡艺茂　胡艺斌　岳良琦　段晓宏　袁世勇　杨　柳　李　俊　魏艳琳　钟　娟　邓华刚　杨晓轩　戴宏伟　刘　丽　周志浩

（共46人）

## 1999级艺术摄影专业夜大专科

叶失马　易　斌　金拥政　龙克虎　周红燕　谢　赛

（共6人）

## 2000级新闻学专业业余专升本

陈艳福　揭晓超　王　静　陈文婕　王　斌　方丰平　彭　艳　张　宁　张　敏　李　颖　杨湖升　汪　芹　何　飞　吴惠萍　蒋沐阳　陈璐璐

（共16人）

## 2000级艺术摄影专业业余高升专

李文盛　潘宏微　罗　鸣　刘　晔　段　迪　吴勇勇　袁　锋　冯世军　黄疆浩　蒋进和　金文胜　石　涛　郑黎明　姚志强　顾劲松　林　毅

方文军　肖　明　郑　可　欧阳建军

（共20人）

## 2000级广告学专业脱产高升本

喻 琼 李 伟 黄 涛 李 隽 张 宵 郭 培 刘来蒿 刘承诚 郭 亮 夏 巍 付兰芳 何蔚熙 陈 亮

(共13人)

## 2000级广告艺术设计专业脱产高升本

明亚军 刘春蕾 唐 君 郭 亮 胡 琨 石 昕 张 琦 王 晖 刘 斌 余 靖 陈 婧 杨 群 邓 适 黄向荣 黄斯迪 张安龙
吴赐龙 潘 蕾 胡 剑 张 燕 葛 蓬 高 杰 张志群 李 明 端木浩 薛 涛 王志敏 许雪峰 刘 威 温 赢 成协斌 江 波
孙春雪 袁 方 王 杰 丁艳琼 陈 香 吴佳骏 谭 峰 钟玉梅 石少清 谈雯雯 肖文彬 张 楠 廖海琼 刘 用 童 琎 杨 涛
胡 浩 龚 浩 刘 芳 张 婷 余 颖 严 亮 陈 明 周韬光 华勇刚 张冠华 肖 黎 梁 艳 朱峥荣 唐 玮 左 飞 田 艳
孙 炜 汪锦儿 钟迁骁 陈 莹 罗佳佳 李 猛 伍曼丽 张 易 李文心 王 龙 周雯琳 陈 洁 刘云锋 王思操 余 露 霍 俊
马 杰 徐 敏 唐 琳 陈 晗 李 黠 戈晓娅 刘 芬 肖一琳 李 娅 孟圣力 李 建 刘建辉 顾 敏 朱旭丹 夏良琼 李 亭
冯镜榕 曾刚亮 宁 浩 王荣鹏 庄华平 左 静 万鸿波 李润庭 汪 涛 周 延 金项章 刘 敏 汤 娟 李媛媛 陈逦杉 邓 群
李其山 孙 岑 李群方 谢 芳 刘金华 杨雪华 李 鹏 陈 飞 黄金莲 丛晓静 胡 慧 李忠友 谢 静 尹君彭 柳胡冰 刘 丹
陈昭霞 刘 婷 胡克根 郑 琴 佘慧静 吴承涛 龚 雪 章艳芬 熊越越 冷 哲 倪 闵 鲁腾飞 李旻晖 张 莹 陈 攀 杨 珏
晏 婷 赵小虎 封 莉 邹 敏 彭黎霞 李 峰 潘爱丽 张晓鹏 周宏海 刘 琴 钱 彬 夏文娟 朱 剑

(共157人)

## 2001湖北省高等教育自学考试广告学专业

但 容 姚 建 刘 瑶 曹 博 张馨路 夏 疆 王 卉 郭志辉 陈伟斌 袁 满 彭 珺 喻 曦 贺 宁 汤 洁 周 伟 杨 静
段学敏 倪 莉 尹 霞 潘德刚 洪 涛 张 坤 陈梅志 曹中良 刘晓民 彭冷丹青

(共26人)

## 2001年函授新闻学专升本

普家勇 罗 洁 方汉华 牟晓军 黄云虎 蒲 芸 刘艳飞 魏世明 刘军辉 邓汉萍 赵乐军 李理红 毛芝春 付 炜 王 波 魏冬梅
李 波 张其平 蔡 雄 颜 风 周 超 代 娟 马 燕 李巧清 周 勇 刘 芬 张 琼 陈晏红 张 鹃 姚 昊 龙莉萍 刘 迅
韩莉芳 何 丹 肖 帆 全 越 高 杨 刘 纯 李 化 付 琼 王 涛 李治国 周祥龙 张培林 罗建华 宋 艳 黄 涛 杨 静
汤闻菲 李贝妮 万 静 陈之军 钟 艺 雷艳妮 涂 然 彭 青 蒋 懿 李秋洪 叶 丹 陈劲松 李 勇 谢燕双 刘云风 王智锋
李 兰 夏 红 林功鼎 李文胜 钱幸兰 顾春盛 谢 靖 付浩清 陈耀辉 罗清池 李 炜 孔 昕 张群英 谢 芳 张 丹 胡艾平
刘旻晖 成 菁 李 峰 刘 志 唐雪芬 姚末希 王元清 聂 罡 张晓英 张秀娟 何 鸣 易 婵 杨 芳 徐 昊 方彦琼 陈 颖
兰艳红 黎 赏 宋 云 李 洁 王亦凡 胡 慧 杨玉梅 杨爱梅 甘德明 杜晓杰 秦雪萍 张 华 张 平 方鲜艳 张金瑞 胡吉玲

蔡　晶　杨　靖　龙启凌　高　杰　王　燕　黄　萌　郭铁群　李薇薇

（共120人）

## 2011级网络教育

陈宇凡　陈梓阳　荀　静　何　柳　王世豪　闫倩媛　孙　璇　汪洋舰　肖　娴　刘　欢　顾峻有　胡宁波　史玉欢　马千惠　曾　妮　胡嘉伟
杨　茜　艾　威　鲁　力　黄圣博　刘　银　胡俊瑶　杨越云　陈骁君　朱德华　程　炜　何　珍　张　娜　徐玉云　蒋静凤　卞佳琳　陈　卓
谷　丽　徐小燕　胡义强　邱　强　方观云　马林雅　宋秀玲　汪玄静　曹诗坤　乐　盈　尹　蒂　陈旭东　赵　文　甘晓辉　华云飞　刘　江
张　媛　蔡　娟　肖传发　范碧莹　王　珊　郭梦潞　史振芩　陈亚玲　张珠丽　赵项南　李少威　柯　春　谭　胤　徐雪丽　杜　敬　裘安琪
夏艺萌　赵　倩　黄　幸　张　泽　杨　泺　蒋晓倩　刘茜妮　刘艳磊　丁　梅　肖子龙　高述鹏　韩孔睿　吴东海　杨　俊　曾　君　尹亚泽
王　骞　李　超　潘卫民　魏　新　吴继任　王静芸　耿　晨　李　欣　刘占志　顾锡峰　张　华　张博芮　司珍珍　周雅媛　谢晓涛　李志雄
徐圣凯　崔　莹　鄢　东　刘　啸　陈　俊　李　茜　邱婉婉　尉　剑　秦闪闪　张天豪　周　舟　周　铄　詹盼盼　苏　泽　黄巧玲　李　硕
曾维娜　杨俊彦　石晓伟　崔可可　王道宇　江红莹　朱　凯　何玉坤　张　弛　董　思　范雪龙　汤　洁　马婷婷　黄　月　张　云　周宗耀
张振华　樊　鑫　张祺旸　李诗圣　邰　微　董　纯　陈　玲　刘义奕　王世新　顾芳莹　李永鹏　刘　炜　王　梦　吉顺恩　江　铭　王显慧
张　昊　孟怡灼　陶萌萌　陈姚萱　闵　锋　范阳阳　王　亚　黄立坚　张晓霞　田　放　李　恒　陈　汉　邢　星　曹　云　王　雨　刘圣钰
岳文锦　季家冉　张　露　陈　丰　陈虹宇　惠　微　朱启龙　肖熙桐　郭　昊　李欢欢　崔跃伟　郭　璇　邱凤翔　徐怀柳　黄小龙　衡振英
朱星宇　郭江斌　蔡朝迪　肖新光　赵良杰　叶　欣　张　兴　焦锡庆　马阿凤　胡梦娅　王　萌　吴东芳　邓嘉宝　汪　婧　刘可可　成刚平
郑淡宁　杨　玲　黄文俐　谈义琴　张永乐　任俊东　梁梦丹　陈　婧　赵　琳　赵宇圣　别千惠　胡梓豪　刘　炬　林德隆　柳　林　祝敏川
晏玲玉　刘明璐　毛逸超　陈　昊　彭　珊　赵　琪　纪荣琦　万晓蓓　单莉莉　张　廷　邱鸿飞　郭嫦莉　杨胜斌　李林蔚　吴　寒　张文科
邱　正　曹诗亮　郑　鑫　郑旭宇　李博达　李泽晟　王文文　陈昌俊　李襄河　江冠玉　刘缮珲　李梦醒　王文谖　李元鑫　李小梅　夏　菁
黎峰宏　盛子芯　张明明　杨　腾　段亚红　卢小永　邱　峰　程亚青　张阳阳　吴炜东　邵　俊　钱　堃　李　斐　邓建玲　常　青　张　辰
丁　侃　徐　洁　陈　艳　沈银燕　姚国娅　卢　瑜　岳子云　聂海娜　万梦祥　谢　娟　耿　婧　隋亚飞　罗　蒙　夏茜茜　路　欣　秦鹏亮
周　政　胡　凯　邓　艺　胡悦悦　杨　洁　蔡伟萍　戴　晨　张皓耘　徐翰凌　丁娴雅　华　超　陈　航　庞蒙杰　王夏婷　蒋皓宇　刘　琪
张　蓉　海　涵　张　超　陈亚青　向　钦　王　玉　陈西子　张　颖　卢格格　杨　帆　王　曼　王小雨　程罗耕　潘　晨　王　涛　张　宇
代依宁　袁湘鄂　杨　倩　旋梦瑶　卫梦杰　谢博文　胡秋晨　李一白　熊秋宁　常曼迪　陈捷胜　佟双双　施　超　李梦琴　张红霞　牛莉莉
李　伴　高雅绮　史　蕊　王　培　严　哲　柴万金　孙琴文　李　洋　张玉洁　张梦珏　王一帆　孟凡玉　余　雄　杨　静　周　娜　刘思远
张素莹　钱　琦　李怡璇　窦子龙　柯　浩　卢冠名　文燕武　马　强　杜　超　王　健　郭晓东　闫昱颖　李　锐　张　惠　董新新　吴　博
黄　俊　赵　晨　陈雪峰　杨　扬　王　蓓　贺景泉　向　群　黄桂泉　翟重阳　杜美伶　冀　伟　柴禄禄　刘志宏　张博文　谭　敏　陈　谦
肖　航　李泽浩　罗朝阳　范　巍　汪　德　黄　帝　毛晨宇　柳　璐　张志远　李　飞　付梓轩　李文洋　高　飞　姜佳辰　陈晓欣
欧阳嘉柱　相国振雄

（共385人）

### 2013级网络教育

刘　宾　王浩宇　周　寻　邱　成　朱佳轩　岳　政　修　西　林　攀　邱迪昆　王圣杰　唐晓婉　简振昆　付　凡　霍江萍　江海娥　庄超迅
刘尧尧　陈翠静　刘　青　李明殊　倪　晶　沈　啸　彭　憬　刘家骏　杨　洁　王泽宇　吕凯奇　吕凯毅　郑向杰　顾黄凯　胡家铭　严　格
樊彦辛　邱曼婷　周　翔　梁亚飞　彭长春　王英杰　李汉华　邱　艳　王立珠　楚亚婧　奚星星　田　雯　张玉茹　刘省言　宋　曼　张　喆
吴　琼　周晓春　王　珊　刘　恋　陈　畅　鲁　阳　孙媛媛　金　昊　任　静　徐丽娟　周　柯　李　倩　张晗婧　陈维颖　张　柯　徐　雨
金　鑫　叶　子　廖凯云　雷　品　谢怡昕　李静静　彭梦怡　伍梦雪　赵　静　李　解　张　伟　严　盟　胡丹青　何雅孟　李伶俐　王　翩
尤奇楠　王祁斌　伍　丹　周楠楠　王　茜　陈禹臻　韩　雄　裴筱雨　魏　嫣　褚义文　张　华　朱思齐　陈　灿　苑灵娜　王若琦　何浩伟
何　颖　窦永刚　何　柳　陈　龙　袁娇娇　张　帆　宋秋霞　孙靓琪　赵天豪　蔡佳艺

(共106人)

### 2013级成人教育

陈　砺　孔　健　胡　帆　邱承毅　吕　露　韩　田　钟佳妮　张思汝　赵　琴

(共9人)

### 2014级网络教育

邹欢欢　闵　卉　单　浩　蔡悦萍　陈晓龙　肖明磊　林嘉健　谢治成　陈鹏举　祁宝琳　王　娇　胡培培　刘　冉　温　强　吴宏斌　丁雅萍
田冬飞　董亚双　王思琴　陈　薇　张　瑜　刘　晶　杨　柳　黄　雯　代晚晴　朱晓玉　朱晓洁　王海智　陈　佳　孙珞倩　马梦雨　李林蔚
朱晟伟　范俊豪　张凯悦　吴琼昊　陈媛媛　段毛妮　何春凤　张　媛　向雨婷　张　贝　董涛涛　方俊杰　李　红　温焱斌　孙芮颖　归　旋
刘　银　艾　威　刘　欢　汪玄静　陈骁君　曾　妮　顾峻有　杨　茜　杨越云　胡嘉伟　石楠楠　程若露　史玉欢　冯琴琴　孙　艳　贾　琼
陈定邦　朱德华　徐　亮　赵　伟　石雨倩　顾钰婷

(共70人)

### 2014级成人教育

吴文静　徐　韩　王炎迪　吴明慧　刘　逸　李雅婷　黄　为　林　琼　尹娜娜　陈慧芳　朱晓雯　孙　康　陈贞功　许芸帙　舒　璐　吴　晶
黄勇芹

(共17人)

### 2015级网络教育

罗萧军　何新童　高方翔　尤媛媛　牛康宁　付　宇　伍丹玉　彭锦文　龙国权　彭思洁　高浅醒　谢燕燕　温碧根　戴丽红　徐　蓉　毛亚兰

张艳飞　武丽云　李　静　宋文瑞　张晨阳　胡文超　李济柳　裴　培　胡风杰　邓　燊　袁方洲　彭瑶瑶　利　健　李　皓　陈胤文　张建军
刘虎全　刘　燕　祝敏川　王文文　李博达　蔡　佩　方　叶　张格瑞　李明殊　张　俊　王　彪　李小平　于　磊　刘明磊　苏　丽　刘　俐
苏　娟　石振亭　毛逸超　晏玲玉　陈　婧　张　廷　刘　炬　陈　昊　刘明璐　李玉婷　周　阳　陈　阳　陈大为　陈　欢　陈扬杰　王志明
杨建辉　肖　讳　张　慧　卢　弯　杨雯萱　张文娟　梁倩莹　陈佳峰　朱　沁　赵文荟

（共74人）

## 2015级成人教育

汪梦兰　刘昱彤　邓纯洁　孟祥活　朱　敏　张琦琛　阮长佳　胡　璠　涂沁荃

（共9人）

## 2016级网络教育

李　季　王　丹　金　铭　陈　思　涂菲云　周文凯　王　越　黄　芳　罗文良　肖丽霞　成卫欢　戴汉强　刘南星　巫燕良　罗文琦　胡玉琴
汪维兰　湖　陈连俊　王　丹　黄彩红　曾静茹　常丽雯　戴　欣　梅津飘　魏忠辉　曹　伟　兰凤文　姬禄禄　叶燕萍　冯学琴　罗淑君
田　军　蔡红云　丁　渝　熊贤达　黄　艳　黄亚林　陶劲松　谢沛妏　杨　晟　冯轩良　王宇涛　杨　帆　于佳琦　李菲朵　胡　颖　王雪纯
袁静欣　林晓莹　卢　欢　谭海波　王　欣　曹　钰　顾黄凯　邱曼婷　杨　洁　芦彦岭　王文泰　唐　蓓　吕凯奇　吕凯毅　王泽宇　刘　玥
王思琴　曾宪华　袁　柔　丁玲琳　鲁斯溪　李思莹　徐崇文　陈　兰　陈旭昂　向　晖　邓　婷　罗淑敏　刘　宾　唐晓婉　邱迪昆　杨思超
王圣杰　麦懿忻　王　姣　谢摇摇　黄竹娟　文翠霞　邹圣照　王道灼　吴　萌　陈　星　郑开民　蔡　攀　曾若璇　宋梦妮　葛传亮　熊　佩
胡　瑛　吴　涵　欧　佩　朱　钻　丘志泓　彭芳珍　吴可可　王安娜　谢卓翰　丁月阳　曾秋实　彭昱冰　徐庆奎　陈润民　宋淑珍

（共111人）

## 2016级成人教育

孙　林　易璐璐　王玉珏　明健翔　丁　雪　向　猜　周秋菊

（共7人）

# 附 录

## 武汉大学媒体发展研究中心简介

武汉大学媒体发展研究中心（以下简称"中心"）是教育部人文社会科学重点研究基地，中国传播创新研究的重要平台。中心致力于科学研究、人才培养、学术交流、咨询服务和信息库建设，在创新、联通、共享的过程中，不断扩展中心的思想库、信息库、人才库功能。中心现任主任为单波教授。

中心成立于2002年7月，2004年12月荣列教育部人文社会科学重点研究基地，成为教育部认定的新闻传播学科四大研究基地之一。2015年、2016年连续荣获中国传媒经济学科杰出贡献奖（机构类）；2018年入选CTTI（中国智库索引）来源智库，并被评为CTTI2018、CTTI2022年度高校百强智库（A级）；2019年，中心蓝皮书获"CTTI智库最佳实践案例"；2023年中心教学项目获第九届湖北省高等学校教学成果奖特等奖。中心被誉为新闻传播学科有创新活力的研究中心。

中心广纳海内外媒体研究领域的学术精英，形成了有共同致思取向的学术共同体，即面向人类传播智慧，面对中国传播问题，寻找传播创新路径。

## 【跨文化传播研究】

深深扎根人类自由交往的需要与实践，通过研究揭示由各种跨文化情境组织起来的社会结构，提供保持文化多样性与文化间可沟通性的独特路径，通过批判研究揭示文化间的权力关系，重建人类的普遍交往；通过学术对话展现特定语境下的跨文化传播探索，及其与跨文化交流的历史进程之间的关系，增进各文化区域的学者对跨文化理性的理解。中心现主办学术集刊《跨文化传播研究》（已出版六辑），连续出版"跨文化传播研究丛书"（已出版五本）。

## 【中国传播创新实践深度调研】

"在场"地感知中国传播的难点、疑点与热点，揭示媒体与社会发展的问题与路径，定期出版学术集刊《传播创新研究》（已出版四辑），中心组织编撰的《传播创新蓝皮书：中国传播创新研究报告（2019）》获"2019年度CTTI智库最佳实践案例"，另有《新闻传播与媒介化社会关系研究书系》《新闻传媒发展与构建和谐社会关系研究》《珞珈问道文丛》《新闻传播学：问题与方法丛书》，不懈探索中国传媒与社会发展的核心问题。

## 【学术交流平台】

参与建设教育部人文社会科学重点研究基地智库联合体（University Think Tank Union）以及"一带一路"沿线国家研究智库联盟，形成研究机构之间的互联互通；定期举办"跨文化传播国际学术会议"（ICIC，已举办十一届）、"比较传播研究国际研讨会"（CCSIS）、"中国传播创新论坛"（已举办六届）以及各类学术工作坊，建构有影响力的学术交流平台；联合中西部高校的相关研究机构，合作举办区域性文化传播学术会议，围绕特定的传播问题深化学术交流；与国际著名研究机构合作举办双边主题学术讨论，开展深度学术合作；运用"云端"技术举办多点对话式的学术探讨（"云端对话"），在互联网的世界里拓展学术交流中心的空间；围绕著名学者的最新成果展开交流，形成制度化的"珞珈问道·中国传播创新论坛系列讲座"。

## 【高端人才培养】

形成硕士学位研究生、博士学位研究生、国际留学生以及访问学者、博士后合作研究等多层次的人才培养体系，并通过工作坊、夏令营（如与瑞典哥德堡大学合作举办的"跨文化传播夏令营"）、读书会、博士生论坛等多种形式优化人才培养功能。

## 【咨询服务】

中心联合各类传媒机构，在传媒调研、数据挖掘、人员培训、媒介战略规划等方面展开深度合作，为中国传媒与社会发展提供理论支撑与咨询服务。

欢迎您与我们同行在中国传播创新研究的道路上。

# 武汉大学国家文化发展研究院简介

中国的国家文化研究，始于20世纪30年代的国立武汉大学。抗战军兴，国立武汉大学文科教授张沅长、方重两位先辈，发愿力于"文化抗战"，披历荆路，艰辛开拓，相继在《武汉大学文哲季刊》发表专论，阐释中国文化价值和中国国家形象海外传播问题，此为中国学界的国家文化研究之肇始。

聚是一团火，散作满天星。1949年后，全国高等院校院系调整，武汉大学与国家文化有关的研究分散在各大院系之中，但始终薪火相传。其时，唐长孺先生的古代丝绸之路交通史研究、吴于廑先生的游牧文化与农耕文化比较研究、刘绪贻先生的美国文化史研究、冯天瑜先生的中国文化史研究等，皆自成一家，影响流布于海内外，砥柱中流，筑武大国家文化研究之基。

进入新世纪，国际局势风云变幻，国家经济、社会和文化建设一日千里。国家文化研究的重要性日渐凸显。2009年4月21日，经国家文化部（今文旅部）批准（文科技函〔2009〕603号），武汉大学与文化部共建"武汉大学国家文化创新研究中心"，是全国高校首家"国家文化创新工程"研究基地，傅才武教授担任中心首任主任。

2011年，文化部、财政部与武汉大学共建"国家文化财政政策研究基地"。2014年，文化部同意在武大设立"国家文化改革发展研究基地"。同年，研究中心相继内设了"文化法制研究中心"和"文化信息中心"，跻身文化研究的"国家队"。2015年，为了贯彻落实国家《关于加强中国特色新型

智库建设的意见》，建设文化领域特色新型智库，武汉大学整合三个国家研究基地，设立"武汉大学国家文化发展研究院"，傅才武教授担任创院院长，武汉大学资深教授冯天瑜先生担任首任学术委员会主任，院址设在武汉大学重要历史建筑群"珞珈十八栋"的郭沫若故居（国家重点文物保护单位）。2019年经湖北省科技厅批准成立"湖北省文化大数据应用工程技术中心"，努力推进文化和科技的融合创新。

2019年建院十周年之际，武汉大学国家文化发展研究院举办"新时代下中国乡村文化振兴国际学术会议"，瑞典皇家人文、艺术与考古学院院士、香港城市大学讲座教授张隆溪先生莅临本次盛会并受聘武汉大学（国家文化发展研究院）荣誉教授。美国丹佛大学教授暨美国美中关系委员会委员赵穗生、荷兰阿姆斯特丹自由大学文化、历史和遗产研究中心主任伯格斯等一批国际知名学者出席此次国际学术会议。美国芝加哥大学特里·克拉克教授、加拿大多伦多大学丹尼尔·西尔副教授等国际同行专程致辞祝贺，武汉大学校长窦贤康院士致辞："国家文化发展研究院成立十年来，取得了一大批高水平的科研成果，我希望国家文化发展研究院，不忘初心、牢记使命、再接再厉，在科学研究与建言献策方面，作出更大的贡献。"同年，研究院获批全国唯一的"国家文化和旅游财政政策研究基地"。

目前，研究院已经有了硕士、博士两级研究生招收资格，并与武汉大学新闻传播学院联合培养研究生（数字媒介方向），与武汉大学中国传统文化研究中心联合招收博士后，研究院老师全部承担武汉大学人文社科相关专业本科必修、选修课程，形成了从本科、研究生到博士后的文化产业管理专业课程体系。

研究院十年来组建了一支专兼结合的高水平研究团队。现有专任教师11人（在编），其中教授3人，副教授5人，特聘副研究员1人，讲师2人，并通过签约、特聘等形式聘任15位教授为兼职研究员，研究院教师积极参与学术服务工作，基本上在国内外重要学术机构或社团担任顾问、委员、理事、正副秘书长、客座教授、兼职研究员或有公信力的学术刊物及出版机构的同行评议人等学术兼职，在研究上形成了稳定的学术方向。当中以冯天瑜教授的文化生成与中外文化交通研究、傅才武教授的中国文化制度研究、陈波教授的场景理论与公共文化空间研究、张薇教授的景观与园林规划研究、彭雷霆副教授的近代中日文化交流与文化供给均等化对策研究、陈庚副教授的戏剧产业及国内文艺院团发展研究、肖波副教授的博物馆与文化遗产研究、蔡武进副教授的文化法制研究、韩晗副教授的中国现代文化产业史与国家文化对外传播研究、钟晟博士的文化旅游规划研究、张凤华博士的文化消费的实证研究与寇垠特聘副研究员的公共文化服务研究等，在国内外同行间有着的较大的影响力。

研究院不但自主培养了一批立足学科前沿的中青年科研骨干，而且大力引进海内外文化研究领域的知名专家学者，高度重视国际学术交流与合作，与国内外各高校、学术机构联合举办各类学术会议、论坛数十次，并先后与美国芝加哥大学、加拿大维多利亚大学、荷兰阿姆斯特丹自由大学等国际知名高校建立了广泛、深入的合作关系。

研究院以服务国家和社会文化建设需要、推动学科发展为宗旨，在公共文化及文化产业、文化旅游法制与规划、国家文化形象传播等研究领域居于全国前列。研究院从2009年开始建立完善了相对独立的"文化第一线"调查系统和国家文化和旅游政策实验基地观察系统。2016年以来历年均入选南京大学和光明日报社"中国智库索引"来源智库和中国社会科学院"TOP100智库"榜单。研究院先后承担国家社科基金重大项目、国家科技支持计划项目、国家重点研发计划项目与国家部委委托的国家级项目近200项，在《中国软科学》《中国图书馆学报》等重要期刊发表高水平论文近200余篇，近40篇被《新华文摘》《人大复印资料》等转载，并出版专著30余部，获国家相关机构采纳的政策建言有160余份，获省部级及以上科研成果奖励10余项。研究院同仁努力践行将论文写在祖国大地上的智库建设之宗旨。

服务于国家和社会文化改革发展需要、推动文化产业学科建设和培育文化产业复合型人才——这是国家文化和旅游部、财政部和武汉大学设立国家文化发展研究院的初衷，也是研究院始终坚持的目标。研究院将以创业精神与创新理念，不断发展自身的同时，在人类命运共同体构建、国家文化形象的学术建构、国家文化和旅游行业改革发展与长江经济带建设等国家战略中主动担当、奋发有为，努力借助于部校共建的优势，立足于武汉大学百年名校积淀、文理工多学科互补等优势特色，继续全力打造跨学科、实体化、高层次的文化创新研究平台，助力于"双一流"大学建设宏伟蓝图，力争将来成为亚洲一流、国际领先、具有中国特色的新时代新型文化智库。

# 后　记

　　适逢武汉大学建校130周年和武汉大学新闻与传播学院建院40周年，我们编辑了武汉大学新闻与传播学院40周年大事记。大事记的编写，遵循客观的原则，按照历史发展的各个阶段进行叙述，着侧重反映学院在每个阶段取得的成就，包括各系(专业)的创办和发展、师资队伍建设、人才培养、学科建设与科学研究、国际交流与合作、党的建设和思想政治教育工作等各方面的情况。

　　2023年9月8日，学院邀请吴高福（线上）、罗以澄、石义彬、张昆、吴爱军几位学院历任院长、书记，以及单波教授、冉华教授参加审稿会，对大事记的编撰进行指导与审稿。本书在材料收集和甄选过程中，得到了各系、各职能部门负责人，热心的院友，以及包括离退休教师在内的广大师生的大力支持。在此，编者向他们表示衷心的感谢！郑中原老师在本书资料整理和编撰过程中付出了大量辛勤的劳动。此外，对武汉大学出版社的大力支持以及本书编辑的辛勤付出一并表示感谢!

　　本书是武汉大学新闻与传播学院40年发展历程的写照，是了解学院的一个窗口。由于本书涉及的时间长、范围广，编写难度大，难免存在收录遗漏的情况，对此深表歉意。特别是学院早期的资料保存较少，档案匮乏，导致可选用资料有限，是为遗憾。编者水平有限，错误和疏漏之处在所难免，恳请读者批评指正。我们期待在后续修订大事记时，能够弥补这些缺憾。

大事记的出版，对系统梳理学院精神文脉，有着重要意义。我们期望能激励全体武大新传人，继续秉承"做有思想的新闻人、负责任的传媒人"院训，与时俱进，锐意创新，为把学院办成国际知名、国内一流的新闻传播人才重镇而努力奋斗。

编者

2023年10月20日